职工基本养老保险缴费制度及其影响研究

Studies on the Contribution Regimes of
Urban Employees' Basic Old-age Insurance System

余海跃　著

图书在版编目(CIP)数据

职工基本养老保险缴费制度及其影响研究/余海跃著. —北京：中国社会科学出版社，2022.8
ISBN 978-7-5227-0081-6

Ⅰ.①职… Ⅱ.①余… Ⅲ.①城镇—职工—养老保险制度—研究—中国 Ⅳ.①F842.612

中国版本图书馆 CIP 数据核字（2022）第 061935 号

出 版 人	赵剑英	
责任编辑	王　曦　李斯佳	
责任校对	夏慧萍	
责任印制	戴　宽	

出　　版	中国社会科学出版社
社　　址	北京鼓楼西大街甲 158 号
邮　　编	100720
网　　址	http://www.csspw.cn
发 行 部	010－84083685
门 市 部	010－84029450
经　　销	新华书店及其他书店

印　　刷	北京君升印刷有限公司
装　　订	廊坊市广阳区广增装订厂
版　　次	2022 年 8 月第 1 版
印　　次	2022 年 8 月第 1 次印刷

开　　本	710×1000　1/16
印　　张	15.75
字　　数	228 千字
定　　价	89.00 元

凡购买中国社会科学出版社图书，如有质量问题请与本社营销中心联系调换
电话：010－84083683
版权所有　侵权必究

出 版 说 明

为进一步加大对哲学社会科学领域青年人才扶持力度，促进优秀青年学者更快更好成长，国家社科基金 2019 年起设立博士论文出版项目，重点资助学术基础扎实、具有创新意识和发展潜力的青年学者。每年评选一次。2020 年经组织申报、专家评审、社会公示，评选出第二批博士论文项目。按照"统一标识、统一封面、统一版式、统一标准"的总体要求，现予出版，以飨读者。

全国哲学社会科学工作办公室

2021 年

序　言

中国基于缴费制的城镇职工养老保险体系建立于 20 世纪 90 年代。在此之前，国有企业职工在工作期间并不需要缴纳保费，由企业负责筹措资金为退休职工提供退休金。进入 20 世纪 90 年代中后期，由于大量的国有企业出现严重的经营困难被关停并转，数以千万计的国企职工"下岗"，依靠国有企业承担"生老病死"的体制也被一并打破。一方面，已经退休或临近退休的下岗国企职工失去了"单位"的庇护，也失去了养老金来源；另一方面，大量中年的国企职工集中下岗，短时间内无法充分就业，下岗职工家庭生活压力极大，对当时社会的稳定造成了巨大的压力。在这样的社会背景下，中国建立了缴费制的城镇职工养老保险体系，通过向城镇在岗职工收取保费，给工作期间并未缴费的老年下岗职工提供退休金，同时通过设定极低的退休年龄，以养老金的形式为大量中年下岗职工提供收入来源。

由于需要为数量庞大的退休及下岗职工提供养老金，以现收现付制为基础的职工养老保险制度在建立伊始就面临着巨大的转制成本。彼时国家财政比较困难，该转制成本便落在了在岗职工身上，这导致职工社会保险费率水平设定较高。职工和个人缴费合计占职工收入的 40% 之多，远高于世界多数国家的缴费水平，极大地增加了企业和个人的缴费负担。

更重要的是，城镇职工养老保险的缴费基数并未按照参保职工的实际收入，而是以参保职工所在城市的在岗职工平均工资作为缴费基数。一方面，对低收入参保职工而言，其实际缴费负担会高于名义缴费负担。并且收入差距越大，低收入参保者的实际费率负担越重，当期的可支配收入越低，严重地制约了低收入家庭的消费能力。另一方面，参保者的退休金也是以在岗职工平均工资为基础发放。这意味着低收入者工作期间缴费负担较重，其退休金水平也更高。然而，退休后收入的提升，并不能够弥补退休前因过高缴费导致的福利损失。在借贷约束的限制下，低收入参保家庭无法以未来的养老金作为抵押融资消费，因此，以平均工资为缴费基数带来的高实际缴费率，会通过抑制参保家庭工作期间的消费造成家庭无法平滑终生消费，从而导致低收入参保家庭福利受损。

统计资料显示，在岗职工平均工资每年的增速显著高于低收入参保职工的收入增速。这导致低收入参保职工实际费率负担逐年加重，家庭实际可支配收入不断萎缩，家庭消费能力不断下降。面对这种情况，低收入参保者会通过降低缴费遵从度、中断缴费甚至退出参保来维持家庭的消费能力。参保者缴费遵从度和参保率的降低，导致地方政府社保支出压力增加，地方政府一方面通过严格征缴提高缴费收入，另一方面通过提高缴费基数增加缴费收入。这一做法虽然能够在短期内弥补社保亏空，但是在现行给付制度下，缴费基数的增加会提高退休金的支出，造成增加社保支出压力的进一步增加。为了缓解社保支出压力，地方政府只能通过继续提高缴费基数筹集资金，从而再次推高参保者的实际费率负担，最终导致"保费上涨、支出增加、参保下降、保费上涨"恶性循环的发生。

国内养老保险领域的研究成果可谓汗牛充栋，尤其是近10年来，随着国内微观调查数据的不断涌现以及微观计量方法的普及，基于各类准自然实验或者识别策略的微观实证研究极大地提升了这一领域研究的规范性。然而，对于"完美"识别策略的追求，可能会限制学者们对研究问题的整体把握，弱化对研究问题本质的追索、对社会现实的学术关怀。余海跃博士的《职工基本养老保险缴费制度及其影响研究》一书，很好地平衡了经济学研究规范性与现实感之间的内在张力。凭借其多年来在养老金领域的学习与研究，以及对中国社保制度的深刻了解，余海跃博士发现基于平均工资的缴费与给付制度，是认识中国城镇职工养老保险的一把钥匙。研究这一特殊的制度设计，能够帮助我们揭开中国社保体系运行过程中所产生的问题的深层原因，是解决中国养老金制度困境的切入点。余海跃博士运用其深厚的理论建模功底，用经济学语言把这一思想模型化，用严格的逻辑推导证实了经验观察得到的上述观点；进一步地，利用微观调查数据，通过规范、细致、严谨的实证分析，对理论建模分析得出的结论进行了验证；最后，基于理论与实证的分析，给出中国城镇职工养老保险未来的改革路径。

在严重高龄少子化的当下，养老金制度承受着巨大的压力。养老金制度的安全行与我们每个人的利益息息相关。对中国养老保险制度的问题与未来改革有所关怀的诸君，我在此强烈推荐余海跃博士的这本新作！

康书隆

东北财经大学金融学教授、博士生导师

金融学院副院长

2021 年 4 月 12 日

摘　　要

　　中国城镇职工基本养老保险缴费基数与平均工资挂钩，较高的缴费基数下限，抬高了低收入群体的实际费率负担，扭曲了低收入参保家庭的跨期消费平滑，对低收入群体的参保缴费形成挤出效应。本书通过理论和实证研究，深入考察了中国养老保险缴费制度设计下，平均工资、缴费基数下限和实际费率负担对职工终生消费路径和参保缴费行为的影响。本书研究发现：第一，中国城镇职工基本养老保险缴费基数下限过高。由于在岗职工平均工资的水平和增速均显著超过私营单位和城镇家庭的平均工资，在以平均工资为基础的缴费基数下限制度设计下，低收入家庭的实际费率负担明显高于名义缴费率，并且随着平均工资的增长而不断加重。第二，生命周期模型理论分析表明，在借贷约束的作用下，参保会扭曲家庭的跨期消费决策，抑制工作时期消费水平，提高退休时期消费，使家庭跨期消费失衡，终生福利受损，对低收入家庭参保缴费形成挤出效应。第三，较高的缴费基数限制，导致低收入家庭可支配收入被严重压缩，养老保险参保不能提升家庭消费。高收入家庭因实际缴费率较低引起保障不足，低收入家庭承受的实际缴费负担过重，超过了家庭的适宜储蓄水平。第四，中国城镇职工基本养老金替代率较高，低收入参保者退休后的可支配收入超过了退休前。退休对低收入参保者家庭非耐用品消费的提升作用较强，消费提升效应随着受访者收入水平的提高而不断下降。第五，各省平均工资的上涨会造成参保职工数的减少和缴费遵从度的下降。在平均工资不断上涨的情况下,基于平均工资的缴费下限会对低收入群体形成挤出效应,导致不保、退保、断缴和短缴等现象愈发普遍,造成制度抚养比和缴费遵从度的不断恶化。

关键词:养老保险;缴费基数;借贷约束;实际费率;家庭消费

Abstract

China's basic old-age insurance system has a high minimum contribution base which is linked to the average wage. The excessive contribution base makes the real premium of low-income households higher than the nominal contribution rate. Although more contribution means higher benefit after retirement, excessive contribution base may distort low-income households' consumption smoothing over life cycle due to the liquidity constraint which means the low-income households cannot borrow money against the future pension benefit to improve current consumption. The imbalance of inter-temporal consumption leads to the loss of welfare for low-income insured households and stifles the participation incentives of low-income groups. From the perspectives of micro-mechanism and macro-manifestation, employing theoretical and empirical models, this book studies the impact of average wage, contribution base and real premium on workers' life-cycle consumption and incentive of participating in pension system.

Some main conclusions are as follow.

Firstly, the minimum contribution base is so high that may suppress the participation incentive of enterprises and their employees. The average wage of urban non-private sector is significantly higher and growing faster than the private sector and urban households. It means the real premium rate of low-income households higher than the nominal contribution rate as the minimum contribution base is only linked to the average wage of urban non-private sector. And as the average wage grows, the contribution burden is still becoming heavier and heavier.

Secondly, the two-period life-cycle model shows that, insurance may distort the inter-temporal consumption of low-income households due to the liquidity constraint. Insured low-income households have lower consumption in working time, higher consumption after retirement, which is harmfull for households' life-cycle welfare. This distortion will significantly lower the participation incentive of low-income households.

Thirdly, basic pension insurance cannot improve the current consumption of low-asset, low-income households. The reason is that high contribution base exacerbates the real premium burden of those households whose current disposable income would shrink significantly due to the liquidity constraint. For the high-income households with high financial assets, the low real premium brings insufficient old-age savings which means households' current will deviate from the optimal level. While for the low-income households with low financial assets, the real premium is so high that exceeds households' appropriate saving level.

Fourthly, the replacement rate of basic old-age insurance is pretty high, so that low-income workers' disposable income after retirement even exceeds that before. Getting retired will increase the non-durable consumption of low-income insured households. And this effect declines as the workers' wage rate increase.

Fifthly, the increase in the average wage will result in a decrease in the number of insured employees and contribution compliance. The implication is that in the case of fast rising average wage, minimum contribution threshold linked to the average wage would crowd the low-income group out of basic pension system which means low-income workers may choose not to participate in or quit basic pension system, the insured workers may choose to stop paying contribution or shorten the contribution period and the dependency ratio and contribution compliance will inevitably decline.

Key words: Old-age Insurance; Contribution Base; Liquidity Constraint; Real Premium; Household Consumption

目 录

第一章　引言 ……………………………………………… （1）
　　第一节　研究背景 ………………………………………… （1）
　　第二节　相关概念与制度背景 …………………………… （6）
　　第三节　研究内容与研究结论 …………………………… （13）
　　第四节　研究创新与局限 ………………………………… （17）

第二章　文献综述 ………………………………………… （19）
　　第一节　基本养老保险制度参数的参保缴费激励研究 …… （19）
　　第二节　养老保险对消费储蓄的影响研究 ……………… （27）

第三章　基本养老保险缴费制度的典型事实分析 ……… （43）
　　第一节　基本养老保险缴费制度的基本特征 …………… （43）
　　第二节　缴费基数下限与低收入参保者缴费负担 ……… （47）
　　第三节　基本养老保险参保缴费不足 …………………… （56）
　　第四节　小结 ……………………………………………… （64）

第四章　基本养老保险对家庭消费影响的理论分析 …… （67）
　　第一节　模型建立 ………………………………………… （68）
　　第二节　理论分析 ………………………………………… （70）
　　第三节　参数校准 ………………………………………… （75）
　　第四节　数值模拟分析 …………………………………… （79）

第五节　小结……………………………………………（93）

第五章　基本养老保险对青年家庭消费的影响分析…………（95）
　　第一节　模型设计……………………………………………（98）
　　第二节　数据与变量描述 ……………………………………（105）
　　第三节　实证结果与分析 ……………………………………（110）
　　第四节　小结 …………………………………………………（141）

第六章　基本养老保险对退休家庭消费的影响分析 …………（143）
　　第一节　数据描述与变量定义 ………………………………（147）
　　第二节　实证模型设定 ………………………………………（151）
　　第三节　实证结果分析 ………………………………………（155）
　　第四节　小结 …………………………………………………（176）

第七章　基本养老保险缴费下限对参保行为的影响分析 ……（178）
　　第一节　数据描述与变量定义 ………………………………（181）
　　第二节　实证模型设定 ………………………………………（184）
　　第三节　实证结果：平均工资对参保缴费行为的影响………（187）
　　第四节　小结 …………………………………………………（203）

第八章　研究结论与养老保险改革建议 …………………………（204）
　　第一节　研究结论 ……………………………………………（204）
　　第二节　基本养老保险改革的相关建议 ……………………（207）

参考文献 …………………………………………………………（212）

索　引 ……………………………………………………………（226）

后　记 ……………………………………………………………（231）

Contents

Chapter 1　Introduction ……………………………………… (1)
　Section 1　Background ……………………………………… (1)
　Section 2　Conceptions and Institutions …………………… (6)
　Section 3　Contents and Conclusions ……………………… (13)
　Section 4　Contributions and Limitations ………………… (17)

Chapter 2　Literature Review ………………………………… (19)
　Section 1　Study on Participation Incentives of Basic Pension
　　　　　　Scheme …………………………………………… (19)
　Section 2　Study on Pension Schemes' Influence on
　　　　　　Consumption and Saving ……………………… (27)

**Chapter 3　Classical Facters of China's Basic
　　　　　　Pension Scheme** ………………………………… (43)
　Section 1　Feature of Contribution Regimes ……………… (43)
　Section 2　Minimum Contribution Base and Contribution
　　　　　　Burden of Low-income Employees ……………… (47)
　Section 3　Inadequate Participation and Contribution of
　　　　　　Basic Pension Scheme ………………………… (56)
　Section 4　Conclusions ……………………………………… (64)

Chapter 4　Theoretical Analyses on Basic Pension Scheme's Influence on Consumption ……………………………(67)

Section 1　Model Settings ……………………………(68)
Section 2　Theoretical Analyses ……………………………(70)
Section 3　Calibrations ……………………………(75)
Section 4　Simulation Analyses ……………………………(79)
Section 5　Conclusions ……………………………(93)

Chapter 5　Influences of Basic Pension Scheme on Young Housheolds' Consumption ……………………………(95)

Section 1　Specification ……………………………(98)
Section 2　Sample and Variables ……………………………(105)
Section 3　Empirical Analyses ……………………………(110)
Section 4　Conclusions ……………………………(141)

Chapter 6　Influences of Basic Pension Scheme on Retired Housheolds' Consumption ……………………………(143)

Section 1　Sample and Variables ……………………………(147)
Section 2　Specificaton ……………………………(151)
Section 3　Empirical Analyses ……………………………(155)
Section 4　Conclusion ……………………………(176)

Chapter 7　Influences of Minimum Contribution Base on Employees' Insuring and Contribution Decesions ……………(178)

Section 1　Sample and Variables ……………………………(181)
Section 2　Specification ……………………………(184)
Section 3　Empirical Results ……………………………(187)
Section 4　Conclusions ……………………………(203)

Chapter 8　Conclusions and Implications for Pension Reform ………………………………………… (204)

　Section 1　Conclusions ……………………………………… (204)

　Section 2　Implications for Pension Reform ………………… (207)

References ………………………………………………………… (212)

Index ……………………………………………………………… (226)

Postscript ………………………………………………………… (231)

第 一 章

引 言

第一节 研究背景

养老保险（Old-age Insurance，或 Old-age Pension），是为保障老年人退休后稳定生活来源而设立的社会保险制度。中国的养老保险体系，包括城镇职工基本养老保险（主要面向城镇的机关企事业单位职工、个体工商户及灵活就业人员等）、城镇居民社会养老保险（简称"城居保"，主要面向城镇非从业居民）、新型农村社会养老保险（简称"新农保"，主要面向农村居民）、城乡居民基本养老保险制度（"城居保"与"新农保"合并）等多种制度。其中，城镇职工基本养老保险设立时间较长、制度设计相对复杂、缴费和给付水平较高、参保职工与离退休职工人数较多、基金规模较大，对国民经济和居民生活的影响也相对较大，是中国养老保险体系的最重要组成部分。如无特殊说明，本书所称的"基本养老保险"或"养老保险"，即是专指城镇职工基本养老保险，不包括"城居保""城乡保"和"新农保"。

自20世纪90年代初企业职工养老保险制度[1]建立以来，中国的

---

[1] 国发〔1991〕31号文件规定："逐步建立起基本养老保险与企业补充养老保险和职工个人储蓄性养老保险相结合的制度。改变养老保险完全由国家、企业包下来的办法，实行国家、企业、个人三方共同负担，职工个人也要缴纳一定的费用。"

城镇职工基本养老保险经历了建立"统账结合"制度[①]、试点做实个人账户[②]、缴费和计发办法改革[③]、机关事业单位养老保险制度并轨[④]等多次重要制度改革。不断完善的城镇职工基本养老保险制度，在保障退休职工生活、减少老年贫困、助力国有企业改革、稳定经济社会发展等方面发挥了重要的作用。

然而，原本为应对未来人口老龄化进程的养老保险制度创新，由于未能就转制成本、费率厘定、再分配强度、缴费和给付环节的精算联系、缴费基数和给付待遇调整机制等问题予以妥善的解决，产生了一系列的威胁制度自身安全性和可持续性的严峻问题，使制度面临巨大的风险，亟须调整和改革。目前，中国基本养老保险制度面临的最大威胁，就是制度抚养比和缴费遵从度的双重下降。

中国基本养老保险以现收现付制为主体，制度抚养比[⑤]是衡量其制度偿付能力和可持续性的最重要指标。只有保持较高抚养比，养老保险体系才能拥有持续良好的偿付能力，避免陷入收不抵支的财务困境。然而，自20世纪90年代制度建立以来，中国城镇基本养老保险的制度抚养比就不断下降，并且已经降到了较为危险的境地。1990年基本养老保险抚养比为5.4∶1[⑥]，制度偿付能力较为优良；

---

① 国发〔1995〕6号文件规定："基本养老保险费用由企业和个人共同负担。实行社会统筹与个人账户相结合"；国发〔1997〕26号文件规定："到本世纪末，要基本建立起……社会统筹与个人账户相结合……的养老保险体系"。

② 国发〔2000〕42号文件规定："决定2001年在辽宁省及其他省（自治区、直辖市）确定的部分地区进行试点……社会统筹基金与个人账户基金实行分别管理。社会统筹基金不能占用个人账户基金。"

③ 国发〔1997〕26号文件、国发〔2000〕42号文件、国发〔2005〕38号文件相关规定。

④ 国发〔2015〕2号文件规定："机关事业单位工作人员要按照国家规定切实履行缴费义务，享受相应的养老保险待遇"。

⑤ 制度抚养比的定义为：参保职工人数/离退休人数。

⑥ 历年基本养老保险制度抚养比数据，来自郑秉文主编的《中国养老金发展报告2013——社保经办服务体系改革》和《中国养老金发展报告2015——"第三支柱"商业养老保险顶层设计》。

随着国有企业改革的推进，大量国企职工"下岗"导致制度抚养比快速下降，制度改革前的1996年已经降到了3.7∶1；1997年的"统账结合"制度改革，并没有能够扭转制度抚养比继续下降的趋势，2004年制度抚养比降到了2.99∶1，首次跌破3∶1；为了拓展基本养老保险覆盖面，国发〔2005〕38号文件允许"个体工商户和灵活就业人员"参保缴费，灵活就业人员的加入减缓了抚养比的下降速度，2005—2013年制度抚养比一直在3.0—3.2徘徊。然而，2014年基本养老保险制度抚养比再次向下突破3∶1，降为2.97∶1，2016年抚养比已经跌至2.75∶1。这意味着养老保险制度抚养比已经进入了快速下降通道，制度偿付能力可能将严重恶化。

由于各地人口、经济状况差异较大，部分省份的情况更不容乐观。从参保人数增速来看，2015年全国有24个省份（含新疆生产建设兵团）参保职工数增速慢于退休人数增速，浙江省和辽宁省甚至出现了参保职工数的下降。从制度抚养比来看，2015年全国有22个省份（含新疆生产建设兵团）基本养老保险制度抚养比低于3∶1，9个省份的制度抚养比甚至低于2∶1。其中，抚养比最低的3个省份（黑龙江、吉林和新疆生产建设兵团），制度抚养比分别仅为1.37、1.53和1.58。过度走低的制度抚养比，使部分省份的基本养老体系陷入了难以为继的困境。

不仅是制度抚养比的不断下降，已参保职工的缴费不足，也进一步恶化了基本养老保险制度偿付能力。首先，部分参保职工因更换工作、失业和收入过低等原因中断缴费，即"断保"。其次，大量参保职工减少缴费年限，例如只缴纳最低缴费年限15年，即"短缴"。"断保"和"短缴"的普遍发生，意味着大量参保职工实际上"参而不缴"。2006年企业部门基本养老保险缴费人数占参保职工人数的比例为89.98%，2015年该比例已经降至80.25%。[①] 这意味着

---

① 资料来源：人力资源与社会保障部发布的《中国社会保险发展年度报告2014》，以及郑秉文主编《中国养老金发展报告2016——"第二支柱"年金制度全面深化改革》。

短短9年间，企业部门参保职工"断保"比例从10%迅速增长至约20%。2014年年底，全国有4500万企业部门参保职工"参而不缴"，导致企业部门养老保险的实际制度抚养比降到了2.44∶1（杨一心、何文炯，2015）。2015年年底，全国2.62亿参保职工中，有约5000万职工"参而不缴"，导致实际制度抚养比下降到2.32∶1。[①]

最后，许多仍在缴费的参保职工存在着低报缴费基数以减少缴费的现象，即"少缴"。白重恩等（2012）指出："很多企业及职工存在逃费行为，特别是低报社会保险缴费基数。"2016年《中国企业社保白皮书》公布的数据显示，社保缴费基数完全合规的单位仅占25.11%，有36.06%的企业统一按照最低基数进行缴费。"断保""短缴"和"少缴"使基本养老保险实际缴费严重不足，缴费遵从度[②]快速降低，郑秉文（2016b）估算表明：2013年基本养老保险缴费收入应为2.7万亿元，但实际征缴仅1.68万亿元，大约少收入1/3。

制度抚养比和缴费遵从度的双重下降，导致基本养老保险的偿付能力和可持续性严重恶化，情况值得担忧。2011年之后，基本养老保险征缴收入增速就一直低于基金支出增速，并且二者差距迅速扩大，2015年征缴收入增速为12.64%，而养老金支出增速高达17.78%。2014年，基金征缴收入开始低于基金支出，出现了全国性的收不抵支，当年收支缺口[③]达1321亿元；2015年该缺口进一步扩大为2797亿元。分地区来看，2015年全国仅有7个省份[④]征缴收入超过基金收入，其余地区（含新疆生产建设兵团）收支缺口达4451亿元，赤字省份既包括中西部地区、东北地区，也包括天津、上海等东部发达地区。其中，新疆生产建设兵团、黑龙江、辽宁、吉

[①] 资料来源：郑秉文主编：《中国养老金发展报告2016——"第二支柱"年金制度全面深化改革》。

[②] 缴费遵从度，是指养老保险制度实际征缴保费与法定应缴保费之比。

[③] 当年收支缺口的定义为：当年基本养老保险基金支出减去基金征缴收入。

[④] 2015年基本养老保险收支盈余的七个省份为：广东省、北京市、浙江省、江苏省、山东省、福建省和西藏自治区。

林、青海赤字率①分别高达141.37%、84.76%、65.96%、64.62%、47.96%。

为什么基本养老保险会出现制度抚养比和缴费遵从度双重下降的局面？部分学者认为，人口老龄化是导致基本养老保险偿付能力恶化的重要原因。从长期来看，人口老龄化进程的不断推进，确实会给现收现付制的偿付能力带来巨大的压力，甚至会导致制度的不可持续。然而值得注意的是，虽然中国目前正处在人口快速老龄化的阶段，但是目前中国的人口年龄结构尚处于相对良好的阶段，人口老龄化压力仍远远小于大多数高收入的OECD国家（康书隆，2014）。2010年中国基本养老保险实际制度抚养比为2.69∶1，而当年总人口抚养比②高达5.26∶1；2015年养老保险制度抚养比仅为2.32∶1，而当年总人口抚养比为4.17∶1。中国的养老保险制度抚养比与总人口抚养比之间始终存在着巨大的差距③，这说明人口年龄结构并不是当前养老保险偿付能力恶化的主要原因。而且，总人口年龄结构只会影响养老保险制度抚养比，并不会影响缴费遵从度。所以，很可能是基本养老保险的制度设计对人们的参保缴费产生了逆向激励。④ 这种逆向激励作用的存在，挤出了部分职工的参保或缴费，从而导致在目前总体人口结构尚好的情况下，基本养老保险已经陷入了难以为继的困境。因此可以预见的是，如果不对制度进行适当的改革，随着中国人口的快速老龄化，基本养老保险制度的偿付能力还将继续恶化。

在制度设计层面探讨基本养老保险参保缴费的逆向激励和挤出

---

① 赤字率=（基金支出－基金征缴收入）/基金征缴收入。
② 总人口抚养比的定义为：15—59岁人口数与60岁以上人口数之比。2010年和2015年总人口抚养比数据，分别来自2011年和2016年《中国人口和就业统计年鉴》。
③ 2015年城镇职工基本养老保险缴费人数占参保职工人数的比重为80.93%，如果考虑以"缴费人数与离退休人数之比"定义的实际制度抚养比，则基本养老保险制度抚养比仅为2.32∶1，制度抚养比与总人口抚养比之间的差距更大。
④ 本书中的"逆向激励"是指：基本养老保险的制度设计，激励人们不加入或退出养老保险制度，或者激励已参保职工和企业中断、减少、逃避养老保险缴费。

效应，现有文献主要从名义费率、便携性损失等角度展开研究。不少学者指出，中国养老保险名义缴费率较高，企业和职工缴费负担过重，导致企业和职工参保激励不足、逃避缴费情况较为严重。也有学者研究指出，中国基本养老保险制度统筹层次较低，制度碎片化严重，给参保职工（尤其是流动就业人口）带来便携性损失，从而形成了显著的参保缴费逆向激励。然而自2005年社保改革后，各地养老保险的名义制度参数基本保持不变，已有的小幅度调整也是朝着有利于提高参保激励方向进行的。因此，名义制度参数并不能对参保缴费意愿持续走低的动态变化提供良好的解释。

基于上述背景，本书将深入探讨中国基本养老保险的缴费制度，寻找解释制度抚养比和缴费赡养率双重下降的深层制度原因。

第二节　相关概念与制度背景

一　养老保险制度的基本类型

现有文献一般按照两类标准对养老保险制度划分基本类别，第一类标准是养老保险的融资方式，第二类标准是养老保险的待遇计发方式（Barr 和 Diamond，2006）。按照养老保险的融资方式，可以将制度划分为现收现付制（Pay-As-You-Go，PAYG）和基金积累制（Funded）两种基本类型。按照养老保险的待遇计发方式，可以将制度划分为确定给付型（Defined-Benefit，DB）和确定缴费型（Defined-Contribution，DC）两种基本类型。

现实中的养老保险制度类型，可以在融资方式和待遇计发方式这两个维度上进行组合。大多数政府提供的公共养老保险制度，都属于确定给付型的现收现付制养老保险，例如美国的联邦老年、遗属及残障保险（Old-Age Survivors and Disable Insurance，OASDI）。大多数私人雇主提供的养老保险，都属于确定缴费型基金积累制养老保险，例如美国的401（K）计划。部分国家的公共养老保险，采取的是确定缴费型的现收现付制度,即名义账户制度(NDC, Notional Defined-Contribution 或 Nonfinancial Defined-Contribution),例如瑞典和波兰等。少数养老保险制度,是确定给付型和基金积累制的组合,例如荷兰的职业集合年金(Collective Pension Scheme),实际上是确定缴费—确定给付型(DC-DB)的基金积累制养老保险。

除了上述基本类型,部分国家养老金制度采取混合型制度设计。例如,有些国家的养老保险制度属于部分积累制(巴尔、戴蒙德,2013),部分积累制融合了完全基金积累制和现收现付制的特点,即将当期筹集保费的一部分用于支付当期老年人的养老金,另一部分积累于参保者的账户之中,用于参保者退休后的养老金支付(袁志刚等,2016)。一些养老保险制度同时包含了确定给付型和确定缴费型的特征。例如,"在确定给付制的给付计算公式中包括了能反映缴费多少的参数",或"在确定缴费制的待遇计算中设计最低投资回报率或最低养老金待遇的规定"(袁志刚等,2016)。

城镇职工基本养老保险,分为统筹账户和个人账户。其中,统筹账户缴费由参保职工所在企事业单位或灵活就业人员个人负担,相当于确定给付型的现收现付制;个人账户缴费由参保人员个人负担,按规定应当是确定缴费型的基金积累制,但是由于长期的空账运转,实际上已经退化为 DB 型的现收现付制或名义账户制(郑秉文,2003;郑秉文,2012a)。

二 养老保险制度的基本目标

养老保险既是一种社会保障制度,也是一份参与面广、时间跨度长、体量巨大的金融合约,会对参保者的跨期消费储蓄决策、收入分配、劳动供给、劳动力流动、退休决策,对企业成本利润、社会消费储蓄水平、社会贫困、资本积累、资本市场和劳动力市场运行、经济增长、生育水平与人口老龄化等诸多方面产生重要的影响。鉴于养老保险体系的广泛和深远影响,在养老保险制度的设计、评估与改革过程中,首先要识别养老保险的主要制度目标,以保证制度目标实现的优先级。

关于养老保险体系的主要制度目标，巴尔、戴蒙德（2013）指出：从个体与家庭的角度看，养老保险有两个目标：消费平滑、保险；从公共政策的角度看，养老保险还有另外两个主要目标：减贫、收入再分配。

第一，消费平滑，这意味着人们寻求一生而不是某一个时点的效用最大化。消费平滑是退休储蓄的核心目的之一，养老保险使得个体可以在生产效率和收入水平较高的时期，将一部分收入储存起来，供没有劳动收入的退休时期进行消费。养老保险帮助个体选择生命周期内的最优消费路径。

第二，保险。在确定性的情况下，人们在工作时期可以确定最优的储蓄量，以实现终生效用最大化。然而在现实中，人们还面临一系列的风险与不确定性，例如长寿风险。长寿风险的存在，使得私人储蓄面临储蓄不足或储蓄过度的可能。个体的寿命难以预测，而某一群体的预期寿命则是可以预测的。因而，这一群体可以将退休储蓄整合在一起，做成资产池，并通过年金化的养老金支付，帮助个体分散长寿风险。社会保险系统还应当为未退休但身故的职工的遗属（包括配偶和未成年子女）提供生活保障，并提供残障保险。

第三，减贫。部分个体可能终生的收入水平都很低，从而无力为老年生活进行储蓄，养老保险系统要为该群体提供养老资源。养老保险的减贫功能，既可能面向全体老年人，也可能仅针对参保群体。

第四，收入再分配。养老保险系统可以通过向低收入者支付更高比例的养老金（更高的替代率），从而实现代际内收入再分配。由于收入不确定性的存在，这种制度为个体提供了一种抵御低收入风险的保险。收入再分配也可以是以家庭为单位，例如未婚家庭和已婚家庭缴纳相同的保费，养老保险系统可能考虑到已婚家庭的负担更重，而向已婚家庭支付更高比例的养老金。养老保险也可能在代际间进行收入再分配，例如使不同代际工作群体承担不同的缴费负担。

除了主要目标之外，养老保险可能还有一些其他的次要目标，例如促进经济增长，减少对劳动力市场的扭曲等。设计不良的养老保险制度，可能带来严重的劳动力市场扭曲；过度的公共养老金支出，可能会加重经济的税负负担，从而抑制经济增长。而设计良好的养老保险制度，可能会有助于劳动力市场和资本市场的良好运行，增加储蓄，从而促进经济增长。

养老保险存在多重目标，不同的目标之间可能存在一定的冲突，因而在养老保险制度设计与评估过程中，要对不同目标进行权衡，要在效率、公平性和保障水平之间寻求平衡。Barr 和 Diamond（2006）强调，在分析养老保险制度时，不能孤立地考虑一个目标，不能认为达到了某个目标最优化的状态就是好的制度选择，并且由于不同目标之间的冲突性，没有最好（First-best）的养老保险制度，要在次优（Second-best）的语境下讨论养老保险制度（Barr 和 Diamond，2010）。

三　中国基本养老保险制度目标实现的评价

中国城镇基本养老保险在制度目标方面表现得如何？这些表现又会怎样影响人们的参保缴费意愿？本章接下来针对几项主要制度目标，进行分别讨论。

第一，消费平滑。基本养老保险由于具有较高的缴费率，将参保者（尤其是低收入参保者）工作时期的收入过多地转移到退休时期，实际上给参保者带来了"过度的消费平滑"，或言之给参保者带来了消费扭曲。

养老保险缴费率越高，意味着制度将参保职工当期收入中越大的比例转移到退休时期。由于参保职工一般会受到借贷约束的限制，不能以未来养老金给付为抵押借贷（不能进行养老储蓄的反向操作），当养老保险缴费率过高（过度养老储蓄）时，参保就可能扭曲参保职工的终生消费路径。首先，中国基本养老保险名义缴费率居高不下，远远高于OECD国家平均水平（郑秉文，2016b）。其次，基本养老保险缴费制度设计中，存在基于城镇非私营单位在岗职工平均工资固定比例的最低缴费门槛，由于仅将非私营单位纳入平均工资的统计口径之中，导致基本养老保险的缴费基数下限过高。较高的缴费基数下限，使低收入参保者承受的实际费率高于名义费率。高名义费率和高缴费下限，抬高了参保者（尤其是低收入参保者）的实际费率负担，在借贷约束的限制下，参保可能阻碍低收入群体生命周期内的消费平滑，从而对低收入群体形成参保缴费的制度性挤出。

较高的缴费基数下限和实际缴费率，加重了低收入参保者的实际缴费负担，可能将大量低收入群体挤出在基本养老保险制度之外。为此，国务院于 2016 年 10 月出台了国发〔2016〕56 号文件，要求"将城镇私营单位在岗职工平均工资纳入缴费基数统计口径范围，形成合理的社会保险和住房公积金缴费基数，避免对低收入群体的制度性挤出"。

第二，保险。城镇基本养老保险的制度设计，在保险方面是功能缺失的。基本养老保险，仅为参保者提供分散长寿风险和长期通货膨胀风险的基本保险功能，在帮助家庭分担参保职工身故、婚变等风险方面，属于完全的功能缺失。

对比中国与美国的公共养老保险制度就可以发现，中国养老保险在保险方面存在功能缺失。美国的联邦老年、遗属及残障保险（OASDI）以家庭单位进行投保，不仅包括职工个人的退休保险，也包括职工个人的残障保险以及配偶的退休保险和家庭成员的遗属保险。一个家庭只要有一个主要成员参加了 OASDI 计划，参保人的整个核心家庭都处在社会保障网的保障之中，在参保职工退休或发生身故、残障等意外时，参保职工及其配偶（包括离异配偶和遗属）、未成年子女、成年未婚残疾子女、老年父母（需要由参保职工赡养）都可以获得相应的保险金，以保障其基本生活。

而中国的城镇基本养老保险，以个人为单位进行投保，当参保职工达到退休标准时，仅有参保职工个人可以领取退休金；当参保职工退休前发生残障时,并没有相应的残障保险;当参保职工身故时,仅向参保职工家庭支付少量的丧葬费,职工的配偶、子女和老年父母立刻失去了社会保险的保障。近年来,中国一直致力于提高退休人员给付待遇水平,而在为参保家庭提供安全保障方面几乎毫无建树。"重给付、轻保障"的制度设计,使制度对于健康水平较差、预期寿命较低、职业风险较大、家庭结构不稳定的群体,形成了显著的参保逆向激励。

第三,减贫。城镇基本养老保险为低收入群体提供的替代率较高,可能存在"减贫过度"的情况。基本养老保险给付是以在岗职工平均工资为基础的,且中国收入分布呈现较严重的右偏态分布[①],因此低收入群体的替代率本来就高于平均水平。经过连续十多年的快速上调养老金给付标准,对于低收入群体来说,基本养老保险的替代率已经达到了相当高的水平。由于缺乏公开完整的居民收入分布数据,难以对低收入群体的替代率进行直接度量,不过我们仍可以使用总体平均数据进行一些推断。王晓军(2013)研究结果表明,如果以城镇人均可支配收入为分母计算养老金替代率,"2012年平均养老金为城镇居民人均可支配收入的83%"。考虑到收入分布的右偏性和养老金给付的快速增长,我们可以合理地推测,相当一部分低收入群体的养老金给付,已经超过了其退休前的收入水平。

较高的养老金给付固然可以保障老年人较为体面的退休生活,但是这可能是以当期年轻人较重的缴费负担为代价的。中国基本养老保险的制度设计中,缴费基数和给付基数都和在岗职工平均工资挂钩,因此较高的给付水平,意味着当期参保职工(尤其是低收入参保群体)较高的缴费基数和实际费率负担。再考虑到慷慨的养老

---

① 中国居民收入差距较大,"无论是基于CFPS计算出来的基尼系数,还是官方公布的基尼系数,均已经大大高于欧美发达国家的水平"(谢宇等,2013)。较大的收入差距,必然对应着较为严重右偏的收入分布。例如,王晓军(2013)计算结果表明:中国人民大学"中国综合社会调查"(简称CGSS)的数据显示,2010年城镇家庭收入的均值约为收入中位数的1.76倍,均值大约在收入分布的75%的分位点上。

金给付会引致提前退休（Feldstein和Liebman，2002），维持过高的替代率可能使制度陷入"高给付→高缴费→提前退休逃避缴费→更高给付"的恶性循环。

第四，再分配。中国的基本养老保险制度设计中包含了较强的再分配功能，包括代际内再分配和代际间再分配。

代际内再分配包括两个方面：一方面是高缴费参保者向低缴费参保者的转移支付，另一方面是流动就业参保人员向正规就业参保人员的转移支付。高缴费者向低缴费者的转移支付，源自于基本养老保险给付基数的规定①，根据该规定缴费基数越高的参保职工，给付基数相对越低。当缴费基数低于1倍平均工资时，参保职工获得净转移支付补贴；当缴费基数高于1倍平均工资时，参保职工承受净转移支付损失。高收入参保群体向低收入参保群体的转移支付，是公共养老保险制度的题中应有之义，但是再分配的强度应该适当，否则会对高收入群体产生过度的逆向激励。中国养老保险第一支柱再分配效应较强，导致企业和职工参保不足（Zhao和Xu，2001）。而流动就业人员向正规就业人员的转移支付，则是"中国特色"，源自于基本养老保险的制度碎片化。目前中国职工养老保险基本处于省级统筹的状态，当劳动力在省内流动时，养老保险账户可以携带转移；而当劳动力跨省流动时，仅有个人账户可以跨省转移。即一旦劳动力跨省流动，流动就业人员就要承受统筹账户缴费损失。制度碎片化和便携性损失，挤出了大量的流动就业人口的参保和缴费（刘传江、程建林，2008；李连友等，2014）。

代际间的再分配源自中国养老保险制度对于转制成本的处置失当。任何养老保险制度在设立之初，都会面临向没有缴费的第一代老人支付养老金的转制成本问题。政府可以通过发行国债等多种手段，将转制成本分担给后续的多个代际参保职工。可是政府并没有

---

① 国发〔2005〕38号文件规定："退休时的基础养老金月标准以当地上年度在岗职工月平均工资和本人指数化月平均缴费工资的平均值为基数"。

处理转轨成本，而是通过提高当期参保职工缴费率的方式逐步将其消化（孙祁祥，2001）。这相当于使当前年轻人向老年人进行了巨额转移支付，可能引起严重的代际冲突（彭浩然、陈斌开，2012），从而对当前年轻人形成严重的参保缴费逆向激励。

第五，劳动力市场扭曲。中国基本养老保险的高费率和制度碎片化，带来了较强的劳动力市场扭曲。高名义费率以及较高平均工资导致的高缴费基数下限，使参保企业和职工（尤其是低收入群体）承受了过高的实际费率负担，可能严重扭曲企业的劳动力需求和职工的劳动力供给。而制度碎片化和便携性损失，则阻碍了劳动力的跨省自由流动（杨俊，2008；朱玲，2010），对全国性的劳动力市场形成扭曲。

第三节 研究内容与研究结论

一 研究内容

前文分析表明，由于名义费率较高、缴费基数下限较高、制度碎片化严重等，基本养老保险制度可能通过扭曲消费平滑、保险功能的缺失、较强的再分配效应以及阻碍劳动力流动等渠道，对企业和职工（尤其是低收入群体）产生参保缴费的逆向激励。影响养老保险参保激励的渠道和机制较多，而消费则是诸多影响渠道综合作用的集中体现。养老保险体系最基本的功能即是帮助参保家庭实现跨期消费平滑；养老保险体系的保险功能，也是帮助参保家庭降低应对各种风险的当期预防性储蓄，提高跨期资源配置的效率；而养老保险体系的减贫功能和再分配功能，则是致力于提高较低收入家庭的消费水平。因此本书以家庭消费为基本分析对象，通过考察养老保险参保对家庭消费的影响，对基本养老保险的参保激励进行推断。

基于如上考虑，本书接下来通过理论和实证研究，从微观基础和宏观表现等不同角度，以家庭消费为基本分析对象，深入考察现行养老保险缴费制度设计下，在岗职工平均工资、缴费基数下限和实际费率负担对职工终生消费路径和参保缴费行为的影响，从而为理解基本养老保险制度抚养比和缴费遵从度的双重下降、为养老保险后续改革方案设计，提供新的理论视角和经验证据。具体来说，本书研究内容包括以下三个部分：典型事实分析、理论模型研究和实证模型研究。

典型事实分析部分，本书首先分析了职工基本养老保险的缴费制度的重要特征；其次，描述了基于在岗职工平均工资固定比例的最低缴费门槛的设计，给低收入、灵活就业参保者带来的沉重缴费负担以及过重缴费负担带来的退保、断保、短缴等行为，如何导致制度抚养比与缴费遵从度的不断下降。

理论模型研究部分，本书建立刻画了参保家庭消费储蓄行为的生命周期模型，在借贷约束的视角下，研究养老保险缴费制度对参保者终生消费路径和效用水平的影响，从而为理解养老保险参保缴费挤出效应提供理论基础。

实证模型研究部分，本书首先使用微观家庭调查数据，在借贷约束的视角下，实证检验参保对不同借贷约束特征家庭消费的影响，实际缴费率对参保家庭消费的影响，领取基本养老金对不同收入水平参保者退休前后消费变化的影响，刻画了基本养老保险对参保者终生消费路径的影响，为理解缴费制度的挤出效应提供微观证据。其次，使用省际面板数据，实证检验平均工资增长对参保职工数和缴费遵从度的影响，为定量分析因平均工资上涨导致的实际费率调整对制度偿付能力的影响提供实证依据。

二 研究结论

本书的主要研究结论归纳如下：

第三章对基本养老保险缴费制度、缴费基数下限水平、低收入群体的实际缴费负担以及基本养老保险参保缴费不足等状况，进行了典型事实分析。研究发现，基本养老保险的名义缴费率和缴费基数下限均过高，可能导致企业和职工的参保缴费不足。中国在岗职工平均工资的水平和增速均显著超过私营单位和城镇家庭的平均工资，在以平均工资为基础确定缴费基数下限的制度设计下，城镇低收入家庭的实际费率负担明显高于名义缴费率，并且随着平均工资的增长而不断加重。在名义缴费率较高，在岗职工平均工资水平较高、增速较快的背景下，低收入参保者的实际费率负担不断加重，过重的缴费负担抑制了低收入群体的参保缴费激励，基本养老保险制度覆盖面扩展困难，已参保职工中断缴费或缩短缴费年限的情况较为严重，导致基本养老保险参保缴费不足，偿付能力受到威胁。

第四章建立了刻画参保者行为的两期生命周期模型，通过基于行为经济学时间偏好不一致理论的模型参数设定，研究了较高缴费基数下限和实际费率负担，影响低收入群体参保缴费激励的内在机制。基本养老保险较高缴费基数下限的存在，抬高了低收入家庭的实际费率负担，虽然参保可以显著提升家庭的终生财富水平，但是在借贷约束的作用下，参保会扭曲家庭的跨期消费决策，抑制当期消费水平，进而使家庭福利受损，对低收入家庭参保缴费形成强烈的挤出效应。高收入家庭由于受益于养老保险的高投资回报率，参保可以带来终生财富水平的显著增长，进而提升家庭的当期消费，同时由于存在缴费基数上限，随着家庭收入水平的不断提高，养老保险缴费和给付占家庭收入的比重不断降低，参保对当期消费的提升作用也不断减弱。

第五章以家庭消费作为主要目标变量，考察基本养老保险参保对家庭消费的处理效应，以推断养老保险制度设计的参保缴费激励状况。本章建立了总体模型、分组模型和缴费率模型，基于面板数据固定效应回归和倾向值匹配估计，估计了养老保险参保对不同类型家庭消费的影响。研究发现，从总体来看，基本养老保险参保能够促进家庭当期消费。分组模型估计结果表明，基本养老保险参保不能提升低资产低收入家庭的当期消费水平，这是因为较高的缴费率和缴费基数限制，使低资产低收入家庭承受较高的实际缴费负担，在借贷约束的限制下，家庭当期收入被较大程度地压缩。高资产高收入家庭因实际缴费率较低引起保障不足，导致家庭消费偏离最优水平，实际缴费率的增加将提高其保障水平，减少家庭预防性储蓄，使家庭当期消费水平随之提高。而低资产低收入家庭承受的实际缴费负担过重，超过了家庭的适宜储蓄水平，在借贷约束的限制下，实际缴费率的上涨将进一步降低低收入家庭的消费水平。基本养老保险中费率差异化的缴费制度设计，扭曲了低资产低收入家庭的跨期资源配置效率，对这部分家庭形成了较强的参保缴费逆向激励。

第六章基于中国健康与养老追踪调查 2011—2018 年样本数据，设计了总体模型、分组模型和工具变量回归模型，考察了不同收入水平的老年家庭在领取养老金前后家庭消费的变化情况。研究发现，中国城镇职工基本养老金替代率较高，低收入参保者退休后的可支配收入超过了退休前。总体来看，退休可以提高参保家庭的人均非耐用品消费水平。分组模型估计结果表明，退休对低收入参保者家庭非耐用品消费的提升作用较强，消费提升效应随着受访者收入水平的提高而不断下降。退休对家庭耐用品支出的影响不显著，对总支出的影响没有得到一致性的研究结果。这说明养老保险缴费给付制度对家庭工作时期消费的压缩效应以及对家庭退休时期消费的提升效应，都主要集中在非耐用品消费上。虽然养老保险制度使低收入参保者退休后的消费水平提高，但这是以工作时期的消费水平受压缩为前提和代价的。家庭在中青年时期消费需要较为旺盛，而家庭在老年退休时期的消费需求则较为有限，中国的城镇职工基本养老保险制度在低收入参保者消费需求旺盛的工作时期拿走了其过高比例的收入，又在其消费需求萎缩的退休时期赋予了其较高的养老金给付，这实际上是对低收入参保者跨期资源配置的扭曲，损害了低收入参保者的终生福利水平。

第七章检验了基本养老保险缴费制度参保不足的宏观表现。在收集整理了 2006—2014 年的相关省际面板数据的基础上，本章基于自然实验的工具变量回归,定量分析了平均工资对参保职工数和缴费遵从度的影响。研究发现,各省平均工资的上涨会造成参保职工数的减少和缴费遵从度的下降;并且名义费率和总人口结构对参保职工数和缴费遵从度并未造成显著影响。这说明,在平均工资不断上涨的情况下,基于平均工资的缴费门槛会对低收入群体形成挤出效应,导致"不保""退保""断缴"和"短缴"等现象愈发普遍,造成制度抚养比和缴费遵从度的不断恶化。

第四节 研究创新与局限

本书可能的创新之处主要表现在以下几个方面:

第一,不同于现有研究主要从名义费率、便携性损失等名义制度参数的视角,研究养老保险制度设计对职工参保缴费激励的影响,本书主要关注基于平均工资的最低缴费门槛设置以及平均工资的连续快速上涨,研究实际费率负担的变化对低收入群体参保缴费激励的影响。

在 2005 年社保改革后,各地基本养老金的名义制度参数基本保持不变,已有的小幅度调整也是朝着有利于提高参保激励的方向进行的,因此制度参数并不是参保缴费意愿持续走低、基金缴费状况加速恶化的全部原因。虽然已有部分研究认识到了中国基本养老保险最低缴费基数的设定,会加重低收入参保者的实际缴费负担,从而阻碍低收入群体的跨期消费平滑。但是现有文献基本只是采用文字叙述推理的方式,或是利用宏观数据简单地计算了低收入群体的实际缴费率水平,缺乏系统的理论实证研究。

本书基于基本养老保险缴费基数下限的制度设计,针对缴费制度的参保激励问题,从理论和实证的角度,进行了深入的研究与分析:本书揭示了近年来城镇非私营单位在岗职工平均工资的持续快速增长,对缴费基数下限和低收入参保者实际缴费率的动态影响;

针对低收入群体的参保决策进行理论建模，分析了当前缴费制度对低收入者参保行为的扭曲；就养老保险对低收入参保者消费的影响、平均工资调整对养老保险参保缴费状况的影响等进行了严格的实证分析。

第二，本书将借贷约束纳入养老保险对家庭消费影响的分析视角之中。

Hubbard（1985）、Hubbard 和 Judd（1987）通过理论研究已经指出借贷约束会对养老保险系统的福利效应产生影响，但是现有的相关实证研究并没有将养老保险缴费引致的借贷约束纳入研究视角，以宏观数据为基础或以养老保险财富为解释变量的研究，均无法考虑借贷约束的影响，微观数据研究也没有根据家庭受借贷约束的属性对家庭进行区分。本书基于中国基本养老保险特殊的缴费基数下限设计，遵循借贷约束研究的经典传统，将借贷约束纳入研究视角，通过理论分析和实证检验，研究了基本养老保险制度，对不同借贷约束状态参保家庭消费的影响，为评估中国养老保险制度设计对参保缴费激励的影响提供新的视角和证据。

第三，本书在理论模型参数校准分析中，借鉴行为经济学的时间偏好不一致理论，针对低收入家庭和高收入家庭设定了不同的时间贴现因子，刻画了不同收入水平家庭在长期的跨期资源配置过程中的异质性行为偏好，将行为经济学的研究成果融入了养老保险参保激励的研究之中。

本书的研究存在局限之处，养老保险体系最基本的功能就是帮助参保家庭实现跨期消费平滑，因此养老保险对家庭消费的影响是推动养老保险参保激励的重要方面，但是依然存在其他方面的因素会影响基本养老保险的参保激励，限于本书的篇幅和主题，本书没有针对其他方面因素展开研究。

第 二 章

文献综述

第一节 基本养老保险制度参数的参保缴费激励研究

中国城镇职工基本养老保险一直面临着制度面扩展困难、抚养比下降、缴费遵从度较低等问题。吴永求、冉光和（2012）指出，"2008年中国劳动年龄人口养老保险覆盖面只有17.2%，与泰国、菲律宾等国家相近，与OECD发达国家相比具有很大差距"。基本养老保险不仅覆盖面窄，参保职工增长速度近年来也不断下降，2012年之后一直低于退休人员增速（郑秉文，2014）。这导致制度抚养比近年来不断恶化，特别地，2014年制度抚养比已经低于3∶1（郑秉文，2016a）。制度外职工参保激励不足，已参保职工缴费激励也不足。杨一心、何文炯（2015）发现，"2014年年底全国有4500万职工参保但未缴费，制度'实际职退比'已降到2.44∶1"。郑秉文（2016b）指出，根据参保职工数、缴费基数和名义缴费率估算出来的2013年缴费收入应为2.7万亿元，而实际缴费收入仅为16761亿元，"大约少收入1/3"。养老保险制度抚养比恶化、缴费遵从度低，长期内必然导致支付偿付能力不足，威胁制度的可持续性。因此，学界针对基本养老保险参保和缴费不足的原因展开了广泛的讨论。

一 名义缴费率的参保缴费激励研究

中国基本养老保险名义缴费率水平一直居高不下，处于世界较高水平。郑秉文（2016b）指出，中国养老保险费率远高于欧盟和OECD国家的平均水平，"甚至是美国和加拿大的2倍多，是韩国的3倍多"，并且"从企业雇主的缴费来看，中国20%的费率是法国的2倍，美国、日本的3倍，加拿大、瑞士和韩国的4倍，企业的负担远高于这些国家"。由于中国养老保险名义缴费率较高，很多文献认为名义缴费率是导致养老保险参保激励不足的主要原因。

Zhao和Xu（2001）总结了20世纪90年代以来的中国养老保险改革历程以及当时就已经较为严重的养老保险参保缴费不足的问题，研究指出中国的养老保险缴费率较高、第一支柱存在较强的再分配效应，导致企业和职工的参保激励皆不足，要想使基本养老保险体系拥有较为恰当的参保缴费激励，要求的制度缴费率要远远低于当前水平才可以。彭浩然、陈斌开（2012）认为，中国现行缴费比例偏高，高额的缴费率会引起严重的代际冲突，导致许多年轻人不愿意参加社会养老保险，增加扩大覆盖面的阻力，"从长期来看，依靠高缴费来维持现行社会养老保险制度的运行是得不偿失的"。Giles等（2013）认为中国基本养老保险的两个主要特征抑制了员工及其雇主的参保激励，其中第一条便是缴费率居于"世界最高水平之一"，这给企业和员工施加了较严重的"税收楔子（Tax Wedge）"。

实证研究方面，封进、张素蓉（2012）利用上海社会保险存在"城保"和"镇保"两种不同的制度，得到外生缴费率差异，研究发现降低缴费率可以增加企业的参保程度。赵静等（2015）基于中国城镇调查（UHS）数据和规模以上工业企业数据，利用法定缴费率在城市和年份上的变动，研究发现提高社会保险法定缴费率会显著降低企业的参保概率。

基于高名义费率显著抑制参保的认识，部分学者研究了降低费率对养老保险参保激励的影响。Feldstein和Liebman（2006）认为若要实现中国养老保险的充分参保，应该将转制成本从现有的参保职工缴费中剥离出去，大幅降低缴费率。吴永求、冉光和（2012）采用精算方法构建参保模型，政策模拟结果发现，降低缴费率有利于提高养老保险参保率，且在若干政策选项中效果最为明显。封进（2013）分析了政策缴费率对企业参保行为的影响，研究结果显示，降低缴费率将使企业的参保程度上升，适当降低名义费率，可以使实际缴费率提高，并且参保程度上升增加的缴费收入，可以抵消缴费率下降减少的缴费收入。

高名义费率不仅会导致参保激励不足，阻碍制度覆盖面的扩展，还会加重已参保企业和职工的缴费负担，使参保企业和职工倾向于逃避缴费，发生"少缴""短缴"，甚至"断缴"，导致基本养老保险基金缴费不足。孙祁祥（2001）指出由于中国没有专门处理转轨成本，而是通过提高费率的方式逐步将其消化，高费率必然影响人们的缴费积极性，导致"以'高费率'开始，以'低收入'终结"。赵静等（2015）基于不同地区名义缴费率的差异研究发现，社会保险法定缴费率的上升会显著扩大法定缴费率与实际缴费率[①]的差距。

由于基本养老保险较高的名义缴费率，显著抑制了企业和职工的参保缴费激励，现有文献普遍认为养老保险改革应当降低缴费率。基于降低名义缴费率的改革选项，现有文献还估计了较为合理的名义缴费率水平。柳清瑞等（2013）引入修正的两期世代交叠（Over-Lapping Generations，OLG）模型，在参数校准的基础上，测算出以福利最大化为目标的企业最优缴费率约为15%，并且养老保险降费率不能一蹴而就，而是需要逐渐地下降至最优水平。路锦非（2016）构建养老保险基金收支平衡模型和人口动态精算模型，测算基于未来制度赡养率和不同替代率水平下的缴费率，研究认为中国基本养

---

① 实际缴费率是企业（或职工）的社会保险缴费额与其工资总额（或工薪收入）之比。如果法定缴费率与实际缴费率的差距越大，说明缴费水平越低，逃避缴费程度越严重。

老保险名义缴费率可以降低到20%，其中统筹账户缴费率为15%，个人账户缴费率为5%。

二 缴费基数的参保缴费激励研究

除了较高的名义缴费率之外，中国基本养老保险缴费制度的另一个显著特征，就是存在较高的缴费基数下限。根据国发〔1995〕6号文件确定的改革方案，各地一般以上年度城镇非私营单位在岗职工平均工资的60%，作为基本养老保险的最低缴费基数下限。由于平均工资统计口径等，各地区的最低缴费基数水平偏高，远高于很多低收入参保者的实际工资水平，导致低收入参保群体的实际缴费负担较重。

现有文献中已经有学者注意到了高缴费基数下限带来的低收入参保群体缴费负担较重的问题。朱文娟等（2013）指出，中国社会保险最低缴费基数远高于最低工资标准，导致对于低收入劳动者而言，社会保险缴费占工资的比例远远超过40%，即低收入劳动者和他们的雇主实际承担的社会保险费负担相对更高。王国辉等（2011）使用2008年全国城镇居民家庭人均可支配收入数据，测算了城镇中低收入家庭的养老保险缴费压力，计算结果发现：灵活就业人员（名义缴费率为20%）参保缴费，如果以1倍平均工资为缴费基数，则收入最低5%的家庭实际缴费率高达48%，收入最低10%的家庭为43%；如果以0.6倍平均工资（最低档）为缴费基数，则收入最低5%的家庭实际缴费率为29%，收入最低10%的家庭为26%。

较高的缴费基数下限和偏重的实际缴费负担，会过度挤占低收入参保者当期的消费水平，对于低收入群体的参保缴费激励，产生严重的负向影响。王国辉等（2011）认为，养老保险缴费给低收入家庭带来了巨大的压力，超出了其承受范围，可能导致阻碍城镇养老保险扩面，导致大量养老保险中断，挤占居民消费水平等较为严重的影响。彭浩然（2011）认为，"由于线性缴费基数上下限的设定，导致低收入人群参加养老保险的实际缴费率偏高，给他们的当期消费带来了压力，不利于实现消费平滑和覆盖面的扩大"。Giles 等（2013）指出，最低缴费基数门槛的设计，引起了低收入群体实际缴费负担的非线性增长，对低收入员工的参保缴费形成了显著的抑制作用。

三 制度碎片化的参保激励研究

中国基本养老保险统筹层次较低，并且多年来虽然提高基金统筹层次、逐渐实现全国统筹的呼声很高，但是改革推进的进程依然十分缓慢。这一点从国务院历次有关养老保险改革的重要文件表述就可见一斑。其中，国发〔1997〕26号文件提出"为有利于提高基本养老保险基金的统筹层次和加强宏观调控，要逐步由县级统筹向省或省授权的地区统筹过渡"；到2005年养老保险计发办法改革时，国发〔2005〕38号依然要求"尽快提高统筹层次，实现省级统筹"；再到2015年公务员事业单位养老保险制度并轨时，国发〔2015〕2号仍然强调要求各地区"建立健全基本养老保险基金省级统筹"。截至2015年，全国只有少部分地区实现了省级统筹（陕西、重庆、北京、天津、上海等），大部分省份仍然为市级统筹。

较低的养老保险基金统筹层次，导致了制度碎片化和参保职工的"便携性损失"。当参保职工跨统筹范围流动时，仅有个人账户缴费可以跨地区接续，而统筹账户缴费不能跨地区接续，从而使参保职工，尤其是"农民工"和灵活就业人员，承受了统筹账户的缴费损失。

制度碎片化和"便携性损失"对流动就业人员和灵活就业人员形成了较强的参保逆向激励。刘传江、程建林（2008）研究了农民工养老保险参保问题，研究发现养老保险的"便携性损失"，构成了农民工参加养老保险的主要障碍。Giles等（2013）指出，养老保险制度中阻碍企业和职工参保激励的第二个特征是制度碎片化。流动就业人员可能会失去统筹账户缴费，导致他们参保缴费的收益率大大降低。李连友等（2014）使用深圳特区企业社会追踪调查微观数据，研究了养老保险退保群体的特征，发现收入越低的参保者退保可能性越高，外省和外地户口参保者退保可能性高于本省和本地户口参保者。宋全成、王赞（2017）基于2014年流动人口动态监测数据测算发现，中国流动人口参加城镇基本养老保险整体水平较低，仅为17.92%。

四 养老保险对正规就业挤出效应研究

养老保险的参保者一般都是就业职工，甚至是正规就业职工，因而养老保险制度降低企业和职工参保激励的另一种较为剧烈的表现形式，可能是直接挤出了就业，或者将正规就业者挤向非正规就业部门。

养老保险缴费类似于一种工薪税，通常是由企业和职工共同承担，这通常会提高企业雇佣成本，从而降低企业的劳动力需求。另外，由于员工劳动供给弹性的差异、最低工资标准的限制、员工可能不了解企业为自己缴纳的保费金额，以及员工可能对企业为自己缴纳的保费价值认可度低（Kugler和Kugler，2009；朱文娟等，2013；Iturbe-Ormaetxe，2015）等，企业一般很难将养老保险缴费成本完全转嫁给劳动者，从而形成对就业的挤出效应。

国内文献针对养老保险缴费的就业挤出效应进行了大量的实证研究，研究结果一致认为中国养老保险缴费对就业存在显著的挤出效应。宏观数据研究方面，杨俊（2008）以国有企业为研究对象，研究结论认为养老保险缴费率每增加1%，就业增长率会下降3%。朱文娟等（2013）基于2004—2010年的省际面板数据，研究发现中国社会保险缴费的快速增长对就业有挤出效应，社会保险缴费率每增加1%，会导致总就业水平减少0.153%，城镇就业水平减少0.06%。陶纪坤、张鹏飞（2016）利用2009—2014年省际面板数据，以各地社会保险实际缴费额与当地城镇职工工资总额之比作为实际社会保险缴费率度量，研究发现社会保险缴费率每提高1个百分点，将显著挤出全国劳动力需求的4.95%左右，并且东部地区的挤出效应最强。

微观数据研究方面，马双等（2014）使用1998—2007年的制造业企业数据，基于各地市养老保险企业缴费率的外生变异，研究发现企业缴费比例每增加1个百分点，企业雇用人数将减少0.8%。刘苓玲、慕欣芸（2015）利用2007—2014年中国419家制造业上市公司数据，研究发现企业社保缴费率每上升1%，将挤出企业雇佣人数约6.9%。陶纪坤、张鹏飞（2016）基于2012—2013年上市企业数据，以企业实际缴纳社会保险费与该企业职工工资总额之比作为实际社会保险缴费率的度量，回归结果显示：社会保险缴费率每增加1个百分点，将导致企业劳动力需求降低约1.50%，并且上市民营企业和第二产业企业的挤出效应更强。

特别地，针对中国社会保险最低缴费基数的制度设计，朱文娟等（2013）以及朱文娟、汪小勤（2013）的研究均指出，中国社会保险最低缴费基数远高于最低工资标准，因此低收入劳动者的实际社保缴费率高于名义缴费率，使企业雇佣低收入劳动者的相对用工成本更高，对就业的挤出效应可能更大。朱文娟、汪小勤（2013）基于四个直辖市的数据分析表明，社会保险最低缴费基数的上涨对总就业和城镇就业均产生了显著的挤出效应。

养老保险缴费不仅从总量上挤出就业，还可能导致就业的结构性变化，即将员工从正规就业部门挤向非正规就业部门。正规就业部门的员工参保缴费处于政府相对严格的监管之下，企业逃避缴费或者将缴费负担转嫁给员工均更加困难；而对于非正规就业部门，由于政府能够掌握的信息有限，监管难度较大，逃避缴费相对容易得多。因此，当一个国家的非正规就业较为普遍时，若企业和员工（尤其是低收入劳动者）面临较高养老保险缴费负担时，可能会倾向于转向非正规就业部门以规避缴费负担。

南美洲的哥伦比亚具有较高的非正规就业率，并且该国最低工资标准偏高，劳动力市场灵活性不足（Mondragón-Vélez等，2010），在20世纪90年代开启的社保改革过程中，高额的社会保险费使非正规就业问题变得更加严重，成为社会保险挤出正规就业的典型研究对象（朱文娟、吕志明，2012）。Cuesta 和 Olivera（2010）研究了哥伦比亚正规就业部门与非正规就业部门的劳动力成本差异，研究结果指出：哥伦比亚的社会保障系统，给正规就业部门的企业和员工施加了较重的税负负担，激励员工退出正规就业市场，转向非正规就业。Camacho 等（2013）基于微观家庭调查数据的研究结果表明，20 世纪 90 年代哥伦比亚社会保险项目（尤其是医疗保险）覆盖面的扩展，导致非正规就业增加了约 4 个百分点。

国内的相关文献也得到了类似的研究结果。由于中国基本养老保险缴费基数与地区平均工资挂钩，平均工资的上涨将抬高正规就业部门企业和员工的养老保险缴费负担。国内研究以在岗职工平均工资作为养老保险缴费负担的代理变量，探讨了平均工资的上涨对正规就业部门就业人数的挤出效应。应丹平（2017）使用中国 2004—2014 年省际面板数据研究发现，在控制住各地区人口、经济规模和工资水平等因素的情况下，地区在岗职工平均工资每增加 1%，会导致正规就业人数下降约 0.6%。特别地，对于养老保险基金收支结余紧张的省份，平均工资增长的挤出效应更大，平均工资每增长 1%，正规就业人数下降约 1.16%，这是因为养老保险基金偿付压力较大的省份，政府对于企业和员工的缴费监管也会更加严格，平均工资的上涨将带来缴费负担更大幅度的增加。

五　现有文献述评

现有文献大多从名义费率、便携性损失等名义制度参数的视角，研究养老保险制度设计对职工参保缴费激励的影响，为中国基本养老保险参保缴费不足的困境提供制度性解释。然而在 2005 年社保改革后，各地基本养老金的名义制度参数基本保持不变，已有的小幅调整也是朝着有利于提高参保激励方向进行的。因此名义制度参数并不是参保缴费意愿持续走低、基金缴费状况加速恶化的全部原因。

本书观察到中国基本养老保险缴费制度设计中，基于平均工资最低缴费门槛的设置，使低收入者的实际费率高于名义费率，且随着平均工资相对实际收入的不断上涨，低收入者的费率负担也会不断加重，在借贷约束的限制下，会阻碍消费平滑的实现。因此，在名义费率保持不变的情况下，随着在岗职工平均工资上涨而不断增加的实际费率，是造成参保意愿下降的主要原因。

虽然已有部分研究认识到了中国基本养老保险最低缴费基数的设定会加重低收入参保者的实际缴费负担，从而可能挤占低收入参保者的当期消费，从而对低收入群体的参保缴费形成逆向激励，阻碍制度覆盖面的扩展。但是现有的几篇文献基本只是采用文字叙述推理的方式，或是利用宏观数据简单地计算了低收入群体的实际缴费率水平，缺乏系统和严谨的理论及实证研究。现有研究没有注意到近年来城镇非私营单位在岗职工平均工资的持续快速增长，对缴费基数下限和低收入参保者实际缴费率的动态影响；没有对低收入群体的参保决策进行理论建模，分析当前缴费制度对低收入者参保行为的扭曲；更没有就养老保险对低收入参保者消费的影响、平均工资调整对养老保险参保缴费状况的影响等进行严格的实证分析。本书将基于养老保险缴费基数下限的制度设计，针对上述问题从理论和实证的角度进行深入的研究与分析，以更加全面地认识中国基本养老保险缴费制度对城镇职工和居民参保缴费激励的影响。

第二节　养老保险对消费储蓄的影响研究

考察基本养老保险制度对参保家庭消费的影响，对于中国基本养老保险的参保激励研究，具有重要的意义。一方面，Barr 和 Diamond（2006）指出，公共养老保险制度的首要功能，便是帮助参保家庭实现消费平滑；另一方面，国内现有研究已经注意到，中国基本养老保险偏高的缴费基数下限，挤压了居民当前消费水平，不利于低收入群体的跨期消费平滑，从而抑制了低收入群体的参保激励，导致养老保险制度覆盖面扩展困难（王国辉等，2011；彭浩然，

2011）。中国基本养老保险独特的缴费制度设计，使养老保险是否阻碍参保家庭消费平滑成了考察制度参保激励的重要影响机制，第四、第五、第六章将分别从理论模型和微观实证研究的角度，考察基本养老保险参保对于参保家庭消费的影响。考虑到消费研究在本书中的重要地位以及该领域相关文献十分丰富的特点，本节单独对该支文献进行系统的梳理。

养老保险是一份时间跨度很长的金融合约，覆盖参保职工的青年工作时期、老年退休时期，部分国家的养老保险制度（例如美国的 OASDI 计划），甚至还包含参保职工身故之后遗属抚养时期。因此，研究养老保险制度，需要在跨期决策的经济学框架内，即在生命周期理论框架内进行（Blake，2006）。Modigliani 和 Brumberg（1954）、Ando 和 Modigliani（1963）以及 Modigliani（1966）等开创了生命周期理论（Life-Cycle Hypothesis，LCH）。生命周期理论认为，个体在生命周期内进行消费和储蓄决策，以最大化终生效用水平，并且每期的消费储蓄决策仅面临终生预算约束的限制。基于生命周期效用最大化的决策结果，必然要求个体通过跨期收入转移，使各期消费水平保持基本一致，即"消费平滑"。生命周期理论为研究养老保险制度和个体的跨期消费储蓄行为，提供了坚实的理论基础。

在具体的模型工具方面，Ramsey（1928）首先研究了个体跨期消费和储蓄决策，为后期的生命周期理论和现代的宏观经济学奠定了基础。Ramsey 模型经过 Cass（1965）和 Koopmans（1965）的发展，形成了现代宏观经济学中通用的 Ramsey-Cass-Koopmans 模型。然而，Ramsey 模型是连续时间模型，并且假设个体具有无限的生命。在无限的生命期内，个体实际上一直处在"年轻时期"，不存在退休和养老的决策，因而并不适合用来研究养老保险的相关问题。

Samuelson（1958）建立了一个离散时间的两期世代交叠模型（Two-period Over-Lapping Generations Model，OLG Model）。两期的世代交叠模型假定，每个个体存活两期，第一期为年轻的工作时期，第二期为年老的退休时期。特殊的时间设定，使世代交叠模型非常适合应用于养老保险、跨期储蓄等相关问题的理论研究。在假定经济中不存在物质储蓄的情况下，Samuelson（1958）证明了引入一个现收现付制的养老保险体系，可以增进社会的福利水平。Diamond（1965）在 Samuelson（1958）的基础上，将物质资本储蓄引入模型之中，从而使模型更好地刻画了现实经济的运行特征。从此，Diamond 的两期世代交叠模型（简称 Diamond 模型），成为研究养老保险问题的标准理论模型。Auerbach 和 Kotlikoff（1987）在有关动态财政政策方面的研究中，进一步将两期世代交叠模型扩展为多期世代交叠模型（每年为一期），使 OLG 模型可以进行更加精确的参数校准和模拟预测。

经典的生命周期理论，假设个体对未来拥有完全的信息，并且所有市场都是完全的。然而，一方面，养老保险参保者面临着严重的信息不对称，例如对于未来经济冲击的信息不充分、对自身寿命的信息不充分、对金融市场知识的信息不充分等（Barr，2002），未来收入和寿命的不确定性，可能导致参保者存在预防性储蓄行为。另一方面，现实中的资本市场常常是不完全的，消费者一般可以不受限制地进行储蓄，但是不能不受限制地进行借贷，即养老保险参保者可能面临借贷约束的限制。研究者发现，预防性储蓄动机和借贷约束是参保者行为偏离经典生命周期理论预期的主要原因。

一 养老保险对消费储蓄的影响机制：预防性储蓄动机

Leland（1968）首先定义预防性储蓄是"由于未来收入的不确定性而引起的额外储蓄"。Leland（1968）建立了两期的消费模型，其中第一期的收入是确定的，第二期的收入是不确定的。研究发现，消费者的风险厌恶特征并不足以保证出现预防性储蓄需求；当消费者的绝对风险厌恶系数是收入水平的减函数（要求效用函数的三阶导数大于0）时，面对未来的收入不确定性，消费者会增加预防性储蓄。Sandmo（1970）研究了资本投资收益的风险对于消费者储蓄行为的影响，验证了预防性储蓄动机的存在。Kimball（1990）仿照

Arrow-Pratt 风险厌恶系数，使用效用函数三阶导数与二阶导数之比，使研究者可以定量地衡量预防性储蓄动机的强弱程度。

现有文献探讨了预防性储蓄动机与养老保险制度的互动关系。Diamond（1977）研究指出，为了应对未来的长寿风险、长期通货膨胀风险等，人们需要过度的退休储蓄量以保障老年生活，而养老保险制度的年金化安排可以帮助参保者分散这些风险，从而提高储蓄效率，降低储蓄量，这一研究为公共养老保险制度的存在提供了重要的解释。Hubbard（1987）主要关注了为应对长寿风险的预防性储蓄动机如何提高家庭储蓄，养老保险的年金保险特征如何抵消预防性储蓄动机的影响，Hubbard 通过简单的生命周期模型证明：即使引入一个精算公平的完全积累制养老保险制度，降低的预防性储蓄也会超过缴纳养老保险保费，从而使总储蓄量下降。Van Santen（2016）以荷兰为例研究了养老金给付不确定性的预防性储蓄效应。荷兰的三支柱养老保险体系中，第二支柱（职业集合年金）和第三支柱（私人养老金）的养老金给付都面临着较大的不确定性，集合年金的给付取决于未来工作人口的收入水平，而私人养老金的给付则取决于资本市场的投资回报率。工具变量回归结果表明：养老金收入的不确定性显著提高了家庭的储蓄水平。这种预防性储蓄效应的强度甚至可以抵消养老保险对私人储蓄的替代效应，在不控制养老金收入不确定性的情况下，养老金财富对私人储蓄的替代效应不再显著。

二 养老保险对消费储蓄的影响机制：借贷约束

生命周期理论－永久收入假说（LCH-PIH）最基本的假设就是，家庭最大化终生效用水平时，只受终生的预算约束的限制，而不受（不完全资本市场的）借贷约束限制。而借贷约束则是指家庭最大化终生效用的行为，其不仅受到终生预算约束的限制，还受到当期预算约束的限制，即当期消费不能超过一个外生给定的上限。特别地，当每一期消费的上限都足够大时，借贷约束假说就退化成为永久收入假说（Hayashi，1985），即可以认为永久收入假说实际是借贷约束假说的一种特殊情况。有关借贷约束机制的经典研究是由 Hayashi（1985）和 Zeldes（1989）开创的。

Hayashi（1985）最先使用横截面数据检验了借贷约束对消费支出的影响。Hayashi（1985）认为高储蓄家庭不太可能受到借贷约束的影响，因而该研究的实证策略是：首先使用高储蓄家庭子样本估计出全样本的"期望消费水平"（Desired Consumption），则"期望消费水平"和低储蓄家庭"实际消费水平"（Measured Consumption）之间的差距，就是借贷约束对家庭消费的影响。实证检验的结果，显著拒绝了永久收入假说，即至少部分家庭的消费会受到借贷约束的限制。Hayashi（1985）对样本按年龄进行分组，研究发现：户主年龄越小，"实际消费水平"与"期望消费水平"的差距越大，即年轻家庭的消费更容易受到借贷约束的影响。

Zeldes（1989）使用结构化建模和样本分组的实证策略，检验了借贷约束机制的存在性。理论模型的分析表明，对于不受借贷约束限制的家庭，跨期消费的欧拉条件满足，拉格朗日乘子为零；如果家庭借贷约束变紧，当期消费的边际效用将大于未来消费，拉格朗日乘子为正。根据理论模型推导出的可检验命题，Zeldes 使用美国 PSID 面板数据，实证检验借贷约束机制的存在性及其是否能够解释永久收入假说的失败。Zeldes 依据家庭金融资产与收入的比值对家庭进行分组，认为低资产家庭更容易受到借贷约束的限制。研究发现，高资产组家庭欧拉条件是满足的，而低资产组家庭的消费路径偏离了欧拉条件，并且低资产组家庭的拉格朗日乘子检验为正。实证结果说明，确实有相当一部分家庭的消费受到了借贷约束机制的影响。

遵循 Hayashi（1985）和 Zeldes（1989）开创的研究传统，后续文献在研究借贷约束对家庭消费和储蓄的影响时，基本都采用了样本分组的识别策略。例如，Johnson 等（2006）依据户主年龄、家庭收入和流动资产价值对家庭进行分组；Lee 和 Sawada（2007）依据家庭流动资产与月收入的比值对家庭进行分组；Filer 和 Fisher（2007）

依据家庭在过去十年是否曾申请破产对家庭进行分组；Berger-Thompson 等（2010）依据家庭收入对家庭进行分组。

Hayashi（1985）、Zeldes（1989）及后续的研究是通过间接证据来推测消费者是否受到借贷约束的影响，而 Jappelli（1990）则首次尝试了直接测度"借贷约束"。Jappelli（1990）将借贷约束定义为："申请贷款被金融机构拒绝，或者因知道贷款申请被金融机构拒绝的概率很大，而不再申请贷款（沮丧的借款者，Discourage Borrower）"。Jappelli（1990）使用 1983 年消费者金融调查（Survey of Consumer Finances，SCF）数据，发现借贷约束家庭在样本中占比约为 19%。基于 Logit 模型的实证研究发现：家庭受借贷约束限制的概率，与年龄、收入和财产显著负相关，即年龄越小、收入水平和财产水平越低的家庭，越容易面临借贷约束的限制。有意思的是，虽然 Jappelli（1990）在开篇即指出，Hayashi（1985）和 Zeldes（1989）的研究采用分组的方法间接地推测家庭是否面临借贷约束，并非借贷约束的直接证据，但是 Jappelli（1990）直接识别的事后验证结果却表明，使用 Zeldes（1989）分组的方法，确实能够比较好地区分出家庭是否面临紧的借贷约束。

Jappelli（1990）试图使用家庭的信贷申请状况来直接衡量家庭是否受借贷约束限制，然而该策略仍然可能受到挑战，即家庭没有申请贷款或家庭借款少不一定代表受借贷约束限制，可能是借款需求较低，更为精确的研究需要分离影响家庭借款数量的需求效应与供给效应（Grant，2007）。Grant（2007）使用美国 1988—1993 年劳动统计局的消费者支出调查（Consumer Expenditure Survey，CEX）数据，分离了影响家庭借款数量的需求效应与供给效应后，研究发现 31% 的家庭确实面临紧的借贷约束，并且受借贷约束影响的主要是年轻的大学毕业生家庭。Grant（2007）的研究成果进一步证实了借贷约束机制的存在。

在借贷约束机制存在的基础上，现有研究进一步指出，借贷约束的存在会对经济产生重要的影响。Sarantis 和 Stewart（2003）使用

1960—1994 年 20 个 OECD 国家的跨国宏观面板数据，研究发现消费者支出主要由当期收入决定，而不是预期永久收入，约有 70% 的消费者是"当期收入消费者"，说明了借贷约束的普遍存在；研究还发现，借贷约束和预防性储蓄动机都可以解释"当期收入消费者"比例的跨国差异，但是借贷约束是更重要的原因。Berg（2013）则指出："借贷约束，而不是预防性储蓄或短视消费行为，是预期未来收入变动情况下消费过度波动的主要原因。"在微观家庭层面，借贷约束（无效的资本市场）会阻碍消费平滑；在微观企业层面，借贷约束会降低资源配置和资本投资的效率，从而抑制生产；在宏观经济层面，借贷约束可能会损害经济增长。

国外关于借贷约束的研究基本是基于家庭层面的微观数据，而国内关于借贷约束的研究大都是使用宏观数据。自叶海云（2000）研究指出流动性约束是造成中国消费疲软的根本性原因之后，国内学者针对借贷约束机制的存在性及其影响进行了大量的研究。在现代经济理论中，消费变化对可预期收入变化的过度敏感常用消费的流动性约束进行了解释。所以，国内学者在进行流动性约束的检验时，典型的建模策略是在消费的变化和前一期收入变化的预期值之间建立回归关系（臧旭恒、裴春霞，2004）。如果不存在流动性约束，按照持久收入假说，过度敏感系数应该等于 0，否则该系数为正。通过寻找合适的工具变量，用收入改变的实际值来替代预期的收入变化，β 就可以被估计出来（在实际的检验中一般都取收入和消费的对数值）。基于这一实证研究策略，国内学者使用时间序列数据（杭斌、王永亮，2001；欧阳俊等，2003；申朴、刘康兵，2003；裴春霞、孙世重，2004；赵霞、刘彦平，2006；汪浩瀚、唐绍祥；2009；满讲义、佟仁城，2009；唐绍祥等，2010；封福育，2014）或省际面板数据（臧旭恒、裴春霞，2004；臧旭恒、李燕桥，2012；朱波、杭斌，2015）的研究，都得出结论认为中国家庭存在较强的流动性约束，并且对居民的消费储蓄行为产生了较强的影响。

另一支研究借贷约束的文献，将借贷约束与预防性储蓄结合起来进行研究，均发现借贷约束的存在会强化预防性储蓄动机，居民为了应对借贷约束环境下的不确定性，会进一步增加储蓄。Deaton（1991）研究表明，预防性储蓄与借贷约束的相互作用强化了消费者的储蓄动机。Lee 和 Sawada（2007）将样本按照是否受借贷约束分组，重新检验了 Dynan（1993）对预防性储蓄动机的估计结果，研究发现由于忽略了借贷约束的作用，Dynan（1993）低估了家庭的预防性储蓄动机强度，面临借贷约束的家庭拥有显著性更强的预防性储蓄动机。Lee 和 Sawada（2010）进一步将为应对未来借贷约束的预防性储蓄与为应对未来收入不确定性的预防性储蓄区分开来，研究发现相比于非借贷约束的家庭，面临借贷约束的家庭预防性储蓄显著增加。

国内研究方面，万广华等（2001）以消费增长率对收入增长率的回归作为流动性约束的代理变量，研究发现流动性约束和不确定性之间的相互作用，进一步强化了两者对居民消费的影响，导致了居民消费水平和消费增长率的同时下降。随着中国经济改革的不断深入，流动性约束型消费者所占比重的上升以及不确定性的增大，造成了中国目前的低消费增长和内需不足。田岗（2004）专门针对农村居民预防性储蓄和流动性约束展开实证分析，研究发现农村居民只有维持很高的储蓄水平，才可以在不完善的外部融资情况下自我抵抗不确定性因素造成的风险和流动性约束。杜海韬、邓翔（2005）使用城乡时间序列数据研究发现，流动性约束和未来收入的不确定性都能产生预防性储蓄，并且偏紧的流动性约束会增强预防性储蓄动机。

三 养老保险对储蓄的影响

袁志刚等（2016）基于理论模型，分析了养老保险对私人储蓄影响的基准情形。在一系列假设之下（包括基金积累制养老保险收益率与私人储蓄相同、养老保险缴费不超过养老保险制度建立之前的最优储蓄规模等），现收现付制养老保险缴费一对一地挤出私人储蓄，而基金积累制养老保险对私人储蓄没有影响。

然而，其他的一些因素会使养老保险与私人储蓄的关系变得更加复杂，包括保险、引致退休效应、税收优惠、借贷约束、心智账户、遗产动机以及其他储蓄动机。

保险。在确定性的条件下，个人可以通过年轻时期的私人储蓄保障老年生活；而长寿风险的存在，使人们被迫进行过度的预防性储蓄，从而扭曲当期消费（Barr 和 Diamond，2006）。公共养老保险可以帮助参保者分散长寿风险，降低预防性储蓄。

引致退休效应。Feldstein（1974）提出，养老保险制度对于私人储蓄存在两个不同方向的影响，"挤出效应"和"引致退休效应"。"挤出效应"即在现收现付制养老保险制度下，个体的养老保险缴费会挤出私人储蓄；而"引致退休效应"则是指现收现付制养老保险制度倾向于激励个体提前退休，提前退休导致个体的工作时间缩短，个体需要在更短的工作时间内，为更长的退休生活融资，因而需要提高储蓄率。养老保险的"挤出效应"倾向于降低个人储蓄，而"引致退休效应"则倾向于增加个体储蓄。所以，养老保险对私人储蓄的净效应取决于两个相反方向力量的综合作用结果。

税收优惠。不同于其他类型的储蓄，养老金财富通常是免税或延迟纳税的。Gale（1998）指出：在其他条件相同的情况下，税收优惠提高了养老金财富的税后收益率，这带来了两种效应："收入效应"和"替代效应"。"收入效应"倾向于降低总储蓄，而"替代效应"则倾向于增加总储蓄。特别地，养老保险财富的统计口径通常都是税前的，而其他类型财富的统计口径基本上都是税后的。因此，税收优惠的存在也使在估计养老保险财富对储蓄的影响时存在偏误。

借贷约束。袁志刚等（2016）描绘的基准情况要求养老保险缴费不超过养老保险制度建立之前的最优储蓄规模。如果这一假设不成立，并且资本市场不完全导致存在借贷约束的限制，即养老保险缴费过多，超过了最优储蓄规模，而个体不能以养老金给付为抵押进行借贷以抵消当期储蓄，养老保险制度就会导致过度的私人储蓄

(Hubbard, 1985; Hubbard 和 Judd, 1987)。

心智账户。Thaler (1990) 认为，在考虑养老保险对私人储蓄的影响时，心智账户和"个人控制"发挥着重要的作用。不同类型的财富并不存在较好的替代性，与其他资产相比，家庭养老金财富的边际消费倾向一般较低。因此，实证研究从未发现养老金财富与其他储蓄之间存在系数为 –1 的替代关系。并且养老保险个人账户具有一种"自我控制"(Self Control) 的功能，即那些发现难以通过其他方式进行储蓄的个体，可能选择将资金配置于养老金个人账户，以防止自己很快将这部分资金消费掉。

遗产动机。在基准情况下，现收现付制养老保险会一对一地挤出私人储蓄，而 Barro (1974) 认为遗产动机的存在会使现实情况偏离这一预测。现收现付制养老保险相当于进行代际转移支付，每一期老年人的养老金给付由向当期年轻人征缴的养老保险保费或社保税支付。当增加年轻人的养老保险缴费时，老年人的养老金给付相应地增加。在利他主义遗产动机的作用下，老年人会将增加的养老金给付留作给年轻一代的遗产，从而老年人的储蓄增加会抵消养老保险制度对年轻人储蓄的挤出效应。

其他储蓄动机。Lesnoy 和 Leimer (1985) 认为，年轻个体的储蓄动机不仅仅包括为退休生活融资，还包括应对不可预见的临时支出和遗产动机。而社会保障对为应对不可预见性支出储蓄的影响是不确定的。因此，社会保障对总储蓄的影响不仅取决于社会保障对退休储蓄的影响，还取决于退休储蓄相对于其他类型储蓄的重要程度。

理论研究表明，养老保险对私人储蓄的影响存在方向不同的多种影响机制。因此，关于养老保险对私人储蓄影响的净效应，理论研究难以给出预测，现有文献针对这一问题进行了大量的实证研究。

最早的实证研究来自 Feldstein (1974)。Feldstein (1974) 使用美国 1929—1971 年（剔除 1941—1946 年）总体时间序列数据，研究发现社会保障财富 (Social Security Wealth, SSW) 能够提升居

民总消费支出，挤出私人储蓄。估计结果表明：以1971年为例，养老保险制度使私人储蓄降低约610亿美元，而当年的私人总储蓄恰好也是610亿美元左右，即养老保险制度的引入使私人储蓄降低约50%。Feldstein开创了使用时间序列数据检验养老保险财富对私人储蓄影响的研究传统。然而，这一研究策略很早就受到了挑战。Leimer和Lesnoy（1982）指出，使用时间序列数据估计社会保障财富对储蓄的影响，研究结论依赖于识别与估计（人们预期的）社会保障财富的一系列假设，包括人们未来将缴纳的社保税、未来将领取的养老金给付、未来的人口年龄结构、未来将领取养老金的遗属数量等，采用不同的假设，会得到完全不同的研究结论。

在Leimer和Lesnoy（1982）的批评之后，较新的研究普遍转向了微观数据，主要的研究策略分为两类，研究养老保险对私人储蓄的影响和研究家庭养老保险财富对私人储蓄的挤出效应。微观实证研究并没有得出一致的结论，一类文献认为养老保险对私人储蓄不存在显著影响，另一类文献则认为养老保险显著降低了私人储蓄。

第一类文献是研究养老保险对私人储蓄的影响。Attansio和Rohwedder（2003）基于英国养老金改革构造的自然实验，使用1974—1987年英国家庭支出调查（Family Expenditure Survey，FES）数据，考察了养老金储蓄和其他储蓄之间的关系。研究发现，收入关联型养老金（State Earnings-Related Pension Scheme，SERPS）与家庭金融财富之间存在替代关系，而统一费率的国家基础养老金（flat-rate Basic State Pension，BSP）与私人财富之间的替代关系，则并不显著。

Bottazzi等（2006，2011）借助意大利密集的养老保险制度改革带来的外生冲击，研究了养老保险财富对私人财富积累量和财富持有组合的影响。Bottazzi等（2006）研究发现，养老金财富与其他类型私人财富的抵消效应为30%—60%。Bottazzi等（2011）则发现，面对养老保险财富的缩水，家庭住房资产持有的增加量高于金融资产。

为了应对人口老龄化，不少国家将现收现付制公共养老保险转制为基金积累制的个人账户养老保险制度，Aguila（2011）以墨西哥为例研究了这种制度改革会如何影响私人储蓄，论文研究发现，在微观家庭层面，转向完全积累制会挤出家庭储蓄。Feng 等（2011）将家庭储蓄与养老保险改革联系在一起，为 20 世纪 90 年代中期以来中国城镇家庭储蓄率攀升提供新的解释。论文使用 1995 年（养老保险改革前）和 1999 年（养老保险改革后）两轮横截面 CHIP 数据，研究发现无论是在企业部门工作的家庭，还是在公共部门工作的家庭，养老金财富对家庭储蓄均存在显著的抵消效应，养老保险改革降低了家庭预期的养老金财富，从而提升了家庭的储蓄率。

第二类文献研究家庭养老保险财富对私人储蓄的挤出效应。Gale 和 Scholz（1994）使用 1983—1986 年美国消费者金融调查（Survey of Consumer Finances，SCF）数据，研究发现养老保险个人账户缴费的增加即使能够增加国民储蓄，其效果也是非常之小。Zandberg（2014）发展了估计永久收入的方法，以私人财富占永久收入的比重为因变量，估计了养老保险替代率对家庭相对财富水平的影响。基于 HRS 面板数据的工具变量分位数回归（IV - QR）结果，并没有发现证据能够表明养老保险替代率会对家庭相对财富水平产生影响。

Engelhardt 和 Kumar（2011）借助工具变量回归，估计了养老保险财富对非养老保险财富的影响，研究发现养老保险对储蓄显著的抵消效应。平均来看，养老保险财富每增加 1 美元，会带来非养老保险财富下降 45—60 美分。分位数回归结果发现，对于低财富水平家庭，抵消效应不显著；而对于高财富水平家庭，抵消效应较强。Alessie 等（2013）基于 SHARE 生命历程数据，估计了养老保险财富对私人储蓄的替代效应，研究发现养老金财富每增加 1 欧元，会使非养老金财富降低 47—61 欧分，考虑到测量误差的影响，这一替代效应的下限为 17%—30%。Van Santen（2016）使用荷兰的微观家庭调查数据，研究发现预期未来养老金给付每增加 1 欧元，私人储蓄减少 32 欧分。

由于中国居民储蓄率居高不下,国内文献中考察养老保险对储蓄影响的研究相对较少,研究结论也不尽一致。何立新等(2008)利用1995—2002年CHIPS调查数据,借助20世纪90年代养老保险改革的外生冲击,研究发现养老金财富对于家庭储蓄存在显著的替代效应,两者的边际替代率约为-0.4——-0.3。石阳、王满仓(2010)使用2002—2007年的省际面板数据,测算结果发现,现收现付制养老保险对储蓄的"挤出效应"在不断增加,2002年挤出效应规模相当于当年新增国民储蓄的12.2%—13.6%,2007年已增长至21.7%—24.5%。杨继军、张二震(2013)基于省际面板数据动态回归,研究发现养老保险覆盖面、养老保险缴费水平均显著提高了居民储蓄率,这表明中国基本养老保险没有有效地降低居民的预防性储蓄。马光荣、周广肃(2014)考察了"新农保"对农村居民储蓄行为的影响,研究指出由于"新农保"缴费额和保障额度过低,并没有影响60岁以下参保居民的储蓄率。

四 养老保险对消费的影响

养老保险是个体进行消费跨期配置的重要手段,因此考察养老保险对于消费的影响,一般在经典的生命周期理论框架下进行。一方面,在生命周期理论框架下,个体要在生命周期收入水平的约束条件下平滑一生的消费以最大化效用水平。在确定性的条件下,个人可以通过在年轻时期的私人储蓄保障老年的生活;而长寿风险的存在,使人们被迫进行过度的预防性储蓄,从而扭曲当期消费(Barr和Diamond,2006)。而公共养老保险则可以帮助人们分散长寿风险,降低预防性储蓄。Hansen和İmrohoroglu(2008)基于生命周期理论数值模拟分析,研究发现考虑寿命不确定性的情况下,社会保障的年金化制度安排可以提高整个生命周期的消费水平。公共养老保险系统作为一个庞大的保险计划,不仅可以分散长寿风险,其他的风险分担功能也是绝大多数金融工具无法比拟的。养老金给付的待遇调整机制可以在长期内分散通货膨胀风险,非积累的确定给付制养老保险可以规避资本市场投资风险等（巴尔、戴蒙德，2013）。考虑到公共养老保险还存在解除贫困（Poverty Relief）和再分配（Redistribution）的功能（Barr 和 Diamond，2006），可以进一步提高低收入阶层的消费水平。因此，设计良好的养老金制度可以显著地提高居民消费，尤其是提高低收入阶层的消费水平。

另一方面，养老保险系统影响消费的途径不仅有风险分担机制，还有借贷约束机制。工作时期缴纳的养老保险保费压缩了当期的收入，而个体不能以养老金财富为抵押进行借贷以增加当期消费，便形成了借贷约束，将导致相当一部分人群的消费决策受到影响。Hubbard（1985）以及 Hubbard 和 Judd（1987）研究指出，当存在借贷约束时，社保税的存在提高了消费受借贷约束抑制的可能，尤其是对于那些正处在一生中收入水平较低时期的青年人。综合来看，考虑到借贷约束的影响，引入社会保障系统带来的福利提升可能会被削弱，甚至被抵消。

无论从宏观经济的角度来看，还是从微观家庭的角度来看，消费和储蓄都是一体两面的两个变量，养老保险对消费的影响与其对储蓄的影响存在着紧密的关联。由于西方国家更多是面临个人储蓄不足的问题，国外文献大多是实证检验工作时期缴纳养老保险保费对储蓄的影响（Zandberg，2014），直接检验养老金体系对消费影响的研究并不多。Zant（1988）在 Feldstein（1974）的基础上发展了养老保险财富计算方法，使用荷兰 1957—1986 年的时间序列数据，得出结论认为养老保险财富会显著提供总体消费水平；Blake（2004）研究英国养老金财富对消费的影响，对养老金财富进行了细分，结果表明国家提供的公共养老金财富会显著增加消费，而企业年金和私人养老金财富则会提高储蓄、抑制消费。

由于中国居民储蓄率居高不下，消费需求增长乏力，养老保险对居民消费的影响成为近年来国内实证研究的热点，研究角度也较为多样。

第一种角度遵循 Feldstein（1974）开创的研究传统，研究养老金财富对居民消费的影响，使用宏观面板数据（虞斌、姚晓垒，2011）或微观家庭调查数据（张继海，2008），均得出结论认为养老保险财富对居民消费支出有显著的正效应。

第二种角度研究养老保险基金支出对居民消费水平的影响，使用宏观时序数据（姚晓垒、虞斌，2012；张虹、王波，2014）或面板数据（苏春红、李晓颖，2012），研究得出结论一致认为养老保险基金支出和居民消费有正向关系。

第三种角度是研究养老保险制度参数对于居民消费的影响。白重恩等（2012）使用2002—2009年9个省份的城镇住户调查（UHS）数据，利用养老保险缴费率的城市差别随时间的变化构建养老保险缴费的工具变量，研究发现给定被养老保险系统覆盖以及缴费前收入，养老金缴费率的上升对家庭消费具有显著的抑制作用；杨继军、张二震（2013）使用省际面板数据，研究结果发现养老金覆盖面、养老金缴费率和养老保险制度改革均显著提高了居民储蓄率，其原因是金融市场不完备条件下对"部分积累制"养老保险收益的不确定性、制度频繁调整导致民众对制度预期的不明确、信心不足；李珍、赵青（2015）采用全国时序和省际面板数据，实证结果表明转轨后的养老保险替代率对居民消费支出的影响并不显著，覆盖率的提高反而挤出了居民消费。

第四种角度是采用微观家庭调查数据，研究家庭的养老保险参保对家庭消费的影响。白重恩等（2012）研究发现，虽然给定被养老保险覆盖，养老保险缴费率对消费具有抑制作用，但是"被养老保险覆盖"本身显著刺激了消费。陈晓毅、张波（2014）采用CHFS 2011年调查数据，利用分位数回归（QR）和扩展的线性支出系统（ELES）模型，研究发现有养老保障的家庭在各个消费项目上无论是消费意愿还是消费质量都要高于无养老保障家庭；陈静（2015）利用CHFS 2011年调查数据发现持有基本养老保险家庭的衣物支出和耐用品支出，无论其消费倾向还是消费支出额都显著高于未持有养老保险的家庭；田玲、姚鹏（2015）基于中国综合社会调查（CGSS），通过倾向值得分匹配（PSM）方法，研究发现持有养老保险对食品、服装等大部分非耐用品消费具有促进作用，而对购房、医疗支出等消费具有抑制作用。

五 现有文献述评

综合国内外实证研究可以发现，现有文献从不同的侧面对养老保险系统与家庭消费的问题进行了大量的研究，但是仍然存在可待改进的空间：（1）Hubbard（1985）及 Hubbard 和 Judd（1987）通过理论研究已经指出借贷约束会对养老保险系统的福利效应产生影响，但是实证研究并没有将养老保险缴费引致的借贷约束纳入研究视角，以宏观数据为基础或以养老保险财富为解释变量的研究，均无法考虑借贷约束的影响，微观数据研究也没有根据家庭受借贷约束的属性对家庭进行区分；（2）由于受到缴费基数下限和平均工资统计口径的影响，低收入参保家庭实际承受的缴费负担过重，而缴费基数上限和企业低报缴费基数现象的存在，使高收入家庭实际费率较低，而现有研究以名义缴费率、地区平均缴费率衡量缴费负担，无法测度中国养老保险对不同收入水平家庭影响的差异性。

结合现有文献研究成果，考虑到中国基本养老保险的特殊制度背景，本书第四章和第五章将借贷约束纳入研究视角，通过理论分析和实证检验，研究城镇职工基本养老保险制度对不同借贷约束状态下的参保家庭消费的影响，为评估中国养老保险制度对参保缴费激励的影响提供新的视角和证据。

第 三 章

基本养老保险缴费制度的典型事实分析

本章首先通过对养老保险缴费制度的分析,研究基于平均工资固定比例的缴费基数下限,如何加重低收入参保者的缴费负担;其次通过相关典型事实分析,进一步揭示最低缴费门槛对职工参保行为的影响。

第一节 基本养老保险缴费制度的基本特征

中国基本养老保险的缴费制度具有两大基本特征:第一,名义缴费率较高;第二,缴费基数下限过高。

一 基本养老保险名义缴费率

中国基本养老保险的名义缴费率分为企业职工参保和灵活就业参保两种。企业职工参保,其缴费由用人单位和参保职工共同承担;而灵活就业参保,缴费全部由参保者个人承担。在2016年社会保险阶段性降费之前,企业职工参保,其用人单位缴费比例一般为20%[1],缴

---

[1] 国发〔1997〕26号文件规定:"企业缴纳基本养老保险费的比例,一般不得超过企业工资总额的20%,具体比例由省、自治区、直辖市人民政府确定。"由于各省、自治区、直辖市人民政府具有一定的灵活调整权限,不同省份(甚至地级市)的基本养老保险企业缴费比例存在一定的差异。2006—2015年,大部分省份基(转下页)

费计入统筹账户;职工缴费比例为8%,缴费计入个人账户。灵活就业参保者,缴费比例为20%,其中12%计入统筹账户,8%计入个人账户。2016年5月1日起,部分省份将单位缴费比例下降为19%;2019年5月1日起,绝大部分省份单位缴费比例统一下降至16%。

与世界主要国家相比,中国基本养老保险名义缴费率偏高。以美国为例,美国的社会保障(Old-age Survivors and Disability Insurance,OASDI)包括养老、遗属和残障保险,总缴费率为12.4%。其中,企业职工参保缴费,雇主和雇员各承担6.2%;自雇参保者独自承担12.4%。中国目前总缴费率24%远高于美国,而且不包括遗属保险和残障保险。

选择美国作为主要比较对象,是因为在世界主要大国中,只有美国与中国较为相似:幅员辽阔、各州(省份)之间经济发展和人口规模情况相差较大、社会收入差距较大。实际上,其他主要发达国家养老保险缴费率也明显低于中国(见表3-1)。

(接上页)本养老保险用人单位的缴费比例均为20%,也有部分省份的缴费比例高于或低于20%。高于20%的省份,例如:2008年及以前吉林省的缴费比例为22%,2009—2010年吉林省为21%;2013年及以前黑龙江省的缴费率比例为22%;2012年及以前上海的缴费比例为22%,2013—2014年上海缴费比例为21%;2009年以前江苏的缴费比例为21%。低于20%的省份(或地市),例如:浙江省的缴费比例为14%;福建省的缴费比例为18%,其中福建省厦门市的缴费比例为14%;山东省的缴费比例为18%;辽宁省大连市2014年及以后的缴费比例为18%;广东省各地市的缴费比例在10%—15%变动。2016年4月14日,人力资源社会保障部、财政部联合发布《关于阶段性降低社会保险费率的通知》,规定"从2016年5月1日起,企业职工基本养老保险单位缴费比例超过20%的省(区、市),将单位缴费比例降至20%;单位缴费比例为20%且2015年底企业职工基本养老保险基金累计结余可支付月数高于9个月的省(区、市),可以阶段性将单位缴费比例降低至19%,降低费率的期限暂按两年执行"。人社部发〔2016〕36号文件出台之后,2016年上海市将缴费比例降低至20%,北京、天津、山西、江苏、安徽、江西、河南、湖北、湖南、广西、海南、重庆、四川、贵州、甘肃、宁夏等多省(直辖市、自治区)统一将基本养老保险企业缴费比例下调至19%。2019年3月5日,国务院总理李克强在十三届全国人大二次会议开幕式上做政府工作报告,宣布"下调城镇职工基本养老保险单位缴费比例,各地可降至16%"。4月4日,国务院办公厅发布《关于印发降低社会保险费率综合方案的通知》,确定从当年5月1日开始正式实行16%的单位缴费率。

表 3-1 列出了中国与部分 OECD 国家的公共养老保险缴费率与平均积累率。从缴费率的绝对值来看，与 OECD 国家相比，中国公共养老保险名义缴费率位于最高水平梯队；从每单位缴费率能够获得的替代率来看，中国基本养老保险的平均积累率，位于较低水平梯队。表 3-1 说明，从国际比较的角度可以看出，中国公共养老保险名义费率较高，且缴费的回报率相对较低。在 2019 年降费改革之前，情况则更为严重。

表 3-1　　中国与部分 OECD 国家公共养老保险缴费率比较　　单位：%

国家	雇员缴费	雇主缴费	总缴费率	每年积累率	平均积累率
意大利	9.2	23.8	33.0	1.8	5.5
西班牙	4.7	23.6	28.3	3.0	10.6
中国（2016 年以前）	8.0	20.0	28.0	1.0	5.0
捷克	6.5	21.5	28.0	0.5	1.8
法国	11.2	16.3	27.5	1.8	10.8
匈牙利	10.0	15.5	25.5	1.0	3.9
斯洛文尼亚	15.5	8.9	24.4	2.53/2.33	10.4/9.5
芬兰	6.7	17.7	24.4	1.5	6.9
中国（2019 年以后）	8.0	16.0	24.0	1.0	6.25
奥地利	10.3	12.6	22.9	1.8	7.9
希腊	6.7	13.3	20.0	2.6	13.0
土耳其	9.0	11.0	20.0	2.0	10.0
德国	9.3	9.3	18.6	1.0	5.0
瑞典	7.0	10.2	18.4	1.2	6.3
荷兰	18.0	0.0	18.0	1.8	7.6
斯洛伐克	4.0	14.0	18.0	1.2	6.1
比利时	7.5	8.9	16.4	1.3	7.9
爱沙尼亚	0.0	16.0	16.0	1.0	6.3
卢森堡	8.0	8.0	16.0	1.9	11.9
日本	9.15	9.15	15.4	0.5	3.3
美国	6.2	6.2	12.4	0.9	7.3
加拿大	5.0	5.0	10.0	0.6	6.1

续表

国家	雇员缴费	雇主缴费	总缴费率	每年积累率	平均积累率
韩国	4.5	4.5	9.0	1.0	11.1

注：平均积累率定义为替代率/总缴费率，反映了具有相同缴费年限，不同国家的制度参与者每1%工资缴费所能获得的替代率，其大小直接反映了缴费的效率，即单位缴费所能获得的给付大小，在本书中称为平均积累率。

1%是指中国的"统筹账户"每缴费一年累积替代率为1%，所以在计算平均积累率时，分母为"统筹账户"缴费率。

资料来源：OECD（2019），Pensions at a Glance 2019：OECD and G20 Indicators，OECD Publishing，Paris. 除中国外，西班牙为2012年数据，其他国家为2018年数据。

二 基本养老保险缴费基数

中国基本养老保险制度中，企业职工以本人上年度月平均工资为个人缴费基数，企业以全部职工缴费基数之和为企业缴费基数；而灵活就业参保者以当地上年度在岗职工平均工资为缴费基数。

最重要的是，无论是企业职工参保，还是灵活就业参保，均存在缴费基数限制。各地一般以上年度在岗职工平均工资的300%和60%，分别作为基本养老保险缴费基数上下限。[①] 基于在岗职工平均工资固定比例的缴费基数下限的存在，实际收入低于缴费基数下限的低收入参保者承担的实际费率高于名义缴费率，且实际收入水平相对缴费下限越低，缴费负担越重。

同世界主要国家相比，中国基本养老保险缴费基数下限过高。仍以美国为例，美国的社会保障缴费是基于职工应税工资的工薪税，只有缴费基数上限[②]，并没有显性地规定缴费基数下限。2014年数据显示，年收入高于400美元的美国职工基本都被社会保障覆

---

① 关于缴费基数上下限的规定，源自于国发〔1995〕6号文件。该文件给出了两种基本养老保险实施办法，供各省（市、区）选择。其中，办法一规定："月平均工资超过当地职工平均工资200%或300%以上的部分，不计入个人缴费工资基数；低于当地职工平均工资60%的，按60%计入"；办法二规定："职工月平均工资低于当地职工平均工资60%的，按60%计算缴费工资基数；超过当地职工平均工资300%的部分不计入缴费工资基数"。在具体实施过程中，各地区一般选择办法二。

② 美国OASDI的缴费基数上限（Maximum Taxable Amount）随着全国平均工资的上涨每年自动调整，其水平略高于两倍的人均GDP。

盖了。① 如果我们以 400 美元作为美国的缴费基数下限，那么其仅占美国当年人均 GDP（5.46 万美元）的 0.73%。相比之下，中国养老保险的缴费基数下限过高，以辽宁省为例，2014 年全省平均最低缴费基数高达 2.78 万元人民币，占当年人均 GDP（6.5 万元人民币）的 43%。此外，中国养老保险缴费基数下限随着在岗职工平均工资的快速增长而不断提高。过高的缴费基数下限，意味着大量低收入者的实际收入将低于缴费基数下限，实际缴费率高于名义缴费率，实际缴费负担加重。

较高的养老保险名义缴费率已经使我国参保企业和职工的缴费负担较重，而过高的缴费基数下限则进一步加重了低收入参保者的实际费率负担。接下来，本章将使用宏观统计数据，详细地分析中国养老保险缴费基数下限的水平以及低收入者的实际费率负担。

第二节　缴费基数下限与低收入参保者缴费负担

中国养老保险缴费基数下限与在岗职工平均工资挂钩，而且国家统计局仅将城镇非私营单位纳入在岗职工平均工资统计口径中。城镇非私营单位工资水平远高于城镇私营单位，这必将导致大量参保人员的实际工资低于缴费基数下限，实际费率负担高于名义缴费率。在 2020 年十三届全国人大第三次会议记者会上，李克强总理指出，中国"有 6 亿人每个月的收入也就 1000 元"。然而早在 2016 年，中国 35 个主要城市的平均最低缴费基数就已经高达 2650 元，仅有 3 个城市的最低缴费基数低于 2000 元，没有城市低于 1500 元。白重恩等（2012）使用城镇住户调查（UHS）数据，计算发现"35%

---

① 资料来源：Annual Statistical Supplement to Social Security Bulletin, 2014。

的非离退休、非事业单位的从业人员工资在缴费基数下限之下"。王国辉等（2011）使用2008年全国城镇居民家庭人均可支配收入数据，测算了城镇中低收入家庭的养老保险缴费压力，计算结果发现：灵活就业人员（名义缴费率为20%）参保缴费如果以1倍平均工资为缴费基数，则收入最低5%家庭的实际缴费率高达48%，收入最低10%家庭的实际缴费率为43%；如果以0.6倍平均工资（最低档）为缴费基数，则收入最低5%家庭的实际缴费率为29%，收入最低10%家庭为26%。

除了微观调查数据，宏观统计数据也表明中国养老保险缴费基数下限过高，导致低收入参保者实际费率负担较重。表3-2数据显示，城镇私营单位平均工资不仅远低于城镇非私营单位平均工资，甚至在2011年之前还低于0.6倍城镇非私营单位平均工资。城镇私营单位与非私营单位工资水平差距较大，仅以城镇非私营单位平均工资为基础计算缴费基数下限，必然使大量城镇私营单位人员的工资低于最低缴费基数。

表3-2　　　全国城镇私营单位与非私营单位平均工资比较　　　单位：元

年份	城镇私营单位就业人员平均工资	城镇非私营单位在岗职工平均工资	0.6倍城镇非私营单位在岗职工平均工资
2008	17071	29229	17537
2009	18199	32736	19642
2010	20759	37147	22288
2011	24556	42452	25471
2012	28752	47593	28556
2013	32706	52388	31433
2014	36390	57361	34417

资料来源：Wind资讯数据库。

表3-2仅给出了全国城镇私营单位工资水平的平均值，无法获得收入分布的更多信息。为了更详细地刻画缴费基数下限在城镇私营单位收入分布中的位置，表3-3和表3-4列出了各行业城镇私

营单位就业人员平均工资。

从表 3-3 可以看出：第一，所有行业的城镇私营单位平均工资均低于城镇非私营单位在岗职工平均工资；第二，农林牧渔业等 8 个行业的城镇私营单位平均工资均低于平均最低缴费基数。即至少在 8 个行业中，超过 50%[①]的城镇私营单位就业人员的工资水平低于缴费基数下限。

表 3-3　　2014 年全国各行业城镇私营单位就业人员平均工资　　单位：元

行业	平均工资	行业	平均工资
农林牧渔业	26862	卫生、社会保障和社会福利业	37205
住宿和餐饮业	29483	房地产业	37826
居民服务和其他服务业	30580	建筑业	38838
文化、体育和娱乐业	32024	交通运输、仓储和邮政业	38891
电力、燃气及水的生产和供应业	33184	租赁和商务服务业	39414
教育	33678	金融业	41553
水利、环境和公共设施管理业	33847	科学研究、技术服务和地质勘查业	47462
批发和零售业	33894	信息传输、计算机服务和软件业	51044
制造业	35653	城镇非私营单位在岗职工	57361
采矿业	35819	0.6 倍在岗职工	34417

资料来源：Wind 资讯数据库。

考虑到不同行业的就业人数存在较大的差异，表 3-4 列出了就业人数最多的 5 个行业城镇私营单位就业人员平均工资。国家统计局数据显示，2014 年中国城镇私营企业和个体就业人员中，批发和零售业等 5 个行业的就业人数最多，占城镇私营企业和个体就业总人数的 79%[②]。表 3-4 数据表明：批发和零售业、住宿和餐饮业、居民服务和其他服务业这 3 个行业在所有年份中，以及制造业

---

① 一般来说，收入分布均呈现明显的右偏形态，即平均值显著高于中位数。
② 国家统计局数据显示，2014 年城镇私营企业和个体就业人员共有 1.69 亿人，其中批发和零售业（7199 万人）、制造业（2718 万人）、租赁和商务服务业（1271 万人）、住宿和餐饮业（1180 万人）、居民服务和其他服务业（1026 万人）就业人数排名前 5，总和约达 1.34 亿人。

在 2013 年以前的城镇私营单位中的平均工资，均低于 0.6 倍城镇非私营单位平均工资；只有租赁和商务服务业，城镇私营单位平均工资略高于平均缴费基数下限。仅就这 5 个行业而言，2014 年城镇私营单位就业人员中，至少约有 6700 万人，其工资水平低于缴费基数下限。

表3-4　就业人数最多的5个行业城镇私营单位就业人员平均工资　　单位：元

行业	2008 年	2009 年	2010 年	2011 年	2012 年	2013 年	2014 年
批发和零售业	16813	17775	19928	22791	27233	30604	33894
制造业	16445	17260	20090	24138	28215	32035	35653
租赁和商务服务业	19265	21344	23879	27115	31796	36243	39414
住宿和餐饮业	14439	15623	17531	20882	23933	27352	29483
居民服务和其他服务业	15665	15688	18350	20543	24068	27483	30580
城镇非私营单位在岗职工平均工资	29229	32736	37147	42452	47593	52388	57361
0.6 倍城镇非私营单位在岗职工平均工资	17537	19642	22288	25471	28556	31433	34417

资料来源：Wind 资讯数据库。

在将城镇非私营单位在岗职工平均工资与各行业城镇私营单位平均工资进行比较之后，本章进一步将平均工资与城镇家庭平均收入水平进行比较。根据统计年鉴公布的各省份城镇居民家庭平均人口数、城镇居民家庭平均就业人口数、城镇居民家庭人均工资性收入，本章计算出城镇居民家庭就业人员人均工资性收入[1]，并将其作为城镇家庭平均收入水平的度量指标；在此基础上进一步计算出城镇非私营单位在岗职工平均工资与城镇家庭就业人员人均工资性收入之比[2]，以度量平均工资指标对居民家庭实际收入水平的偏离情况。

本章将各省份城镇非私营单位在岗职工平均工资、城镇家庭就

---

[1] 计算公式为：城镇居民家庭就业人员人均工资性收入 = 城镇居民家庭人均工资性收入 × 城镇居民家庭平均人口数 ÷ 城镇居民家庭平均就业人口数。

[2] 以下简称平均工资与家庭人均工资性收入之比。

业人员人均工资性收入，以及平均工资与家庭人均工资性收入之比，以各省份城镇人口数为权重，分别计算了2006—2015年的全国加权平均值，绘制于图3-1中。从全国平均来看，历年城镇非私营单位在岗职工平均工资的水平均高于城镇家庭就业人员人均工资性收入；更重要的是，前者的增长速度也持续快于后者，导致二者之比持续增大，从2006年的1.24增加到2017年的1.72。

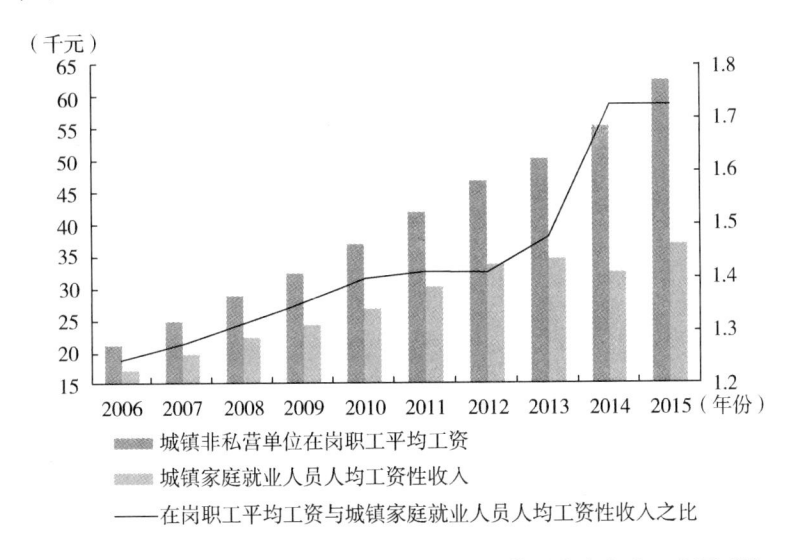

图3-1 平均工资与城镇家庭就业人员人均工资性收入之比：全国平均

资料来源：Wind资讯数据库；相关年份《中国统计年鉴》。

在描述了全国的平均工资与家庭人均工资性收入之比后，本章接着描述了全国各省（直辖市、自治区）的该比例演变情况。图3-2至图3-7分别按照全国六大区（华北、东北、华东、华南、西南、西北），绘制了各省份2006—2015年的平均工资与家庭人均工资性收入之比。从图3-2至图3-7可以看出，在样本年份区间内，各省份的数值均呈现出显著的上升态势。这说明城镇非私营单位在岗职工平均工资的水平和增速均显著高于城镇家庭人均工资性收入，这是持续性的、全国性的现象。

通过比较各省份城镇非私营单位在岗职工平均工资与城镇家庭就

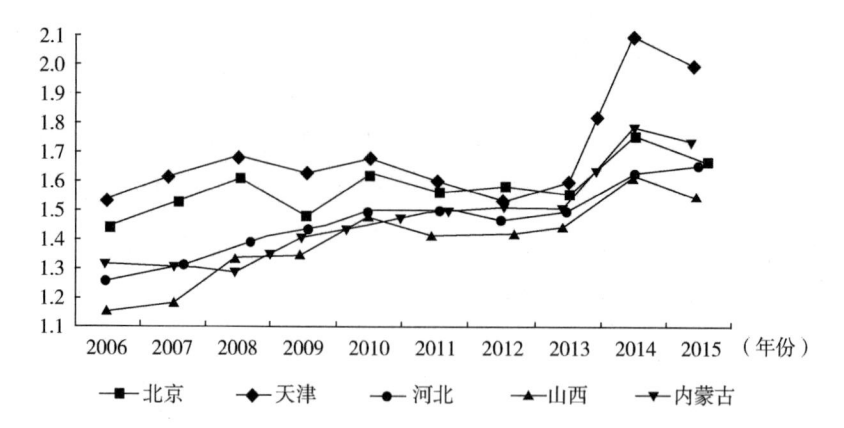

图 3-2　平均工资与城镇家庭就业人员人均工资性收入之比：华北地区

资料来源：Wind 资讯数据库；相关年份《中国统计年鉴》。

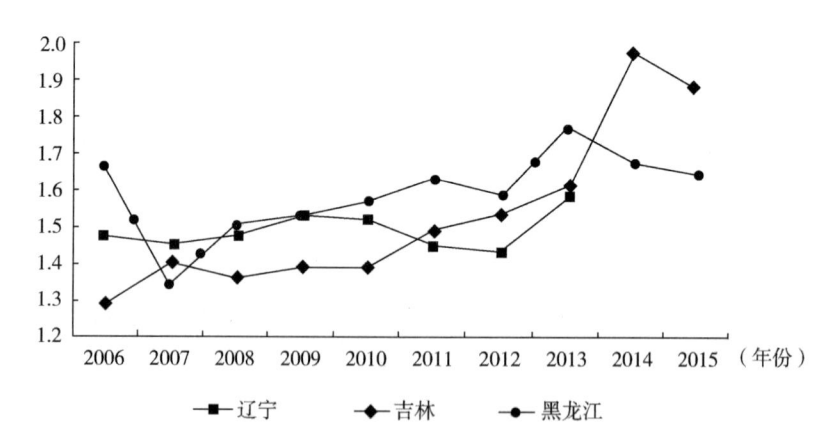

图 3-3　平均工资与城镇家庭就业人员人均工资性收入之比：东北地区

资料来源：Wind 资讯数据库；相关年份《中国统计年鉴》。

业人员人均工资性收入可以发现，各省份城镇非私营单位在岗职工平均工资的水平和增速均显著高于城镇居民家庭的平均工资性收入。以城镇非私营单位在岗职工平均工资为基础确定养老保险缴费基数下限必然使相当一部分城镇家庭的实际缴费负担高于名义缴费率；并且随着平均工资的快速增长，城镇参保家庭的实际费率负担将不断加重。

在城镇家庭平均收入水平的基础上，本章进一步以安徽省为例，

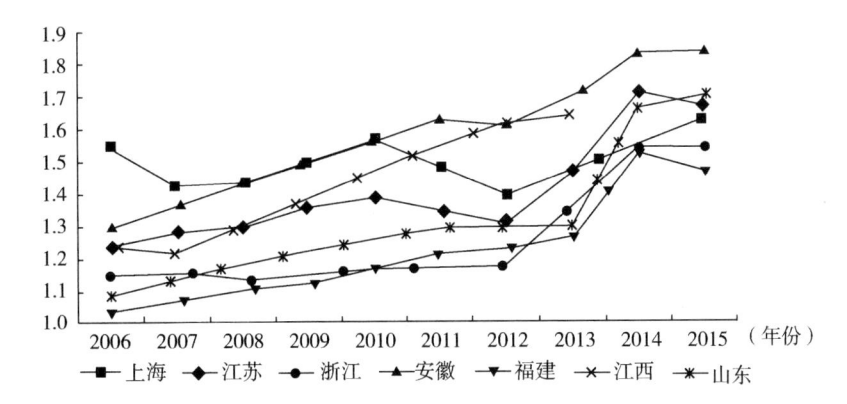

图 3-4　平均工资与城镇家庭就业人员人均工资性收入之比：华东地区

资料来源：Wind 资讯数据库；相关年份《中国统计年鉴》。

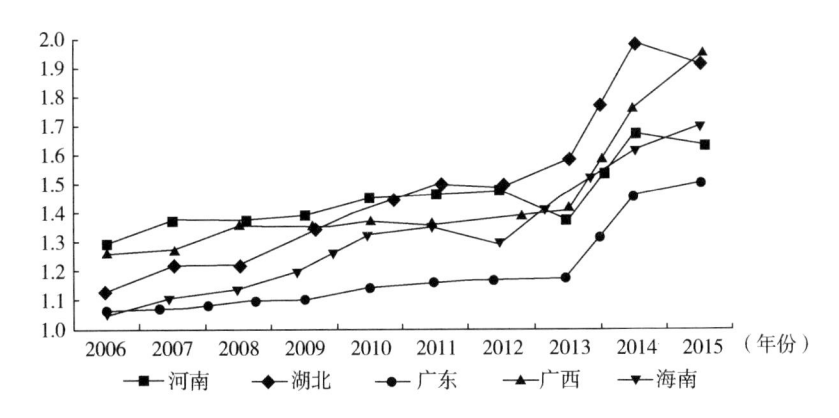

图 3-5　平均工资与城镇家庭就业人员人均工资性收入之比：华南地区

资料来源：Wind 资讯数据库；相关年份《中国统计年鉴》。

考察了不同收入等级城镇家庭的收入分布状况。本章利用《安徽统计年鉴》数据，计算了该省各收入等级[①]城镇家庭的就业人口人均

---

① 2013 年以前，《安徽统计年鉴》将城镇家庭按收入等级划分为 7 组：最低收入户（10%）、低收入户（10%）、中等偏下户（20%）、中等收入户（20%）、中等偏上户（20%）、高收入户（10%）、最高收入户（10%）。从 2013 年开始，《安徽统计年鉴》将城镇家庭按收入等级划分为 5 组：低收入户、中低收入户、中等收入户、中高收入户和高收入户，各占 20%。为节约空间，表 3-5 将两种划分方式进行了整合。

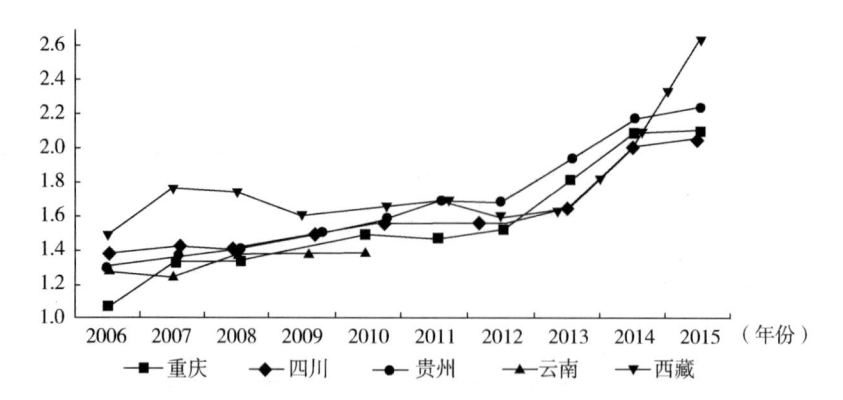

图 3-6　平均工资与城镇家庭就业人员人均工资性收入之比：西南地区

资料来源：Wind 资讯数据库；相关年份《中国统计年鉴》。

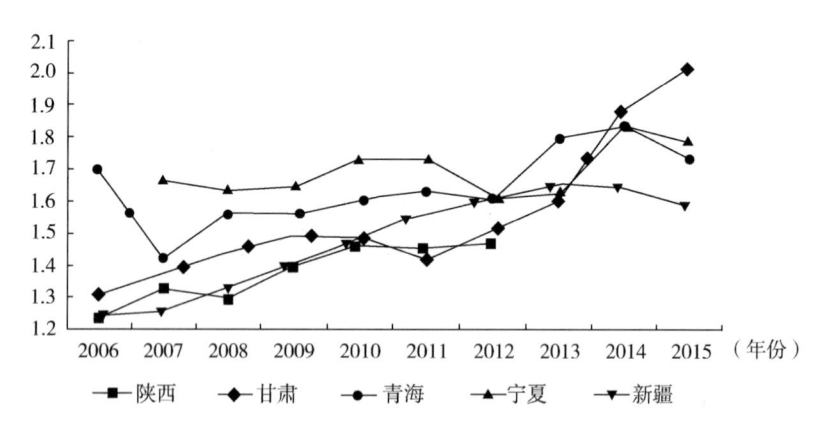

图 3-7　平均工资与城镇家庭就业人员人均工资性收入之比：西北地区

资料来源：Wind 资讯数据库；相关年份《中国统计年鉴》。

收入①，数据列于表 3-5 中。

从表 3-5 中可以看出：2006 年收入最低 10% 的城镇家庭，就业人口人均收入低于平均缴费基数下限；2010 年收入最低 20% 的

---

① 就业人口人均收入 =（家庭人均工资性收入 + 家庭人均经营性收入）× 家庭平均负担系数。其中，家庭平均负担系数是指家庭平均每一就业者负担人数（包括就业者本人），定义为城镇居民家庭平均人口数/城镇居民家庭平均就业人口数。

城镇家庭，人均收入低于平均缴费基数下限；2014 年，已经发展为收入最低 40% 的城镇家庭，人均收入低于平均缴费基数下限。本章计算了各组家庭以灵活就业人员身份（名义缴费率20%）参保缴费的实际费率负担，2006 年最低收入组家庭的平均实际缴费率为 22.9%，2014 年最低收入组家庭的实际费率已经增长到了 33.1%。

表3-5　安徽省基本养老保险缴费基数下限与城镇家庭收入分布

单位：元，%

		最低收入户（10%）	低收入户（10%）	中低收入户（20%）	中等收入户（20%）	中高收入户（20%）	高收入户（10%）	最高收入户（10%）
2006 年	就业人口人均收入	8155	9892	12417	15307	18796	22251	26572
	养老保险实际缴费率	22.9	20	20	20	20	20	20
	平均缴费基数下限	9320						
2010 年	就业人口人均收入	12606	15120	19294	24685	29374	37075	49866
	养老保险实际缴费率	28.2	23.5	20	20	20	20	20
	平均缴费基数下限	17795						
2014 年	就业人口人均收入	17351	26964	32565	39668	64372		
	养老保险实际缴费率	33.1	21.3	20	20	20		
	平均缴费基数下限	28684						

资料来源：相关年份《安徽统计年鉴》。

图 3-2 至图 3-7 以及表 3-5 所列数据表明，虽然自 2005 年以后，各地养老保险制度参数基本保持稳定，表面上看参保者的缴费

负担没有发生变化,但是在岗职工平均工资的持续高速增长以及由此带来的缴费基数下限不断提高,已经大大地加重了低收入参保者的实际费率负担。

第三节　基本养老保险参保缴费不足

仅以城镇非私营单位为统计口径计算平均工资,导致养老保险缴费基数水平较高且增速过快,加重了低收入参保者的费率负担。面临过重的实际缴费负担,低收入家庭可能选择不参保或者退出养老保险制度,导致基本养老保险参保不足,覆盖面扩展困难,制度抚养比持续走低;已参保的低收入家庭,为避免高费率过度压缩当期消费,可能会选择缩短缴费年限或者中断缴费。大量"参而不缴"群体的出现,使基本养老保险缴费不足,进一步威胁制度的偿付能力。

图3-8描绘了2001—2016年中国基本养老保险参保职工增长率、离退休增长率以及制度抚养比的演变。可以看出,在2005年社保改革以前,基本养老保险参保职工增长率一直低于离退休增长率,制度抚养比处于持续的下降趋势中,2004年制度抚养比首次向下突破3∶1;国发〔2005〕38号文件允许"个体工商户和灵活就业人员"参保缴费,灵活就业人员的加入暂时改善了基本养老保险的参保状况,2005—2011年,参保职工增长率基本都超过了离退休增长率,制度抚养比一直在3.0—3.2徘徊;然而自2012年开始,制度抚养比再次进入了快速的下降通道,2012—2016年,参保职工增长率均显著低于离退休增长率,且二者差距不小,截至2016年年底,制度抚养比已经跌至2.75∶1。基本养老保险制度抚养比的快速下降,严重地威胁着制度的偿付能力和可持续性。

现有研究普遍认为,人口老龄化是导致基本养老保险偿付能力恶化的重要原因。理论上来说,人口老龄化进程的不断推进确实会给现收现付制的偿付能力带来巨大的压力,甚至可能导致制度的不

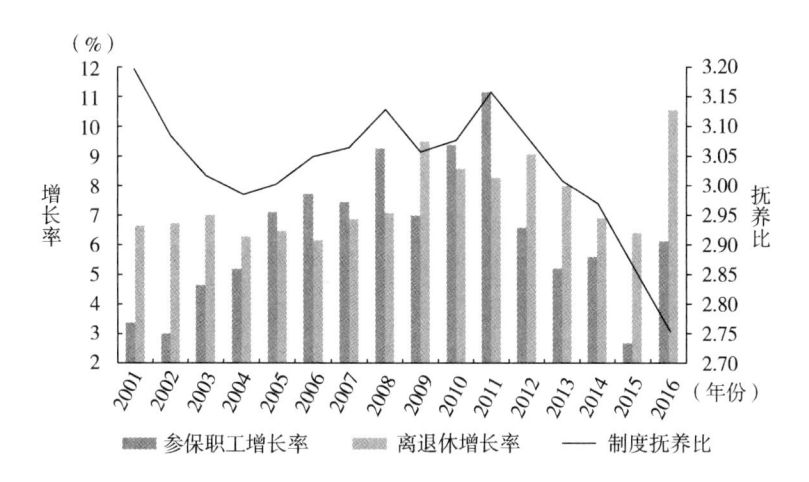

图 3-8 2001—2016 年中国基本养老保险参保职工增长率、离退休增长率、制度抚养比的演变

资料来源：Wind 资讯数据库。

可持续。然而值得注意的是，虽然中国正处在快速老龄化的阶段，但是当前中国的人口年龄结构尚处于相对良好的阶段，总体人口结构尚没有对基本养老保险偿付能力形成较强的制约。

表 3-6 和表 3-7 依据 2010 年第六次人口普查数据、2015 年全国 1% 人口抽样调查数据，列出了 2010 年和 2015 年全国各省份的总人口抚养比和养老保险制度抚养比。从表中数据可以看出，2010 年全国总人口抚养比为 5.26 : 1，而制度抚养比仅为 3.08 : 1；分省份来看，除广东由于吸纳了大量流动人口，其制度抚养比高于总人口抚养比外，其他省份的制度抚养比均显著低于总人口抚养比，部分省份二者的差距甚至在 3 倍以上。这说明在当前阶段，人口老龄化并非是基本养老保险制度抚养比走低的关键原因。而名义缴费率较高，缴费基数水平过高、增速过快，参保企业和职工缴费负担过重，参保激励性差，导致中国基本养老保险制度覆盖面扩展困难，当前尚存的人口优势无法发挥出来，可能才是基本养老保险参保不足的症结所在。

当然不可否认的是，现阶段中国的人口年龄结构确实在迅速老化。2010 年全国总人口抚养比为 5.26 : 1，仅仅 5 年时间，2015 年该数字下降为4.17∶1；对比表3-6和表3-7可以发现，5年间各省份总人口抚养比均有较大幅度的下降。如果在总体人口结构尚且年轻的时候，养老保险制度抚养比已经很低，那么随着总体人口年龄结构的迅速老化，基本养老保险制度必将面临更严重的偿付能力危机。

表3-6　2010年全国各省份总人口抚养比与养老保险制度抚养比

省份	总人口抚养比[①]	制度抚养比	省份	总人口抚养比	制度抚养比
黑龙江	6.07	1.62	陕西	5.67	2.66
上海	5.06	1.68	青海	7.27	2.72
吉林	5.98	1.90	安徽	4.44	2.77
四川	4.15	1.96	河北	5.73	2.81
天津	6.04	2.01	贵州	4.78	2.84
重庆	3.83	2.04	海南	5.63	2.98
西藏	8.73	2.15	河南	5.33	2.99
辽宁	4.78	2.17	山西	6.27	3.01
广西	4.71	2.25	江西	5.84	3.18
新疆[②]	7.10	2.30	江苏	4.41	3.53
甘肃	5.63	2.40	浙江	5.23	3.98
云南	5.92	2.44	北京	5.98	4.02
湖北	5.34	2.45	山东	4.76	4.14
湖南	4.68	2.54	福建	6.12	4.60
宁夏	7.12	2.54	广东	7.08	8.47
内蒙古	6.53	2.61	全国平均值	5.26	3.08

资料来源：总人口抚养比数据来自2016年《中国人口和就业统计年鉴》；制度抚养比数据来自郑秉文（主编）《中国养老金发展报告2016——"第二支柱"年金制度全面深化改革》。

---

① 总人口抚养比的定义：15—59岁人口数与60岁及以上人口数之比。关于各省市的分年龄人口数，《中国人口和就业统计年鉴》中仅公布14岁及以下、15—64岁和65岁及以上三个年龄档。因此，本书采用全国分年龄人口数据，先计算出当年全国60—64岁人口数占15—64岁人口数、65岁及以上人口数的比例，再使用这两个比例估算各省份15—59岁人口数、60岁及以上人口数，获得各省份总人口抚养比的估计值。

② 表3-6中的新疆数据，是新疆维吾尔自治区和新疆生产建设兵团合并数据。下同。

第三章 基本养老保险缴费制度的典型事实分析 59

　　基本养老保险缴费制度的挤出效应不仅阻碍了制度覆盖面扩展，导致制度参保不足，也降低了已参保企业和职工的缴费比例，导致基本养老保险制度缴费不足。从图3-9可以看出，随着城镇非私营单位在岗职工平均工资的不断上涨，企业部门参保者"断保"比例快速增加。2006年企业部门缴费人数占参保职工人数的比例为89.98%，2015年已经下降为80.25%。短短9年，企业参保职工"断保"比例从10%迅速上升至约20%。杨一心、何文炯（2015）计算发现：2014年年底，全国有4500万职工"参而不缴"，导致实际制度抚养比已经下降到了2.44∶1。过高的缴费基数下限挤出了大量的制度内低收入参保者，阻碍了养老保险覆盖面的扩展，严重恶化了制度的赡养率和偿付能力。

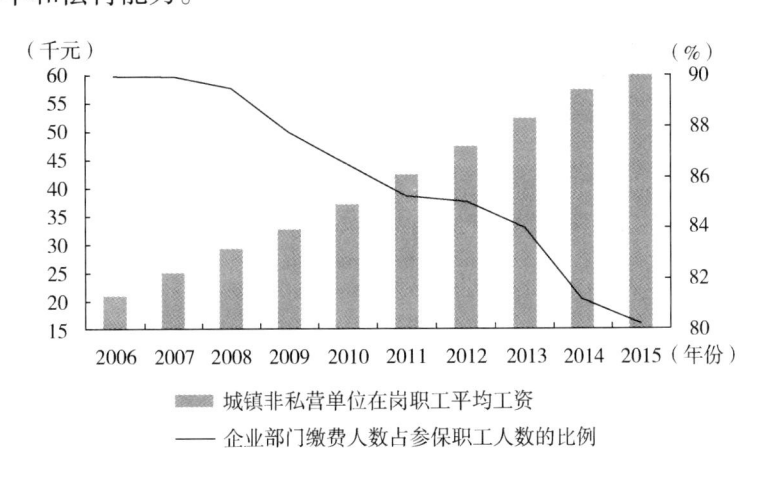

图3-9　城镇非私营单位在岗职工平均工资与缴费人数的占比情况

资料来源：相关年份《中国统计年鉴》；郑秉文：《中国养老金发展报告2016——"第二支柱"年金制度全面深化改革》。

表3-7　2015年全国各省份总人口抚养比与养老保险制度抚养比

省份	总人口抚养比	制度抚养比	省份	总人口抚养比	制度抚养比
黑龙江	4.33	1.37	江西	4.58	2.50
吉林	4.22	1.53	湖南	3.75	2.14
内蒙古	4.84	1.78	上海	3.63	2.21

续表

省份	总人口抚养比	制度抚养比	省份	总人口抚养比	制度抚养比
甘肃	4.69	1.80	海南	5.08	3.03
新疆	5.96	2.23	陕西	4.31	2.62
青海	6.13	2.32	河北	4.21	2.58
宁夏	5.89	2.39	安徽	3.80	2.48
天津	4.62	2.12	贵州	4.29	3.13
辽宁	3.55	1.78	河南	4.20	3.19
云南	5.15	2.39	浙江	4.02	3.39
湖北	3.91	1.99	江苏	3.47	3.08
广西	4.14	2.09	福建	4.87	5.01
西藏	7.41	3.22	山东	3.69	3.47
四川	3.29	1.81	北京	4.44	5.02
重庆	3.20	1.79	广东	6.21	9.75
山西	4.93	2.55	全国平均值	4.17	2.87

资料来源：总人口抚养比数据来自2011年《中国人口和就业统计年鉴》；制度抚养比数据来自郑秉文（主编）《中国养老金发展报告2011》。

大量参保职工"参而不缴"，在已经较低的制度抚养比的基础上，进一步恶化了基本养老保险的制度偿付能力。根据2015年各省份企业部门基本养老保险的参保数据以及缴费人数占比数据，表3-8计算了企业部分养老保险的名义制度抚养比和实际制度抚养比。①

从表3-8可以看出，2015年全国企业部门养老保险名义制度抚养比为3.13:1，已经处于相对较低的水平，并且由于约20%的参保职工并未缴费，实际抚养比进一步下降为2.52:1；分省份来看，全国超过一半省份的企业部门实际制度抚养比均低于2:1，最低的是黑龙江，已经发展到平均约1个年轻人赡养1个老年人的极重负担状态。

过高的平均工资水平和缴费基数下限，加重了低收入参保者的实际费率负担，使大量参保职工"参而不缴"，必将降低基本养老保

---

① 名义制度抚养比的定义是，参保职工数与离退休人数之比；实际制度抚养比的定义是，缴费职工数与离退休人数之比。

险的征缴收入，威胁制度的偿付能力。表3-8使用2015年全国各省份基本养老保险的参保职工数、平均缴费基数和名义缴费率，估算了当年各省份的基本养老保险应征缴额，并据此计算各省份养老保险的缴费遵从度。①

表3-8　2015年各省份企业部门基本养老保险实际制度抚养比

省份	参保职工数（万人）	离退休人数（万人）	缴费人数占参保职工人数比例（%）	名义制度抚养比	实际制度抚养比
全国平均	18786.48	5993.62	80.25	3.13	2.52
黑龙江	340.57	273.54	86.50	1.25	1.08
湖南	378.18	240.71	77.22	1.57	1.21
吉林	259.43	175.62	83.82	1.48	1.24
甘肃	141.53	91.12	83.42	1.55	1.30
湖北	484.45	322.06	94.25	1.50	1.42
辽宁	691.51	384.83	81.81	1.80	1.47
青海	45.95	23.74	80.07	1.94	1.55
江西	298.41	167.72	87.80	1.78	1.56
内蒙古	190.89	110.27	90.52	1.73	1.57
河北	656.90	274.76	75.73	2.39	1.81
天津	327.52	136.71	76.62	2.40	1.84
新疆	235.73	121.84	95.13	1.93	1.84
安徽	416.43	187.61	83.98	2.22	1.86
海南	140.44	43.71	58.26	3.21	1.87
山西	355.25	165.97	88.91	2.14	1.90
四川	624.26	270.50	83.79	2.31	1.93
上海	855.69	415.39	94.79	2.06	1.95
陕西	401.68	158.24	79.24	2.54	2.01
河南	830.32	286.60	69.60	2.90	2.02
云南	212.30	90.13	88.93	2.36	2.09
贵州	219.75	77.27	74.58	2.84	2.12

---

① 缴费遵从度是指养老保险制度实际征缴保费与法定应征缴保费之比。

续表

省份	参保职工数（万人）	离退休人数（万人）	缴费人数占参保职工人数比例（%）	名义制度抚养比	实际制度抚养比
西藏	7.04	3.30	100.00	2.13	2.13
广西	274.16	102.65	84.41	2.67	2.25
重庆	388.37	115.44	76.26	3.36	2.57
江苏	1451.77	476.84	92.58	3.04	2.82
宁夏	70.45	22.21	89.09	3.17	2.83
山东	1360.05	340.88	82.91	3.99	3.31
福建	552.50	95.21	80.48	5.80	4.67
北京	1105.25	170.07	72.17	6.50	4.69
浙江	1309.37	227.94	87.16	5.74	5.01
广东	4160.33	420.76	65.05	9.89	6.43

资料来源：郑秉文主编：《中国养老金发展报告2016——"第二支柱"年金制度全面深化改革》。

表3-9显示，2015年全国估计应征缴保费收入为38856亿元，而实际征缴保费收入仅为23016亿元，缴费遵从度不足60%。分省份来看，全国31个省（直辖市、自治区）中有13个省份，基本养老保险缴费遵从度不足60%，有23个省份的缴费遵从度不足70%。缴费遵从度的走低，使中国基本养老保险的实际偿付能力比名义制度抚养比显示得更加糟糕。

表3-9　　　　　2015年各省份基本养老保险缴费遵从度

省份	参保职工数（万人）	平均缴费基数[①]（元）	名义缴费率[②]（%）	应征缴收入（亿元）	实际征缴收入（亿元）	缴费遵从度（%）
全国平均	26200.0	56360	26.3	38856	23016	59.2
广东	4613.3	59827	22	6072	2273	37.4
海南	187.9	50589	28	266	108	40.4
北京	1187.5	103400	28	3438	1479	43.0
福建	736.6	54235	26	1039	453	43.6
河南	1149.0	42670	28	1373	727	53.0
贵州	297.3	54685	28	455	242	53.1

续表

省份	参保职工数（万人）	平均缴费基数①（元）	名义缴费率②（%）	应征缴收入（亿元）	实际征缴收入（亿元）	缴费遵从度（%）
江苏	2098.8	61783	28	3631	1962	54.0
天津	384.3	73839	28	794	435	54.8
江西	587.9	47299	28	779	427	54.8
陕西	544.2	52119	28	794	442	55.6
重庆	544.4	56852	28	867	504	58.1
湖南	791.1	48525	28	1075	636	59.2
浙江	1934.0	62460	22	2658	1576	59.3
上海	1028.4	100623	29	3001	1832	61.0
宁夏	111.1	56811	28	177	110	62.2
湖北	874.9	50637	28	1240	779	62.8
河北	952.0	46239	28	1233	803	65.1
广西	389.8	46846	28	511	334	65.4
吉林	420.0	47683	28	561	371	66.1
安徽	610.9	52388	27	864	571	66.1
青海	69.9	57804	28	113	75	66.4
四川	1250.1	53722	28	1880	1252	66.6
辽宁	1139.7	49110	28	1567	1050	67.0
内蒙古	370.8	54460	28	565	403	71.2
山东	1923.1	52460	26	2623	1875	71.5
新疆	344.7	54407	28	525	376	71.6
山西	512.9	49984	28	718	524	73.0
云南	291.2	47802	28	390	298	76.5
黑龙江	646.9	46036	28	834	662	79.4
甘肃	197.0	48470	28	267	228	85.1
西藏	12.4	68059	28	24	22	95.3

注：①平均缴费基数是各省份上年度城镇非私营单位在岗职工平均工资。
②全国平均名义缴费率，由各省份名义缴费率加权平均求得，权重为各省份基本养老保险参保职工数。
资料来源：2015年《中国统计年鉴》；郑秉文主编：《中国养老金发展报告2016——"第二支柱"年金制度全面深化改革》。

导致中国基本养老保险缴费遵从度过低的第一个原因，如表3-8所示，是大量参保职工"参而不缴"。截至2015年年底，全国2.62亿参保职工中，有约5000万没有缴费，缴费人数占参保人数比重仅为80.93%。这其中一部分是由于劳动力跨地区流动后，养老保险缴费无法接续，导致参保职工断保；另一部分则是由于较高的名义缴费率和缴费基数下限，参保职工实际费率负担过重，参保职工被迫缩短缴费年限或者中断缴费。

导致缴费遵从度过低的第二个原因是参保企业和职工低报缴费基数，导致实际的平均缴费基数远低于表3-6所假设的1倍在岗职工平均工资。过高的名义缴费率和平均工资水平，增加了参保企业和职工的参保缴费负担，在目前缴费基数自由申报的制度实践下，参保企业和职工为降低当期缴费负担，纷纷选择低报缴费基数。白重恩等（2012）指出："很多企业及职工存在逃费行为，特别是低报社会保险缴费基数。"2016年《中国企业社保白皮书》公布的数据显示，社保缴费基数完全合规的单位仅占25.11%，有36.06%的企业统一按照最低基数进行缴费。

值得注意的是，在养老保险缴费端，由于平均工资的高水平和高增速挤出了企业和职工的缴费，平均工资水平的上涨并不会带来参保职工人均缴费的等幅度上涨。但是在养老保险给付端，由于基础养老金给付也是以平均工资为基数的，平均工资的上涨反而会引起养老金支出的同步增加。在现行制度下，在岗职工平均工资的水平相对越高，增速相对越快，给付增速和缴费增速的"剪刀差"越大，基本养老保险的偿付能力也面临越严重的威胁。

第四节 小结

本章通过典型事实分析，梳理了中国基本养老保险缴费制度挤出效应的成因、机制和后果。

首先，本章对基本养老保险的缴费制度进行了概括描述和国际比较分析，揭示了基本养老保险缴费制度的两大特征，第一是名义缴费率较高，第二是存在以在岗职工平均工资为基础的缴费基数上下限，缴费基数下限过高。较高的名义缴费和过高的缴费基数下限，将使参保职工，尤其是低收入参保群体，承受较重的实际费率负担，这是缴费制度挤出效应的根源。

其次，本章通过描述宏观统计数据，展示了养老保险缴费基数下限过高、低收入者费率负担较重的基本事实。中国基本养老保险缴费基数下限与平均工资挂钩，因而在岗职工平均工资的水平和增速会直接影响低收入参保者的实际费率负担。通过将城镇非私营单位在岗职工平均工资与城镇私营单位平均工资水平、城镇居民家庭平均工资性收入进行对比分析，本章发现城镇非私营单位在岗职工平均工资的水平和增速均显著超过城镇私营单位和城镇家庭的平均工资，导致城镇低收入家庭的实际费率负担明显高于名义缴费率，并且随着平均工资的增长而不断加重。在以平均工资为基础确定缴费基数下限的制度设计下，在岗平均工资的高水平和快速增长成为缴费制度挤出效应的重要形成机制。

最后，本章通过描述基本养老保险近年来的参保和缴费状态，展现了缴费制度挤出效应的严重后果。在名义缴费率较高，在岗职工平均工资水平较高、增速较快的背景下，低收入参保者的实际费率负担不断加重，过重的缴费负担抑制了低收入群体的参保缴费激励，基本养老保险制度覆盖面扩展困难，已参保职工中断缴费或缩短缴费年限的情况较为严重，导致基本养老保险参保缴费不足，偿付能力受到威胁。具体来说，在总体人口结构尚未对养老保险偿付能力形成制约的情况下，中国基本养老保险制度抚养比近年来快速走低，并且已经降到较为危险的境地；大量参保职工"参而不缴"，导致以缴费职工数计算的实际制度抚养比进一步降低；由于"断缴""短缴""少缴"的大量存在，基本养老保险缴费遵从度较低，从全国平均来看，实际征缴保费不足法定应缴保费的60%，缴费不足的情况较为严重。

　　本章通过多方面的宏观数据描述，描绘了基本养老保险缴费制度挤出效应的基本图景。然而，数据描述得出的结果尚缺乏参保者行为的理论支撑，结论的有效性也有待实证数据和模型的检验。因此，接下来将建立更加严格的理论模型和实证模型，对缴费制度挤出效应的形成机制和宏观表现进行检验和分析。

第 四 章

基本养老保险对家庭消费影响的理论分析

考察个体的参保缴费决策,应当在生命周期模型框架内进行。生命周期模型假设,理性个体在一生收入水平的约束条件下配置资源,以最大化终生效用水平,因此个体的最优决策是要使各期消费相对平滑。经典的理论研究已经指出:养老保险计划作为强制性的跨期储蓄工具,一方面,其基本功能和目标正是帮助参保个体实现跨期消费平滑;另一方面,当存在借贷约束时,社保税的存在可能使参保个体的当期消费水平受到抑制,不利于个体的终生消费平滑。

本章综合康书隆等(2017a)和康书隆等(2017b)的理论模型,构建了刻画参保者行为的两期生命周期模型,在借贷约束的视角下,分析以在岗职工平均工资为基础的缴费制度如何对不同借贷约束家庭终生消费路径产生不同的影响;考察以在岗职工平均工资为基础的缴费基数下限制度下,平均工资的变化对低收入家庭参保缴费行为以及终生效用水平的影响。

该模型较为真实地刻画了中国基本养老保险制度的如下特点:第一,家庭在工作期间通过公共养老保险和私人储蓄为老年退休生活融资;第二,经济体中不同个体的工资水平不同;第三,参保职工的养老保险缴费基数由企业进行申报,并且存在与在岗职工平均工资挂钩的缴费基数上下限;第四,大部分省份养老保险个人账户空账运转，同时有部分省份试点做实个人账户；第五，家庭面临借贷约束，不能以未来的养老金给付为抵押进行借贷。

第一节　模型建立

模型假设经济体中存在大量家庭，每个家庭存活两期：第一期无弹性地提供一单位的劳动供给，家庭 i 的工资率为 w_i（不同家庭的工资率不同）；第二期家庭退休。家庭在第一期可以通过公共养老保险或资本市场为退休生活进行储蓄，家庭在两期内进行消费、储蓄决策以最大化一生效用。个体行为的目标函数和预算约束如下：

$$\underset{C_i^1, C_i^2, S_i}{\text{Max}} U_i(C_i^1, C_i^2 \mid \beta_i) = \ln(C_i^1) + \beta_i \ln(C_i^2) \quad (4-1)$$

$$s.t. \begin{cases} C_i^1 = w_i - (\tau_1 + \tau_2)\rho_i \overline{w} - S_i \\ C_i^2 = \tau_3 \dfrac{1+\rho_i}{2}\overline{w}(1+g) + \tau_2 \rho_i \overline{w}(1+\eta) + S_i(1+r) \\ S_i \geq 0 \end{cases}$$

$$(4-2)$$

其中，U_i 是家庭 i 的终生效用水平；家庭的效用来源于两期的消费，并且假设效用函数的形式为对数效用函数；C_i^1 和 C_i^2 分别代表家庭 i 在第一期（工作）和第二期（退休）的消费；β_i 反映家庭 i 的时间偏好，并且本章假定不同家庭的时间偏好可能存在差异。S_i 代表家庭 i 在第一期的私人储蓄，$S_i \geq 0$ 意味着家庭 i 面临借贷约束，第一期不得在资本市场融资。w_i 是家庭 i 在第一期的工资率，不同家庭的工资率存在差异。

养老保险制度方面，$(\tau_1 + \tau_2)\rho_i \overline{w}$ 是家庭 i 缴纳的基本养老保险保费，τ_1 是统筹账户的名义缴费率，τ_2 是个人账户的名义缴费率，$\overline{w}$ 是在岗职工平均工资，ρ_i 是家庭 i 的缴费基数与在岗职工平均工资之比，存在一定的缴费基数上下限。

关于统筹账户待遇给付，根据国发〔2005〕38 号文件规定："退休时的基础养老金月标准以当地上年度在岗职工月平均工资和本人指数化月平均缴费工资的平均值为基数，缴费每满 1 年发给 1%"，本章设定：统筹账户替代率 τ_3 等于缴费年限乘以 1%；统筹账户的给付以 $(1+\rho_i)/2$ 倍的平均工资为基础，这说明制度设计中包含了高缴费者对低缴费者的转移支付。

关于个人账户待遇给付公式的设定，考虑到中国大多数省份个人账户为空账运行，同时辽宁等省份自 2001 年开始实行"做实个人账户"试点①，本章对个人账户收益率分两种情况进行讨论。第一种情况，空账运行的个人账户实际上相当于 DB 型的现收现付制（郑秉文，2003、2012a），本章参照李雪增、蒋媛媛（2015）的模型设定方法，认为个人账户与统筹账户收益率都是工资增长率，即 $\eta=g$。第二种情况，在做实个人账户的情况下，个人账户为积累制，收益率为资本市场回报率，即 $\eta=r$。

由于中国基本养老保险缴费基数存在与平均工资挂钩的上下限，不同收入水平家庭的实际费率负担可能存在差异。定义 h_i 是家庭 i 的工资水平与社会平均工资之比，即 $w_i=h_i\overline{w}$，则家庭 i 的实际缴费率为

$$\frac{(\tau_1+\tau_2)\rho_i\overline{w}}{w_i}=(\tau_1+\tau_2)\frac{\rho_i}{h_i} \qquad (4-3)$$

从式（4-3）可以看出，对于实际收入水平低于缴费基数下限的低收入家庭，实际缴费率高于名义缴费率，并且费率负担随着家庭收入的降低而提高；对于实际收入水平高于最高缴费基数，或者存在低报缴费基数的高收入家庭，实际缴费率低于名义缴费率，并且费率负担随着家庭收入的提高而降低。

---

① 《关于完善城镇社会保障体系的试点方案》（国发〔2000〕42 号）规定："决定 2001 年在辽宁省及其他省（自治区、直辖市）确定的部分地区进行试点。"

第二节 理论分析

式（4-1）与式（4-2）构建的是包含非负约束的最优化问题，为求解该最优化问题，建立拉格朗日函数，即：

$$L = \ln(C_i^1) + \beta_i \ln(C_i^2) + \lambda_1 [w_i - (\tau_1 + \tau_2)\rho_i \overline{w} - S_i - C_i^1] + \lambda_2 \left[\tau_3 \frac{1+\rho_i}{2} \overline{w}(1+g) + \tau_2 \rho_i \overline{w}(1+\eta) + S_i(1+r) - C_i^2 \right]$$

(4-4)

根据 Kuhn-Tucker 定理，求解出效用最大化的一阶条件，即：

$$\frac{\partial L}{\partial C_i^1} = \frac{1}{C_i^1} - \lambda_1 = 0 \quad (4-5)$$

$$\frac{\partial L}{\partial C_i^2} = \beta_i \frac{1}{C_i^2} - \lambda_2 = 0 \quad (4-6)$$

$$\frac{\partial L}{\partial S_i} = -\lambda_1 + \lambda_2(1+r) \leq 0, \; S_i \geq 0, \; [-\lambda_1 + \lambda_2(1+r)]S_i = 0$$

(4-7)

其中，λ_1 和 λ_2 是拉格朗日乘子，式（4-7）为互补松弛条件。

为了比较不同借贷约束状态的家庭参加养老保险对家庭两期消费和终生效用水平的影响，本章分别求解不同借贷约束状态、不同参保选择下的家庭最优消费储蓄决策。

一 不参保家庭最优消费储蓄决策

如果家庭 i 没有加入公共养老保险，则家庭在第一期只能通过私人储蓄为退休生活进行融资，所以家庭第一期的储蓄必然严格大于零，即 $S_i > 0$，家庭的借贷约束必然是松弛的。此时，互补松弛条件中第 1 个式子的等号成立，即：

$$\frac{\partial L}{\partial S_i} = -\lambda_1 + \lambda_2(1+r) = 0 \quad (4-8)$$

联立式（4-5）、式（4-6）和式（4-8），消去拉格朗日乘子 λ_1 和 λ_2，可以获得两期消费的欧拉方程，即：

$$\frac{1}{C_i^1} = \beta_i \frac{1}{C_i^2}(1+r) \qquad (4-9)$$

式（4-9）的经济学含义是：给定家庭收入水平，如果家庭在第一期增加1单位储蓄，减少1单位当期消费，则家庭第一期的效用水平减少 $\frac{1}{C_i^1}$ 单位，这是家庭增加第一期储蓄带来的成本；家庭第一期的储蓄增加1单位，意味着第二期的消费将增加 $1+r$ 单位，则家庭第二期效用水平的现值增加 $\beta_i \frac{1}{C_i^2}(1+r)$ 单位，这是家庭增加第一期储蓄带来的收益；在不受借贷约束限制的情况下，家庭最优的跨期资源配置必然使家庭在第一期多增加1单位储蓄带来的收益与成本相等，家庭的终生效用水平不发生变化。

由于家庭没有参加公共养老保险，第一期不需要缴纳养老保险保费，第二期也没有养老保险给付，因此消去储蓄 S_i 后，家庭的终生预算约束为：

$$C_i^1 + \frac{C_i^2}{1+r} = w_i \qquad (4-10)$$

联立欧拉方程式（4-9）和预算约束式（4-10），可以求解出家庭在不参加公共养老保险时的最优消费储蓄决策为：

$$C_i^{1*} = \frac{1}{1+\beta_i} w_i \qquad (4-11)$$

$$S_i^* = \frac{\beta_i}{1+\beta_i} w_i \qquad (4-12)$$

$$C_i^{2*} = \frac{\beta_i}{1+\beta_i} w_i (1+r) \qquad (4-13)$$

家庭在不参保状态下的两期消费水平和终生效用水平是家庭进行参保决策时的参照系，如果家庭参保后的当期消费水平或终生效用水平低于不参保状态，则可能会对家庭的参保缴费产生挤出效应。

二 非借贷约束参保家庭的最优消费储蓄决策

如果家庭 i 参加公共养老保险,并且第一期家庭面临的借贷约束是松弛的,即家庭仍然可以在 $S_i \geqslant 0$ 的范围内自由调节私人储蓄,以追求终生效用水平的最大化。此时,互补松弛条件中第 1 个式子的等号仍然成立,即式(4-8)和式(4-9)仍然成立,家庭两期消费的边际效用依然相等。

由于家庭参加了养老保险,在第一期的收入除了用于消费和私人储蓄外,还需要缴纳养老保险保费,而第二期的收入来源除了私人储蓄及其投资回报,还有养老金给付,即家庭的终生预算约束变为:

$$C_i^1 + \frac{C_i^2}{1+r} = w_i - (\tau_1 + \tau_2)\rho_i \overline{w} + \tau_3 \frac{1+\rho_i}{2} \overline{w} \frac{(1+g)}{(1+r)} + \tau_2 \rho_1 \overline{w} \frac{(1+\eta)}{(1+r)} \quad (4-14)$$

式(4-14)的右侧是家庭参保后终生财富水平的现值,等于家庭终生工资收入的现值减去缴纳的养老保险保费的现值,再加上领取的养老金给付的现值。而式(4-10)的右侧是家庭不参保时的终生财富水平,等于家庭终生工资收入的现值。比较式(4-10)与式(4-14)可以发现,参加养老保险可能会改变家庭的终生财富水平。如果养老保险统筹账户和个人账户的综合收益率高于资本市场收益率,则参保提升家庭的终生财富水平;反之,则参保降低家庭的终生财富水平。

记非借贷约束参保家庭的终生财富水平为 W',则:

$$W' = w_i - (\tau_1 + \tau_2)\rho_i \overline{w} + \tau_3 \frac{1+\rho_i}{2} \overline{w} \frac{(1+g)}{(1+r)} + \tau_2 \rho_i \overline{w} \frac{(1+\eta)}{(1+r)} \quad (4-15)$$

联立欧拉方程式(4-9)和预算约束式(4-14),可以求解出非借贷约束家庭在参加公共养老保险时的最优消费储蓄决策为:

$$C_i^{1'} = \frac{1}{1+\beta_i} W' \quad (4-16)$$

$$S_i' = \frac{\beta_i}{1+\beta_i}W' \qquad (4-17)$$

$$C_i^{2'} = \frac{\beta_i}{1+\beta_i}W'(1+r) \qquad (4-18)$$

比较式 (4-11) —式 (4-13) 以及式 (4-16) —式 (4-18) 可以看出，对于非借贷约束家庭来说，参保并没有改变两期的相对消费水平，只是改变了家庭的终生财富水平。因此，如果参保可以提升家庭终生财富水平，那么非借贷约束家庭参保会带来两期消费水平和终生效用水平的增加；反之，则会带来两期消费水平和终生效用水平的下降。

三 借贷约束参保家庭的最优消费储蓄决策

如果家庭 i 参加公共养老保险制度，并且借贷约束变紧，这意味着此时家庭 i 本应该在第一期通过借贷增加当期消费，以提升终生效用水平，但是家庭受到借贷约束的限制，只能使私人储蓄下降为零。此时，互补松弛条件式 (4-7) 中第二个式子的等号严格成立，即 $S_i = 0$。所以，家庭第一期的工资收入在缴纳养老保险保费之后，全部用来消费；而家庭第二期的收入则全部来自养老金给付。即家庭两期的消费水平分别为：

$$C_i^{1''} = w_i - (\tau_1 + \tau_2)\rho_i \overline{w} \qquad (4-19)$$

$$C_i^{2''} = \tau_3 \frac{1+\rho_i}{2}\overline{w}\frac{(1+g)}{(1+r)} + \tau_2\rho_i\overline{w}\frac{(1+\eta)}{(1+r)} \qquad (4-20)$$

在什么条件下参保家庭的借贷约束会松弛呢？在什么条件下参保家庭的借贷约束会变紧呢？

参保家庭借贷约束松弛，即家庭的最优选择是使第一期储蓄 $S_i \geq 0$（$S_i = 0$ 是一种临界状态），这等价于当家庭的第一期储蓄为零时，增加 1 单位储蓄；而第一期消费减少导致的边际效用减少量小于或等于第二期消费边际效用的增加量，即：

$$\left.\frac{\partial U_i}{\partial C_i^1}\right|_{S_i=0} \leq \left.\frac{\partial U_i}{\partial C_i^2}\right|_{S_i=0}(1+r) \qquad (4-21)$$

参保家庭借贷约束变紧,意味着在不受约束的情况下,家庭本应使 $S_i < 0$,而由于受到借贷约束限制,家庭只使 $S_i = 0$;这等价于当家庭的第一期储蓄为零时,继续减少 1 单位储蓄;而第一期消费增加的边际效用增量仍然大于第二期消费边际效用的减少,即:

$$\left.\frac{\partial U_i}{\partial C_i^1}\right|_{S_i=0} > \left.\frac{\partial U_i}{\partial C_i^2}\right|_{S_i=0} (1+r) \quad (4-22)$$

因为式（4-19）和式（4-20）中的两期消费量恰好是在第一期私人储蓄为零的条件下求解出来的,所以式（4-22）即为:

$$\frac{1}{C_i^{1''}} > \beta_i \frac{1}{C_i^{2''}} (1+r) \quad (4-23)$$

对比式（4-9）和式（4-22）可以发现,借贷约束变紧使家庭决策偏离了欧拉方程,改变了家庭两期的相对消费水平。家庭两期的消费发生了扭曲,第一期的消费水平偏低,而第二期的消费水平偏高。此时,无须改变家庭终生财富,只要将第二期消费的一部分转移至第一期,就可以提升家庭的终生效用水平。

将式（4-19）和式（4-20）代入式（4-23）,可以求解出家庭第一期借贷约束变紧的条件,即:

$$h_i < h_1^* = \frac{1}{\beta_i}\left[\tau_3 \frac{1+\rho_i(1+g)}{2(1+r)^2} + \tau_2 \rho_i \frac{(1+\eta)}{(1+r)^2}\right] + (\tau_1 + \tau_2)\rho_i$$

$$(4-24)$$

式（4-24）表明,当参保家庭收入低于某个临界值时,最低缴费基数限制的存在使家庭当期缴纳的保费已经超过了家庭的最优储蓄量,实际费率负担过重,家庭在缴纳养老保险保费之后,本应当借入资金增加当期消费,却由于借贷约束的限制不得在资本市场为第一期消费融资。家庭的借贷约束变紧,第一期消费低于无借贷约束情况下的最优水平。

而当 $C_i^{1''} < C_i^{1^*}$ 时,即:

$$h_i < h_2^* = \frac{1+\beta_i}{\beta_i}(\tau_1 + \tau_2)\rho_i \quad (4-25)$$

家庭第一期的消费因为参加基本养老保险制度而降低。

进一步的，当
$$U_i\left(C_i^{1^*}, C_i^{2''} \mid \beta_i\right) < U_i\left(C_i^{1^*}, C_i^{2^*} \mid \beta_i\right) \quad (4-26)$$
时，家庭的终生效用水平因为参加基本养老保险制度而降低。

通过理论模型，我们发现基本养老保险对于家庭消费存在两个方面的影响。首先，如式（4-15）所示，参加养老保险会改变家庭的终生财富水平。养老保险对家庭终生财富水平的影响又分为两个部分：第一，养老保险与私人储蓄的收益率不同，养老保险的收益率主要基于工资增长率，而私人储蓄的收益率是资本市场的回报率；第二，养老保险制度设计中存在高缴费参保者向低缴费参保者的转移支付。

其次，如式（4-23）所示，参加养老保险可能改变家庭两期的相对消费水平。如果家庭的收入水平较低，或者在岗职工平均工资相对于个体实际工资水平过高、增长过快，家庭承受的实际缴费负担过重，借贷约束收紧，会导致家庭的两期消费发生扭曲，降低第一期的消费水平。虽然借贷约束的变紧并不意味着家庭终生效用水平会立刻受损，但是随着平均工资水平的继续提高，两期消费失衡不断加剧，参保终将引起终生效用水平的降低，导致家庭选择退保。

第三节　参数校准

基于理论分析，我们已经发现了基本养老保险对于家庭消费和终生效用的影响机制。为了更为形象地展现这一过程，本章借助数值模拟，分析基本养老保险参保对家庭（尤其是低收入家庭）当期消费和效用水平的影响，并由此推断家庭的参保缴费行为。但在数值模拟分析之前，需要对模型的外生参数进行校准。

本章建立的模型为两期的生命周期模型，设定每期为30年。

一 养老保险制度参数设定

中国城镇职工基本养老保险分为统筹账户和个人账户,大部分省份统筹账户缴费比例为20%[1],也有少部分省份高于(黑龙江、吉林、上海、江苏)或低于(广东、浙江、福建、重庆)20%[2];个人账户,缴费比例为8%[3]。因此,设定统筹账户缴费率 $\tau_1 = 20\%$,个人账户缴费率 $\tau_2 = 8\%$。

关于统筹账户养老金替代率,根据国发〔2005〕38号文件规定:"退休时的基础养老金月标准以当地上年度在岗职工月平均工资和本人指数化月平均缴费工资的平均值为基数,缴费每满1年发给1%",设定统筹账户替代率 τ_3 等于缴费年限乘以1%,即 $\tau_3 = 30\%$。

关于缴费基数上下限的规定,源自国发〔1995〕6号文件。该文件给出了两种基本养老保险实施办法,供各省(市、区)选择。其中,办法一规定:"月平均工资超过当地职工平均工资200%或300%以上的部分,不计入个人缴费工资基数;低于当地职工平均工资60%的,按60%计入";办法二规定:"职工月平均工资低于当地职工平均工资60%的,按60%计算缴费工资基数;超过当地职工平均工资300%的部分不计缴费工资基数"。目前,各地一般以上年度在岗职工平均工资的60%和300%,作为基本养老保险缴费基数上下限。因此,设定家庭的缴费基数与在岗职工平均工资之比 ρ_i,存在3倍和0.6倍的上下限,即 $0.6 \leq \rho_i \leq 3$。

二 利率与工资增长率设定

关于利率与工资增长率,参考张迎斌等(2013)、汪丽萍(2015)

---

[1] 国发〔1997〕26号文件规定:"企业缴纳基本养老保险费的比例,一般不得超过企业工资总额的20%,具体比例由省、自治区、直辖市人民政府确定。"

[2] 资料来源:《中国养老金发展报告2012》。

[3] 国发〔2005〕38号文件规定:"个人账户的规模统一由本人缴费工资的11%调整为8%,全部由个人缴费形成"。

和廖朴（2016）的研究成果，将在岗职工平均工资年增长率设定为6%；设定资本市场的年回报率为5%。

资本市场年回报率的设定，考虑到养老保险基金投资一部分用于购买国债，一部分委托全国社保基金理事会投资，2008—2017年十年期国债年收益率平均值约为3.6%[①]，自成立至2016年年底，全国社保基金年均投资收益率为8.37%[②]，综合考虑设定资本市场年回报率为5%。另外，2014年10月1日至2015年12月31日职工基本养老保险个人账户记账利率为5%[③]。综合考虑个人账户托管资金较少等因素，设定社会平均工资增长率高于资本市场回报率，这是因为中国经济长期处于动态无效率状态（史永东、齐鹰飞，2002；项本武，2008；石奇、孔群喜，2012），工资增长率一直高于市场利率。理论模型数值模拟的基本结论依赖于经济处于动态无效率状态，受利率和工资增长率两者具体数值设定的影响不大。

三 基于行为经济学理论的时间偏好参数设定

经典经济学的理论模型，一般假设时间偏好是具有一致性的，即同一个体在不同时间跨度以及不同个体上的时间偏好都是一致的。这种建模方法源自 Samuelson（1937）提出的贴现效用模型（Discounted Utility Model），该模型即假设时间贴现因子是一个不变的常数。

然而，一致性的时间偏好假设受到了行为经济学家的挑战。行为经济学家发现，个体的时间偏好存在动态不一致，即相同个体对于不同时间点、不同时间跨度的时间偏好是存在差异的。例如，个体的跨期贴现率可能随着时间的推延而递减（Thaler，1981），甚至

[①] 资料来源：Wind资讯数据库。
[②] 资料来源：《2016年全国社会保障基金理事会社保基金年度报告》。
[③] 资料来源：人社厅发〔2017〕71号文件《人力资源社会保障部办公厅关于公布2016年职工基本养老保险个人账户记账利率等参数的通知》。

可能出现时间偏好反转（Kirby 和 Herrnstein，1995）。将时间偏好的动态不一致纳入经济模型，Uzawa（1968）提出了内生贴现因子模型，Laibson（1994、1997、2001）等提出了双曲线贴现函数模型，以刻画不同时间点和不同时间跨度上的时间偏好差异。

除了时间偏好的动态不一致，行为经济学家还发现时间偏好存在个体不一致。现有研究发现不同家庭的时间偏好存在差异，收入水平（Lawrance，1991）、财富水平（Becker 和 Mulligan，1997）等会影响个人或家庭的时间偏好，一般来说，低收入家庭的时间贴现因子更小。

Lawrance（1991）估计贫困家庭的贴现因子为 0.95—0.98，肖卫国等（2012）将耐心与不耐心家庭贴现因子分别设定为 0.99 与 0.95。综合现有文献研究成果[1]及模型结果与现实的吻合度，将高收入家庭的一年贴现因子设定为 0.99，将低收入家庭的一年贴现因子设定为 0.97。

综上所述，各参数校准结果如表 4-1 所示。

表 4-1　　　　　　　　　模型参数校准结果

参数	值
统筹账户缴费率 τ_1	20.00%
个人账户缴费率 τ_2	8.00%
统筹账户替代率 τ_3	30.00%
缴费基数 ρ_i 上限	3.00
缴费基数 ρ_i 下限	0.60
一年期利率 r	5.00%
一年期工资增长率 g	6.00%
一年期高收入家庭时间偏好 β_i	0.99
一年期低收入家庭时间偏好 β_i	0.97

---

[1] 国内其他直接测定居民时间偏好的文献有：张颖等（2008）根据调查数据测算出中国的 1 年期主观贴现率为 1.50%—150%；焦鹏（2008）利用宏观数据测算出 2000—2006 年中国居民 1 年期主观贴现率为 4%—6%。

第四节 数值模拟分析

在模型参数校准的基础上,本章进行了数值模拟分析。本章首先展示了存在缴费基数上下限的情况下,不同收入参保家庭的法定实际缴费率;其次,分别计算了养老保险参保对低收入和高收入家庭①消费路径与终生福利的影响,为分析缴费制度对不同家庭参保缴费行为的影响提供理论基础。

从图4-1中可以看出,对于收入水平处于缴费基数上下限之间的家庭,法定缴费基数就是家庭的实际收入,因而实际缴费率就等于名义缴费率;而收入水平低于缴费基数下限的家庭,只能按照最低缴费基数进行缴费,实际缴费率随着家庭收入的降低而快速提高;收入水平高于缴费基数下限的家庭,实际缴费率是低于名义缴费率的。基本养老保险缴费基数下限的存在,大大加重了低收入参保家庭的实际缴费负担。

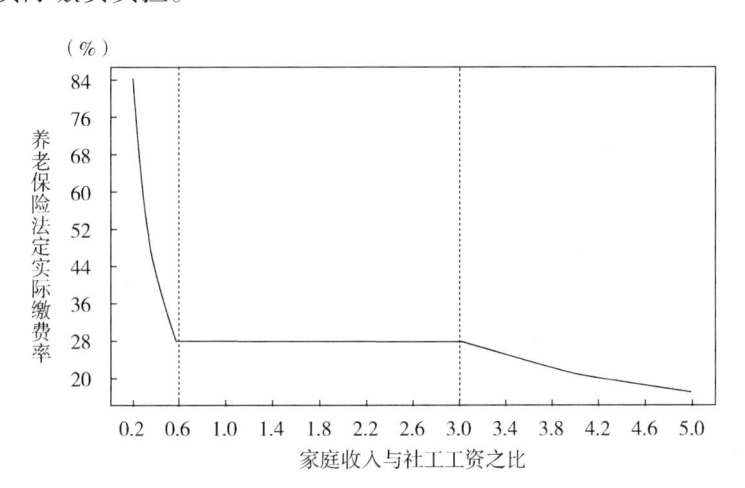

图4-1 不同收入水平参保家庭的法定实际缴费率

---

① 低收入家庭是收入低于在岗职工平均工资的家庭,高收入家庭是收入高于在岗职工平均工资的家庭。

一 低收入家庭的终生消费路径和效用水平：当前制度

对于低收入家庭，本章分别考察以法定缴费基数缴费和以最低缴费基数缴费两种情况下，参保对低收入家庭终生消费路径和效用水平的影响。

除了按照法定缴费基数缴费的情况之外，本章特别考察了以最低缴费基数缴费对低收入家庭的影响，这是因为：第一，中国基本养老保险缴费基数基本实行自由申报的制度，对于低收入家庭来说，如果较高的缴费基数带来了过重的缴费负担，首先的选择应该是降低缴费基数以减少缴费，如果以最低缴费基数缴费的实际费率负担仍然较重，家庭则只好"断保"或"退保"，即以最低缴费基数缴费，这在一定程度上意味着参保或退保的临界状态；第二，现实中大量参保家庭确实都是以最低缴费基数参保缴费的，例如，2016年《中国企业社保白皮书》公布的数据显示，有36.06%的企业统一按照最低基数进行缴费。所以，研究以最低缴费基数缴费对低收入家庭的影响，一方面，可以直接考察低收入家庭的参保与"断保"激励；另一方面，也符合现实中大部分低收入参保家庭的实际缴费状况。

图4-2左侧描述的是在个人账户空账运行状态下，低收入家庭第一期（工作时期）消费的变化情况；右侧描述的是做实个人账户的情况。可以看出，无论是按照法定缴费基数缴费，还是按照最低缴费基数缴费，无论是在个人账户空账运行，还是做实个人账户的情况下，当家庭收入低于缴费基数下限时，随着参保者实际收入的相对下降，参保者的实际费率负担不断增加，消费水平快速下降。特别地，当家庭收入低于0.59倍在岗职工平均工资时，参保导致家庭第一期消费低于不参保时的水平。虽然对于低收入家庭来说，参保可以带来终生财富的显著增长，但是最低缴费基数的限制会导致家庭承受过重的缴费负担，在借贷约束的作用下，限制家庭的第一期消费，进而扭曲家庭两期消费的相对水平。

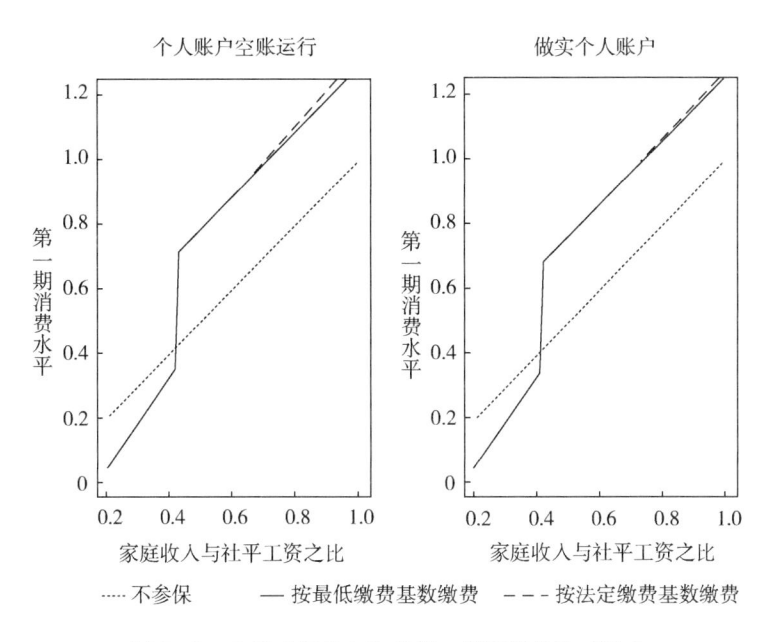

图 4-2 参保对低收入家庭第一期消费的绝对影响

在消费变化绝对值的基础上，本章继续考察了基本养老保险参保引起的低收入家庭第一期消费的相对变化情况，如图 4-3 所示。随着家庭收入水平的相对降低，在最低缴费基数门槛的作用下，家庭的实际缴费负担不断加重，第一期消费的相对水平加速下降，对于极低收入水平家庭（收入约为 0.2 倍平均工资），第一期消费水平降低超过 60%。这是因为，如果不存在最低缴费基数的限制，随着家庭实际收入水平的降低，家庭的缴费额应当等比例下降，以维持实际费率负担和相对消费水平不变；而由于最低缴费基数的存在，当家庭收入水平低于缴费基数下限时，随着家庭收入水平的继续下降，家庭的缴费额并不发生变化，导致家庭的实际费率不断加重，家庭当期收入中越来越大的比例被用于养老保险缴费，在借贷约束的限制下，家庭又不能以未来养老金给付为抵押进行借贷以增加第一期消费，家庭的第一期消费水平便出现了大幅度的相对下降。

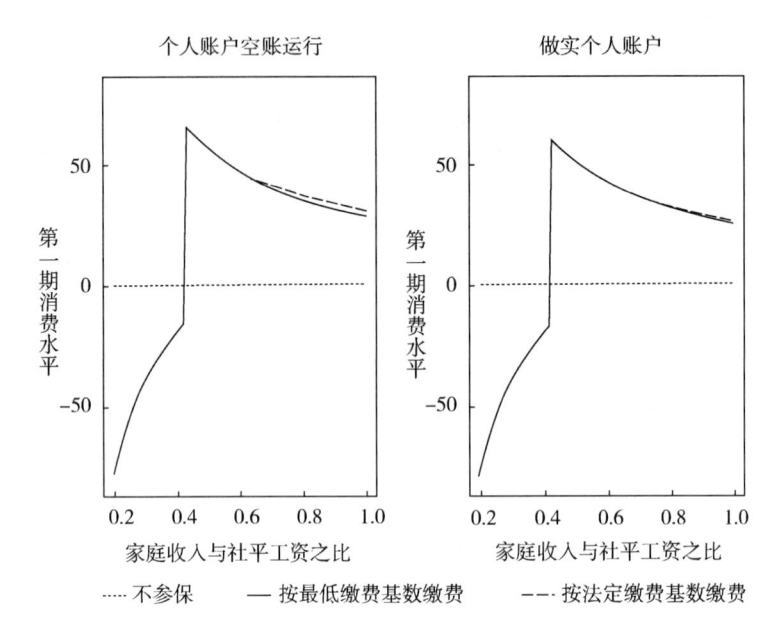

图 4-3 参保对低收入家庭第一期消费的相对影响

在养老保险参保对低收入家庭第一期消费影响的基础上，本章继续考察了参保对低收入家庭第二期（退休后）消费的影响。图 4-4 左侧报告了在个人账户空账运行的状态下，参保对低收入家庭第二期消费的影响；右侧报告了做实个人账户的情况。可以看出，无论是个人账户空账运行，还是做实个人账户的情况下，随着家庭实际收入与平均工资之比的下降，家庭在参保后的第二期消费逐渐超过了不参保情况。另外家庭收入相对于平均工资越低，参保后第二期消费相对于不参保情况的增加幅度越大。这是因为随着家庭收入的下降，缴费基数下限制度的存在使第一期家庭的实际缴费负担不断提高，家庭将第一期收入中越来越高的比重通过公共养老保险体系储蓄起来，转移到第二期进行消费。

结合图 4-2 和图 4-4，本章发现缴费基数下限制度的存在，会加重低收入家庭第一期的实际缴费负担，降低家庭第一期的消费，提升家庭第二期的消费。进一步地，当前的养老保险缴费制度就很

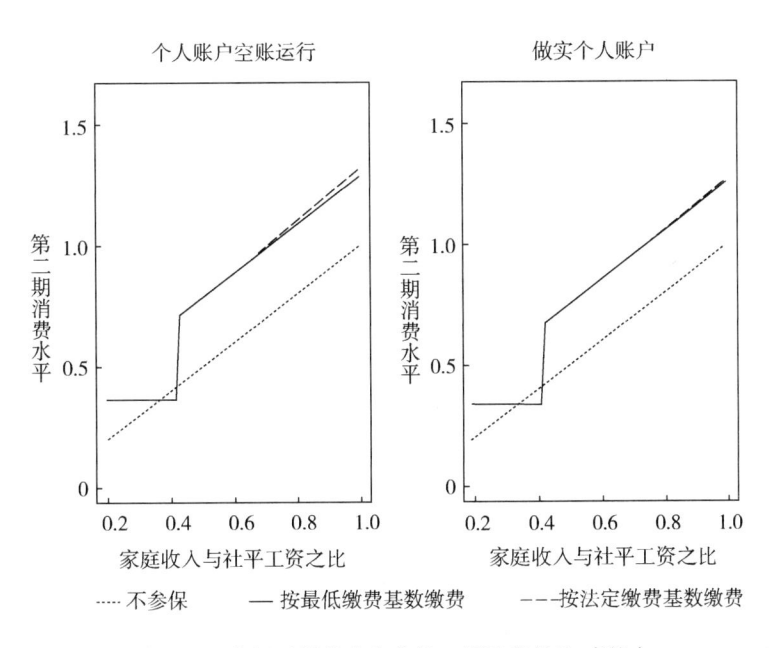

第四章 基本养老保险对家庭消费影响的理论分析 83

图4-4 参保对低收入家庭第二期消费的绝对影响

可能会引起低收入家庭两期消费的失衡,扭曲家庭的终生消费路径。本章继续考察了参保对低收入家庭两期消费之比的影响,结果报告在图4-5中。图4-5左侧报告了个人账户空账运行的情况。其中,家庭两期消费符合欧拉方程的均衡状态时,两期消费之比被标准化为1。在家庭不参保状态下,两期消费之比恰好为1;而在参保后,随着家庭实际收入低于最低缴费基数,家庭两期消费之比随着借贷约束的不断变紧而快速攀升。这意味着家庭的两期消费由于养老保险参保和借贷约束的限制而迅速失衡。在家庭消费需求旺盛的青年工作时期,家庭收入的很大比例都被储蓄起来,消费被大幅压缩;而到了消费需求萎缩的老年退休时期,家庭又拥有大量可支配收入,消费激增。高缴费基数下限制度下,养老保险参保导致了家庭终生消费路径的失衡。图4-5右侧报告了做实个人账户时的情况,与左侧的模式几乎相同。

家庭终生消费扭曲以及偏离最优消费路径,会使家庭的福利受损,因此本章进一步研究了参保对低收入家庭终生效用水平的影响。

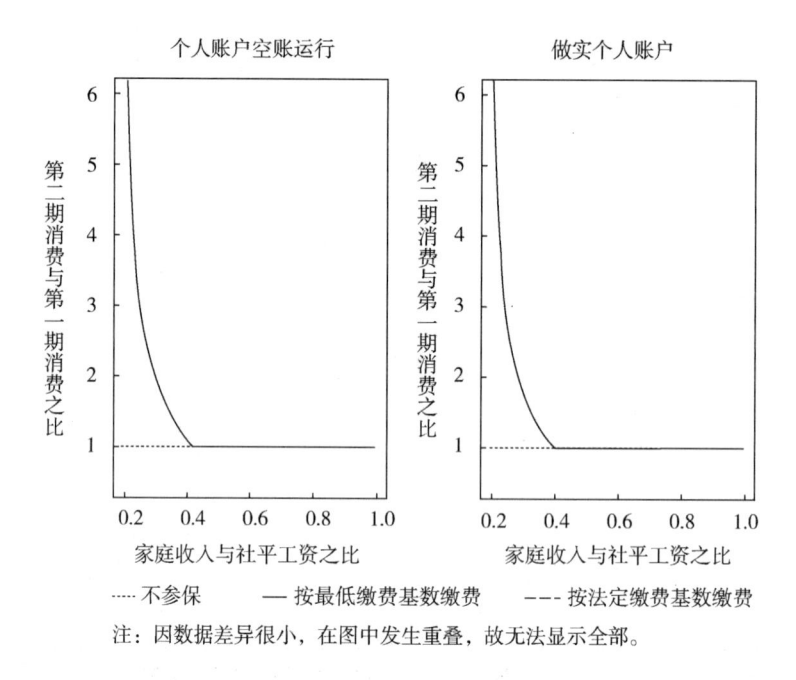

84　职工基本养老保险缴费制度及其影响研究

····· 不参保　　── 按最低缴费基数缴费　　--- 按法定缴费基数缴费

注：因数据差异很小，在图中发生重叠，故无法显示全部。

图 4-5　参保对低收入家庭两期消费之比的影响

图 4-6 展示了空账运行和做实个人账户两种情况下，参保导致家庭终生效用水平的变化，其中家庭不参保时效用水平被标准化为 1 单位。前文的理论分析已经指出，基本养老保险对参保家庭终生效用存在两方面的影响。其一，参保会改变家庭的终生财富水平，包括收益率效应（养老保险收益率高于私人储蓄收益率）和再分配效应（低缴费家庭的替代率高于高缴费家庭），如果养老保险提高家庭终生财富水平，则参保倾向于提升终生效用水平；其二，参保可能改变两期消费的相对水平，当参保家庭实际费率负担过重，家庭借贷约束变紧时，家庭的消费水平会受到扭曲，两期消费偏离最优的相对水平。两期消费水平失衡的情况越严重，家庭终生效用水平越低。

从图 4-6 可以看出，对于实际收入低于 1 倍平均工资的低收入家庭来说，参保均会降低家庭终生效用水平，这主要是低收入家庭两期消费严重失衡引起的。一方面，由于养老保险的收益率高于私人储蓄；另一方面，以最低基数缴费意味着家庭可以获得大量的转移支付，所以参保可以带来低收入参保家庭终生财富的显著增长。但是，家庭第一期缴费负担过重，在借贷约束的限制下，家庭又不能以未来养老金给付为抵押进行借贷以增加第一期消费，所以这种终生财富水平的增长并不会等比例地增加两期的家庭消费，而是大量地增加第二期消费，少量地增加（甚至减少）第一期消费，导致家庭两期消费的严重失衡。终生财富水平增长幅度越大的家庭（极低收入家庭），第二期消费增长越显著，两期消费失衡也越严重，终生效用水平反而越低。

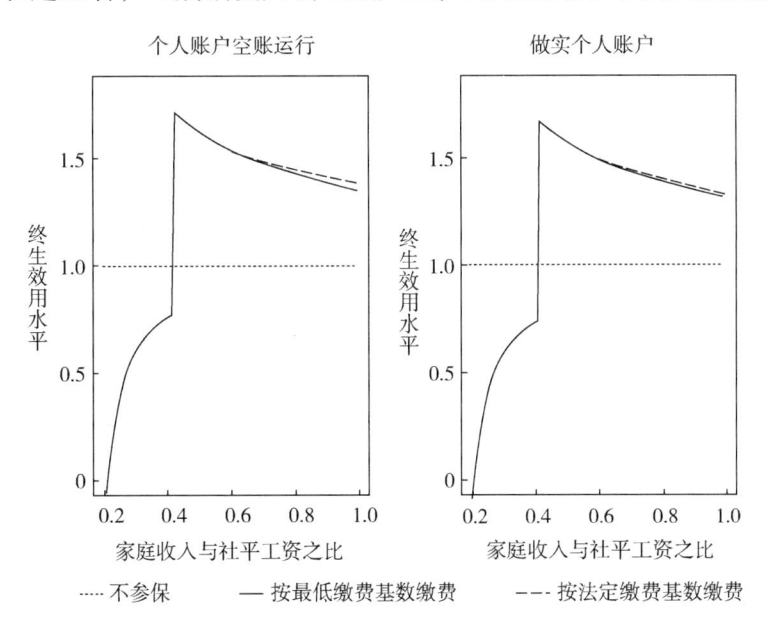

图 4-6　参保对低收入家庭终生效用水平的影响

综合图 4-2 至图 4-6 可以发现，基于平均工资的缴费基数下限，低收入参保家庭实际费率负担过重，当期收入中过多的部分被用来缴纳养老保险保费。虽然养老保险的高收益率能够提升家庭终生财富水平，但是在借贷约束的限制下，参保会扭曲家庭的两期消费，抑制第一期消费水平，使家庭福利受损。特别地，平均工资的计算仅将城镇非私营单位在岗职工纳入统计口径中，而将私营单位职工、个体工商户和灵活就业人员等排除在统计口径之外，这必然导致社会平均工资远高于整体城镇就业人员的实际工资。高平均工资带来的高缴费基数下限将扭曲大量低收入家庭的第一期消费，对低收入家庭形成较强的参保缴费挤出效应。

二 低收入家庭的终生消费路径和效用水平：降低缴费基数下限

图4-2至图4-6显示，在当前的基本养老保险缴费制度下，由于较高缴费基数下限的存在，低收入参保家庭当期的实际缴费负担过重，挤压了家庭的当期可支配收入，扭曲了家庭的跨期资源配置，导致低收入参保家庭的第一期消费降低、第二期消费提高，偏离最优消费路径，进而使家庭终生效用水平远远低于不参保的状态。因此，本章接下来模拟了降低缴费基数下限的制度改革对于低收入参保家庭的影响。具体来说，本章假设了两种情形，即分别将养老保险缴费基数下限从0.6倍平均工资调整为0.4倍和0.2倍平均工资，进而比较在不同缴费基数下限设定下，低收入参保家庭第一期消费和终生效用水平的变化情况。

图4-7展示了在不同的缴费基数下限设置下，按法定缴费基数参保缴费，导致的低收入家庭第一期消费的绝对变化。相比于目前的缴费下限（0.6倍平均工资），最低缴费基数下调为0.4倍或0.2倍平均工资后，低收入家庭的第一期消费得到了明显的改善。而且，缴费基数下限越低，低收入参保家庭的第一期消费水平相对越高。这是因为缴费基数下限越低，越多低收入家庭的收入水平将不再低于缴费基数下限，因此实际缴费率将不再高于名义缴费率，实际缴费率的下降使参保家庭的第一期消费有所提高。也就是说，缴费基数下限越低，基本养老保险对低收入参保家庭第一期消费的挤压程度越低。

在考察家庭第一期消费绝对变化的基础上，本章继续考察了在不同缴费下限设定下，低收入参保家庭第一期消费的相对变化情况，如图4-8所示。与消费的绝对变化反映出的情况一致，相比于0.6倍平均工资的高缴费基数下限，缴费基数下限降低至0.4倍和0.2倍平均工资之后，低收入参保家庭第一期消费受抑制的情况明显改善。

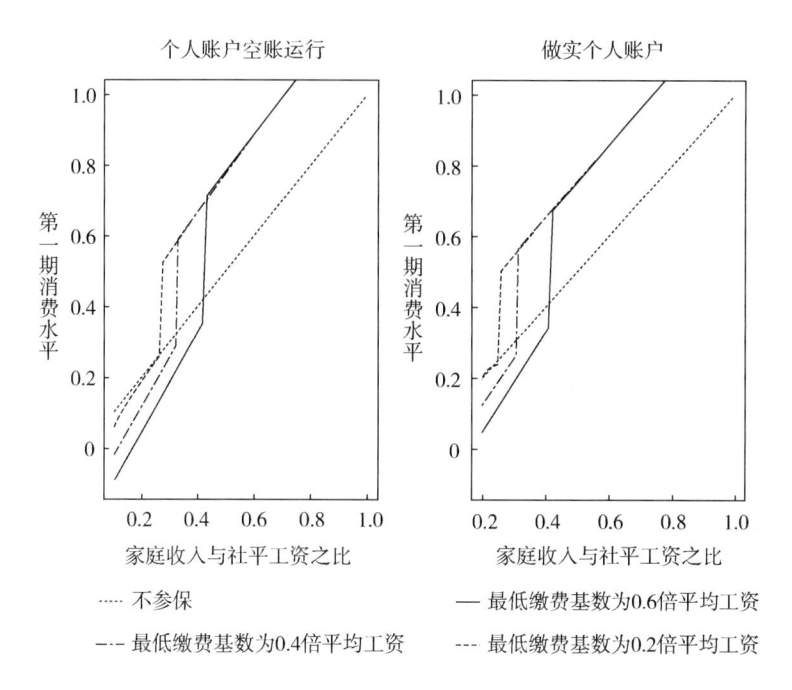

图4-7 参保对低收入参保家庭第一期消费的绝对影响：不同缴费下限

图4-9报告了降低缴费基数下限后，低收入参保家庭第二期消费的变化情况。结果表明，降低缴费基数下限后，低收入参保家庭第二期消费的提升幅度也有所下降。缴费基数下限越低，家庭第二期消费的提升幅度越小。这是因为缴费基数越低，低收入家庭第一期的实际缴费负担越轻，家庭终生财富被配置在第二期的比重也就越小，因此第二期消费的提升幅度就越小。

结合图4-7和图4-9可以发现，降低缴费基数下限后，参保家庭第一期消费的降低幅度和第二期消费的提升幅度都有所减小。因此，预测下调缴费基数下限，可以缓解家庭两期消费的失衡情况。图4-10报告了不同缴费基数下限设定下，参保家庭第二期消费与第一期消费之比的变化情况。可以看出，当缴费基数下限调整为0.2倍或0.4倍平均工资后，低收入家庭两期消费之比大幅度下降，消费扭曲的情况得到缓解。随着缴费基数下限的不断降低，家庭终生消费路径不断向最优路径收敛。

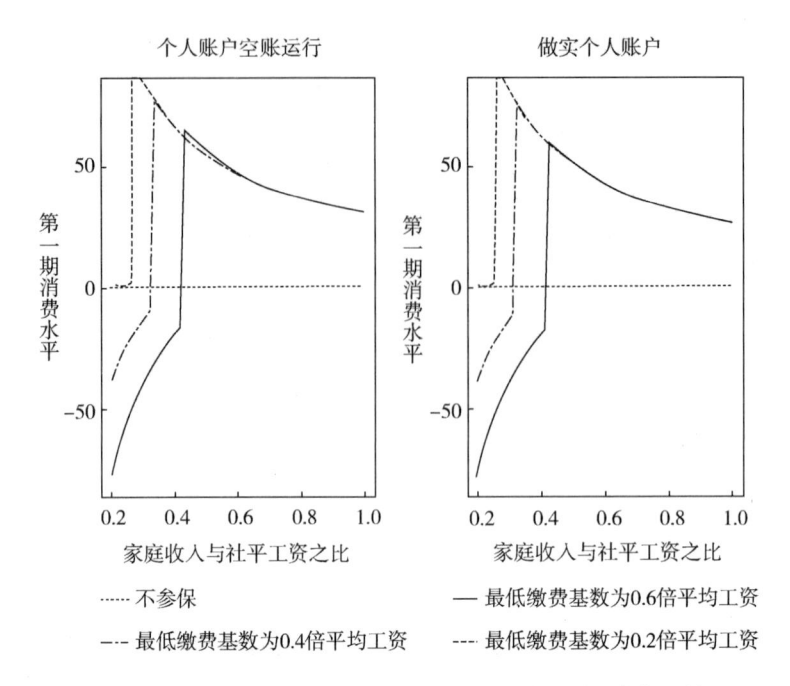

图4-8 参保对低收入家庭第一消费的相对影响：不同缴费基数下限

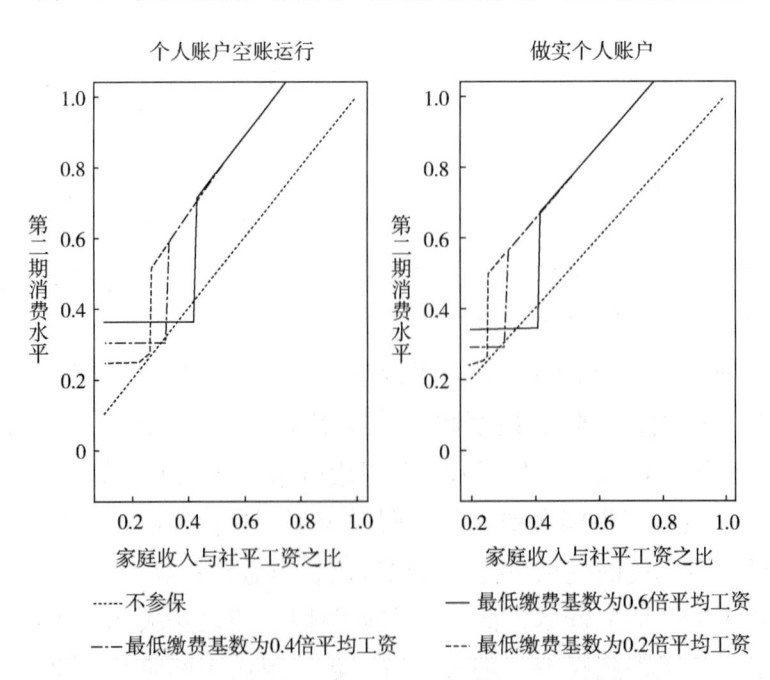

图4-9 参保对低收入家庭第二期消费的影响：不同缴费基数下限

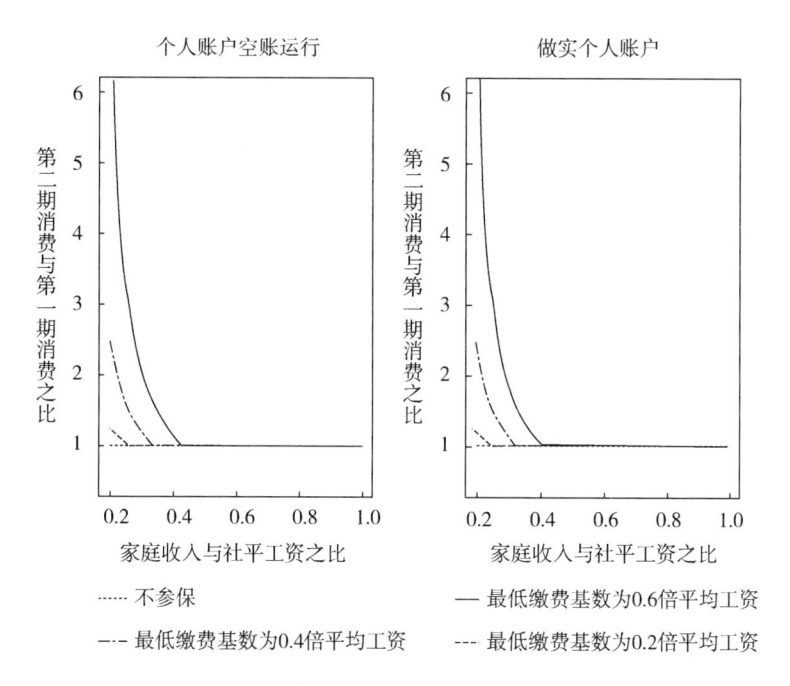

第四章 基本养老保险对家庭消费影响的理论分析 89

图4-10 参保对低收入家庭两期消费之比的影响：不同缴费基数下限

家庭消费扭曲的缓解，必然带来终生福利水平的改进。图4-11展示了在不同缴费下限设置下，参保对低收入家庭终生效用水平的影响情况。可以看出，当缴费基数下限降低后，参保导致低收入家庭终生效用大幅度受损的情况明显改善。甚至在部分情况下，低收入参保家庭的终生效用水平因参保而有所提高，这是因为较低的缴费基数下限减轻了低收入家庭的实际费率负担，显著缓解了低收入家庭的跨期消费失衡情况，这时养老保险高投资回报率带来的终生财富水平增长，在家庭效用水平的变化中起到了主导作用，带来了家庭终生效用水平的增长。

综合图4-7至图4-11可以发现，降低养老保险缴费基数下限可以显著降低低收入参保家庭的实际费率负担，改善家庭的第一期消费水平，缓解家庭跨期消费失衡状况，提升家庭的终生效用水平，从而可以提高低收入家庭的参保缴费激励。

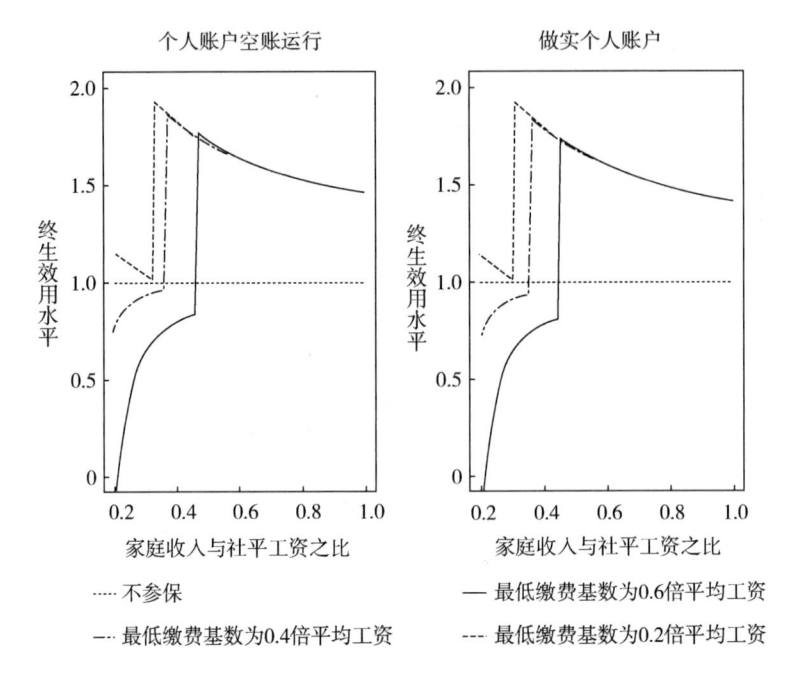

图 4-11 参保对低收入家庭终生效用水平的影响：不同缴费基数下限

三 高收入家庭的终生消费路径

图 4-12 刻画了个人账户在空账运行、做实个人账户两种情况下，养老保险参保对高收入家庭第一期消费的绝对影响。可以看出，对于高收入家庭来说，无论是按照 1 倍平均工资缴费，还是按照法定缴费基数缴费，参保均会提高家庭的第一期消费水平。这是因为公共养老保险提供了比资本市场更高的收益率，显著提高了家庭的终生财富水平。

特别地，当家庭收入水平较高时（个人账户空账情况下高于 2.4 倍平均工资，做实个人账户情况下高于 1.98 倍平均工资），家庭按照法定缴费基数缴费时的第一期消费高于按 1 倍缴费基数缴费时的情况。虽然高缴费基数带来了转移支付净损失，但是公共养老保险的高投资回报率，大幅度提高了高收入家庭的终生财富水平，从而提升了家庭的第一期消费。

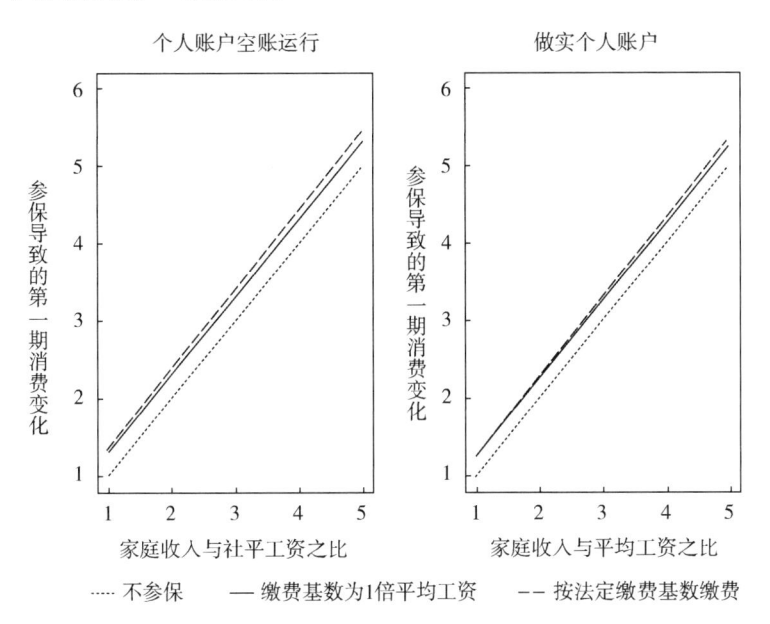

图 4-12 参保对高收入家庭第一期消费的绝对影响

在考察参保对高收入家庭第一期消费的绝对影响的基础上，图 4-13 进一步刻画了基本养老保险参保对高收入家庭第一期消费相对变化的影响。从图 4-12 可以看出，当家庭收入水平超过缴费基数上限之后，家庭在第一期的缴费不再发生变化，家庭终生财富水平的提升便成了一个固定值。随着家庭借贷约束变松弛，家庭第一期消费的增加量也成为常数。这意味着，随着家庭收入水平继续提高，高收入家庭第一期消费的相对变化率逐渐下降。养老保险参保对高收入家庭第一期消费的提升作用，随着家庭收入的提高，是不断减弱的，如图 4-13 所示。

图 4-14 报告了参保对高收入家庭两期消费之比的影响情况。因为高收入家庭养老保险实际缴费负担较轻，借贷约束始终处于松弛状态，所以家庭消费始终处于最优消费路径上。此外，高收入家庭两期消费之比，始终等于最优消费路径时的比值。

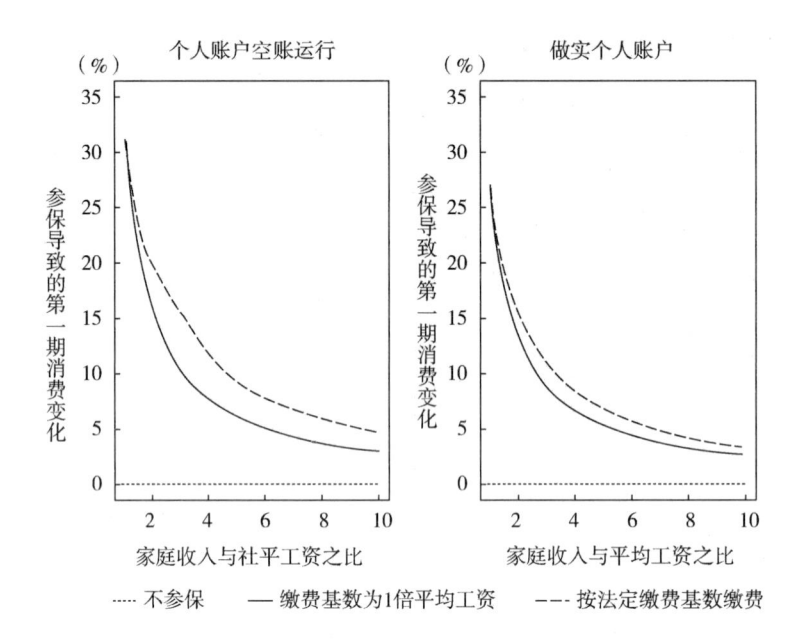

图 4-13 参保对高收入家庭第一期消费的相对影响

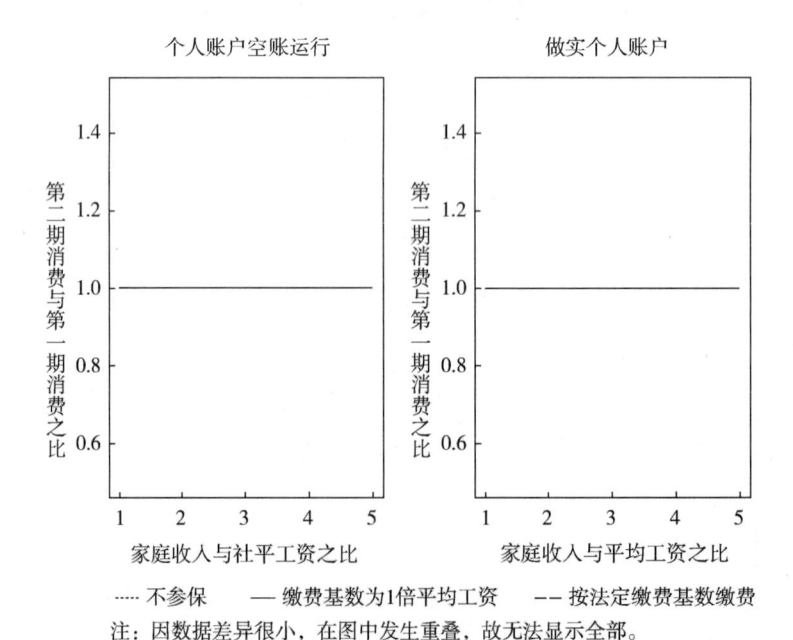

图 4-14 参保对高收入家庭两期消费之比的影响

注：因数据差异很小，在图中发生重叠，故无法显示全部。

第五节　小结

本章建立参保者行为的两期生命周期模型,并基于行为经济学时间偏好不一致理论的模型参数设定,通过数值模拟分析结果表明:

(1) 较高缴费基数下限的存在,抬高了低收入家庭的实际费率负担,虽然参保可以显著提升家庭的终生财富水平,但是在借贷约束的作用下,参保会扭曲家庭的跨期消费决策,抑制家庭在工作时期的消费水平。

(2) 较高的缴费基数下限和借贷约束限制,将低收入家庭终生财富中较大部分都转移到退休后进行消费,再加上参保可以提高家庭终生财富水平,参保最终会提高家庭退休后的消费水平。

(3) 参保降低了低收入家庭在工作时期的消费,同时提高了家庭在退休后的消费,整体上导致低收入家庭两期消费失衡,偏离了终生最优消费路径,进而使家庭福利受损,对低收入家庭参保缴费形成强烈的挤出效应。

(4) 降低缴费基数下限,可以降低低收入参保家庭的实际费率负担,改善家庭工作时期的消费水平,使家庭终生消费路径向最优消费路径收敛,进而可以提升家庭的终生效用水平,提高低收入家庭的参保缴费激励。

(5) 高收入家庭受益于养老保险的投资回报率高,参保可以带来终生财富水平的显著增长,进而提升家庭的第一期消费,并且消费的提升作用随着家庭收入的不断提高而减弱。

当然,本章的理论模型仍然存在一定的局限之处。在现实中,家庭在中青年时期存在一系列的刚性支出需求,例如购房、婚育、教育支出等,消费支出在生命周期中占有很大的比重;而家庭在老年时期的消费需求则小得多,主要是医疗保健支出。如果家庭在中青年时期的刚性支出需求受到了养老储蓄的影响,家庭一般会选择推迟养老储蓄，优先满足第一期消费需求。新古典效用函数虽然利用时间贴现因子对两期消费进行了加权处理，但是没有设置第一期的保留消费水平，不能将中青年时期的刚性支出需求纳入模型框架。因此，对于较低收入参保家庭来说，就可能出现第一期消费很低、第二期消费很高，但是终生效用水平受损并不严重的情形。即本章的理论模型仍然低估了高缴费下限对低收入参保者终生效用的扭曲程度。

第 五 章

基本养老保险对青年家庭消费的影响分析

消费是家庭福利最重要的来源，也是家庭收入状况、财富水平、储蓄行为、金融决策等综合作用的集中结果。家庭很多经济决策都会对家庭消费产生重要的影响；反过来，如何影响消费也成为家庭在进行经济决策时的重要考量。基本养老保险作为一种跨期储蓄计划，是由政府主导的体量巨大、时间跨度很长的金融工具，其必将对家庭跨期资源配置以及不同时期的家庭消费产生重要的影响。从微观层面研究基本养老保险参保是否能够促进家庭消费，一方面可以检验基本养老保险制度对家庭效用和福利的影响；另一方面也可以推断基本养老保险制度设计对个体参保缴费的激励情况。因此，衡量基本养老保险制度对家庭消费的影响，具有重要的理论和现实意义。

从理论上考察养老保险对于消费的影响，一般在经典的生命周期理论框架下进行。生命周期理论告诉我们，个体要在生命周期收入水平的约束条件下平滑一生的消费以最大化效用水平。在确定性的情况下，个人可以通过年轻时期的私人储蓄保障老年的生活；然而长寿风险的存在，使人们被迫进行过度的预防性储蓄，从而扭曲年轻时期消费（Diamond，1977）。公共养老保险可以帮助人们分散长寿风险，降低预防性储蓄，提升终生的消费和福利。而且除长寿风险之外，公共养老保险还可以帮助人们分散长期通货膨胀风险、资本市场投资风险等诸多种类的风险。养老保险还存在解除贫困和再分配的功能（Barr 和 Diamond，2006），这应该可以进一步提高低收入阶层的消费水平。因此，设计良好的养老金制度应该可以显著促进居民消费，尤其是提高低收入家庭的消费水平。

与此同时，养老保险系统影响消费的途径，不仅有风险分担机制，还有借贷约束机制。工作时期缴纳的养老保险保费（或称社会保障税）压缩了当期的收入，而个体不能以养老金财富为抵押进行借贷以增加年轻时期消费，这就形成了借贷约束。Hubbard（1985）以及 Hubbard 和 Judd（1987）研究指出，当存在借贷约束时，社保税的存在提高了消费受借贷约束抑制的可能，尤其是对于那些正处在一生中收入水平较低时期的青年人。综合来看，考虑到借贷约束的影响，引入社会保障系统带来的消费提升可能会被削弱，甚至被抵消。

综合现有理论分析成果可以看出，养老保险参保可能通过风险分担、再分配等机制提升参保家庭年轻时期消费，也可能通过借贷约束机制抑制参保家庭当期消费，因此养老保险参保对家庭消费影响的净效应，是养老保险制度调节家庭跨期资源配置效率的综合体现，成为中青年家庭进行参保缴费决策时的重要参考指标。

另外，家庭在中青年时期存在一系列的刚性支出需求，例如购房、结婚、生育、教育支出等，消费支出在生命周期中占有很大的比重；而家庭在老年时期的消费需求则小得多，主要是医疗保健支出。如果家庭在中青年时期的刚性支出需求受到了养老储蓄（养老保险缴费）的影响，家庭一般会选择推迟养老储蓄，以优先满足当期消费需求。

总而言之，如果养老保险参保能够提升参保家庭当期消费，意味着养老保险制度降低了家庭预防性储蓄，优化了家庭生命周期的资源配置，可能促进家庭的参保缴费激励；反过来，如果养老保险不能提升参保家庭当期消费，意味着养老保险制度可能对参保家庭施加了较重的借贷约束，扭曲了家庭的跨期资源配置，从而对家庭参保缴费形成挤出效应。

第三章的典型事实分析和第四章的理论模型分析已经发现：基本养老保险存在较高的缴费基数下限，迫使低收入家庭承担比名义费率更高的实际缴费负担，大幅降低了家庭的可支配收入，因为低收入家庭无法以养老金财富为抵押进行借贷。借贷约束的收紧或将抑制家庭的消费水平，对家庭参保缴费形成逆向激励。而高收入家庭借贷约束松弛，参保没有扭曲跨期消费的相对水平，反而可以受益于基本养老保险高回报率带来的终生财富水平提升，这说明参保可能会提升高收入家庭的消费水平。

综上所述可以发现，参保家庭实际缴费负担差异以及由此带来的家庭借贷约束属性的差异，可能导致养老保险参保对家庭消费产生不同的影响。因此，有必要对家庭按照借贷约束属性进行分组，考察基本养老保险参保对不同家庭，特别是对借贷约束较紧家庭消费的影响，以揭示基本养老保险缴费制度挤出效应的微观机制。

进一步地，基于在岗职工平均工资的基本养老保险缴费基数设计会导致不同参保家庭费率负担不同，造成保障水平的差异，保障水平过高和不足都会扭曲家庭的消费。因此，有必要进一步把研究对象限制在参保家庭，考察家庭费率负担和人均消费之间的关系，并以此衡量基本养老保险制度对不同费率负担家庭消费的扭曲。

借助本章的研究，一方面，可以考察基本养老保险制度对参保家庭消费的影响；另一方面，可以探究基本养老保险缴费制度设计对城镇家庭形成的参保缴费挤出效应，为养老保险制度改革提供理论和实证依据，以理顺基本养老保险制度和家庭缴费之间的激励关系，切实发挥基本养老保险的保障功能，维持现收现付制养老保险体系的可持续健康发展。

第一节　模型设计

本章将使用微观家庭调查数据，实证检验基本养老保险参保对于家庭消费的影响。具体而言，本章设计了总体模型、分组模型和缴费率模型，并且使用倾向值匹配方法矫正养老保险参保的自选择偏误。总体模型考察养老保险参保对所有家庭消费的平均处理效应；分组模型考察参保对于不同借贷约束属性家庭处理效应的异质性；缴费率模型考察对于参保家庭而言，实际缴费率的变化对家庭消费的影响。

一　总体模型

总体模型的基本设定如下：

$$\ln(C_{pit}) = \alpha + \tau Pension_{pit} + \beta_1 \ln(Income_{pit}) + \beta_2 \ln(Asset_{pit}) + X_{pit}\gamma + \lambda_p + \delta_t + \varepsilon_{pit} \quad (5-1)$$

其中，C_{pit} 是省份 p 的家庭 i 在 t 年的家庭人均非耐用品消费支出；$Pension_{pit}$ 是一个虚拟变量，代表家庭的参保状态。由于中国家庭追踪调查（CFPS）在问卷设计中并没有明确定义家庭中的"户主"，因此本章设定如果"家庭中有至少一位工作成员参与城镇职工基本养老保险"，则该家庭属于参保家庭（$Pension_{pit}=1$），否则 $Pension_{pit}=0$。$\ln(Income_{pit})$ 是家庭人均收入的对数，$\ln(Asset_{pit})$ 是家庭净财产的对数，用以控制家庭收入和家庭财产对非耐用品消费的影响。λ_p 代表省份固定效应，δ_t 代表年份固定效应，ε_{pit} 是省份、家庭和年份维度上的误差项。

本章在模型中加入省份固定效应，是考虑到中国城镇基本养老保险制度目前大体上处于省级统筹状态，不同省份的制度参数（尤其是平均工资等隐性制度参数）存在一定的差异，因而养老保险参保对家庭消费的影响，可能在省份层面上存在差异。

关于个体固定效应和时间固定效应的选择，刘学良、陈琳（2011）研究指出：截面固定效应实际上是有线性约束的时间序列回归，其回归系数体现了样本在时序维度的相关关系；时间固定效应实际是有线性约束的横截面回归，其回归系数体现了样本在横截面维度的相关关系；双向固定效应估计量则是混合效应、截面固定效应和时间固定效应估计量的加权平均。由于家庭在两年之间的养老保险参保状况几乎不会发生变化，因此本章在模型中没有加入家庭固定效应，而仅加入时间固定效应模型，以考察在截面维度上养老保险参保对家庭消费的影响。

X_{pit}是一系列的控制变量，主要包括三类变量：家庭的经济状况变量、家庭的身份特征变量以及家庭的人口特征变量。

家庭的经济状况变量包括家庭是否有财产性收入、家庭是否有负债。家庭的收入水平、财产水平和负债水平必然会对家庭消费产生重要影响，同时也会影响家庭承受的实际缴费负担。

家庭的身份特征变量包括家庭的户口状况、家庭中是否有成员受过高等教育。中国城镇职工基本养老保险统筹层次较低，参保个体跨省流动时统筹账户不可携带转移，因此对在城镇工作生活却没有城镇户口的流动性人口形成了巨大的参保负向激励；受过高等教育的成员更可能在正规部门就业，从而有更高的概率加入基本养老保险制度。

家庭的人口特征变量包括家庭负担系数、家庭人数、家中年长者的年龄以及年龄的平方。家庭的负担系数是指家庭所有人口数与工作人口数之比，负担系数高的家庭对于高缴费率的承受能力相对更弱。家庭人数是形成家庭日常开支的人口数。家庭负担系数和家庭人数分别从相对量和绝对量的角度，控制了影响家庭消费支出的人口结构。

将年龄纳入控制变量中，一方面是根据消费的生命周期理论，不同年龄阶段的家庭消费模式存在差异；另一方面是中国养老保险制度设计导致年龄可能同时影响参保决策。中国基本养老保险制度规定缴费年限累计满 15 年的人员退休后才可领取基本养老金，对于大量的非正规就业群体，年轻个体距离退休年龄较远，其收入水平暂时处于一生中较低的状态，同时又面临着较大的支出压力，可能会选择推迟养老保险的参与和缴纳。而个体到了四十岁左右时由于面临最低缴费年限的门槛要求，可能会被迫抓紧参加养老保险以进行缴费积累。

二 分组模型

总体模型考察的是养老保险参保对于所有家庭的平均处理效应，不能反映由于实际缴费率差异和借贷约束的存在，养老保险制度对于不同借贷约束属性家庭影响的异质性。接下来，本章将家庭按借贷约束属性进行分组，引入分组模型。

为了识别不同家庭的借贷约束属性，本章遵循借贷约束的研究传统，依据家庭的金融资产净值对家庭进行分组。Hayashi（1985）研究指出，"高储蓄家庭不太可能受到借贷约束的影响"，因此，Hayashi（1985）、Zeldes（1989）、Johnson（2006）以及 Lee 和 Sawada（2007）等在研究借贷约束对家庭消费的影响时，都采取以家庭储蓄或家庭金融资产（流动资产）为依据对家庭进行分组的实证策略，认为储蓄量或金融资产水平较低的家庭相对更容易受到借贷约束的限制。

值得注意的是，在第四章的理论模型研究中，本章依据收入水平将家庭划分为高收入家庭和低收入家庭，不同收入水平的家庭借贷约束的松紧状态不同，因而家庭消费受养老保险参保的影响也不同。而本章并不是依据家庭的收入水平，而是依据家庭的金融资产水平进行分组。除了遵循 Hayashi（1985）和 Zeldes（1989）开创的研究传统，其他原因如下：（1）在理论模型中，较高收入家庭在第一期拥有更高的储蓄，较低收入家庭在第一期拥有更低的储蓄，甚至零储蓄，即家庭的储蓄水平（资产水平）与收入水平存在对应关系；（2）与理论模型的预测一致，如表 5-1 所示，在本章的样本中，更高金融资产的家庭确实拥有更高的家庭人均纯收入，家庭的收入水平与资产水平高度正相关;(3)在理论模型中,家庭借贷约束是否变紧的关键指标并不是收入水平的高低,而是第一期的储蓄是否为零,也就是说相比于收入水平,家庭的资产水平才是借贷约束属性更直接、更本质的度量。

表5-1　　　　　不同金融资产净值家庭的人均纯收入比较　　　单位:元

	2012年		2014年	
	平均值	中位数	平均值	中位数
最低25%	11245	8333	11571	7750
25%—50%	10929	8366	13308	10000
50%—75%	13369	9792	15725	12638
最高25%	23611	15105	26191	20000

为了更加详细地考察参保不同借贷约束属性家庭的影响,也为了保证分组模型结果的稳健性,本章采用了两大类分组方法。第一类分组方法是"四分法",即将样本分为金融资产最低25%、25%—50%、50%—75%和最高25%四个子样本[①],分别进行回归;第二类分组方法是"详细分组",分别针对金融资产水平最低10%、最低20%、最低30%、最低40%、最低50%以及最高10%、最高20%、最高30%、最高40%、最高50%的家庭子样本进行回归。

三　缴费率模型

在分组模型的基础上,本章继续通过缴费率模型考察参保家庭实际缴费负担变化对家庭消费的影响,从另一个侧面验证养老保险制度对不同收入水平家庭影响的异质性。由于中国基本养老保险制度存在缴费下限,导致收入水平越低的参保家庭实际缴费负担越重。

[①] 考虑到不同年份样本中家庭金融资产存在差异,本章在划分子样本时并非将两年样本混在一起进行比较,而是将每个家庭的金融资产与当年样本中金融资产分布的分位数进行比较。例如,2012年某家庭落入金融资产最低25%子样本中,意味着2012年该家庭的金融资产净值低于2012年全部家庭金融资产净值的25%分位数。

对于高收入家庭，由于其缴费基数低于家庭实际收入水平，基本养老保险缴费可能不足以达到家庭适宜的储蓄水平，即存在保障不足的问题；而对于低收入家庭，由于其缴费基数高于家庭实际收入水平，缴费负担过重，基本养老保险缴费可能超过了家庭适宜的储蓄水平，即存在保障过度的问题。因此，本章猜测对于高收入家庭实际缴费率的提高可能会促进家庭消费，而对于低收入家庭实际缴费率的提高则会抑制家庭消费。为了验证这一猜想，本章设计了缴费率模型，同时将家庭实际缴费率和实际缴费率的平方项纳入消费方程中，利用多项式回归来描绘不同缴费负担水平下，家庭实际缴费率变化对家庭消费影响的异质性。

缴费率模型设定为：

$$\ln(C_{it}) = \alpha + \pi_1 Premium_{it} + \pi_2 Premium_{it}^2 + \beta_1 \ln(Income_{it}) + \beta_2 \ln(Asset_{it}) + X_{it}\gamma + \eta_i + \delta_t + \varepsilon_{it} \quad (5-2)$$

其中，C_{it}表示家庭i在年份t的家庭人均非耐用品消费；$Premium_{it}$和$Premium_{it}^2$分别表示家庭实际缴费率和实际缴费率的平方。与总体模型一致，$\ln(Income_{it})$是家庭人均收入的对数，$\ln(Asset_{it})$是家庭净财产的对数，用以控制家庭收入和家庭财产对非耐用品消费的影响。η_i是家庭（个体）固定效应，δ_t是年份固定效应，ε_{it}是家庭和年份维度上的误差项。

不同于总体模型，本章在缴费率模型中除了加入时间固定效应，还加入了家庭（个体）固定效应，这是由基本养老保险的制度设计决定的。大多数国家的养老保险缴费都是以实际收入为缴费基数的，只要实际收入没有超过缴费基数上限，参保者的实际缴费率就等于名义缴费率，在个体维度和时间维度上都是固定不变的。而基本养老保险的缴费基数，是与当地在岗职工平均工资挂钩的，平均工资与家庭实际收入变化的不同步，就会导致实际缴费率在家庭维度和时间维度上均存在差异，因而在研究实际缴费率对家庭消费的影响时，本章同时加入了家庭固定效应和年份固定效应。

X_{it} 是一系列的控制变量，包括家庭是否有财产性收入、家庭是否有负债、家庭受教育水平、家庭户口状态、家庭抚养比、家庭中年长者年龄以及家庭中年长者年龄的平方。

要使在实际缴费率较低的时候家庭消费随缴费率的提高而增加，在实际缴费率较高的时候家庭消费随缴费率的提高而降低，实际缴费率对家庭消费的偏效应应该呈现先上升再下降的二次曲线形状，即模型估计参数中 π_1 应该显著大于零，而系数 π_2 应该显著小于零。

四 倾向值匹配模型

本章估计的是基本养老保险参保对家庭消费的处理效应，虽然已经尽可能地控制了与参保决策相关的家庭特征，但是处理效应的估计仍不可避免地受到内生性或自选择偏误（Selection Bias）的挑战。

从内生性的角度来说，本章仍不可避免会遗漏一些与家庭参保决策相关且影响消费支出的变量，比如家庭对于长期风险的厌恶程度、对于储蓄水平的偏好等。这些因素导致 OLS 估计面临"遗漏变量"带来的内生性问题。

从自选择偏误的角度来说，由于我们无法观测参保家庭在未参保状态下的消费水平，只能比较参保家庭和未参保家庭的消费水平，将其作为养老保险参保处理效应的替代估计，但是，参保家庭与未参保家庭的消费水平可能本来就是存在差异的，这就导致了自选择偏误的存在。自选择偏误的原理如式（5-3）所示。

$$\underbrace{E\left[\ln\left(C_{it}^1\right)\middle|Pension_{it}=1\right]-E\left[\ln\left(C_{it}^0\right)\middle|Pension_{it}=0\right]}_{\text{可观测到的参保家庭与未保家庭消费的差异}}$$

$$=\underbrace{\left\{E\left[\ln\left(C_{it}^1\right)\middle|Pension_{it}=1\right]-E\left[\ln\left(C_{it}^0\right)\middle|Pension_{it}=1\right]\right\}}_{\text{参保的处理效应}}$$

$$+\underbrace{\left\{E\left[\ln\left(C_{it}^0\right)\middle|Pension_{it}=1\right]-E\left[\ln\left(C_{it}^0\right)\middle|Pension_{it}=0\right]\right\}}_{\text{自选择偏误}}$$

(5-3)

式（5-3）中，C_{it}^1 和 C_{it}^0 分别代表家庭在参保和未参保状态下的非耐用品消费。我们真正需要估计的处理效应，是参保家庭参保和未参保状态下的消费之差，即 $E[\ln(C_{it}^1)|Pension_{it}=1] - E[\ln(C_{it}^0)|Pension_{it}=1]$。但是由于 $C_{it}^0|Pension_{it}=1$ 是无法观测的，我们只能使用未参保家庭消费作为参保家庭在未参保状态下消费的替代。由于参保家庭与未参保家庭在未参保状态下的消费水平是存在差异的，于是我们简单估计的参保家庭与未参保家庭消费之差，并非真正的处理效应，而是包含着自选择偏误。

为了矫正自选择偏误带来的估计误差，本章采用倾向值匹配（Propensity Score Matching，PSM）的方法估计参保的处理效应。倾向值匹配模型是将参保家庭和与其参保概率相近的未参保家庭相匹配，以匹配的未参保家庭消费，并将其作为参保家庭未参保状态消费的反事实（Counterfactual），从而估计出参保对家庭消费的影响。Rosenbaum 和 Rubin（1983）证明，在一定的假设条件之下，倾向值相同的控制组个体，可以作为对应处理组个体的反事实，即：

$$E[\ln(C_{it}^1) - \ln(C_{it}^0)|Pension_{it}=1]$$
$$= E\{E[\ln(C_{it}^1) - \ln(C_{it}^0)|Pension_{it}=1, p(Z_{it})]\}$$
$$= E\begin{cases} E[\ln(C_{it}^1)|Pension_{it}=1, p(Z_{it})] - \\ E[\ln(C_{it}^0)|Pension_{it}=0, p(Z_{it})] \end{cases} |Pension_{it}=1 \quad (5-4)$$

为得到所有家庭参保的"倾向得分"，采用最常用的 Logit 模型，估计每个家庭参保的概率，即：

$$p_{it} = \Pr(Pension_{it}=1|Z_{it}) = \frac{\exp(Z_{it}\rho)}{1+\exp(Z_{it}\rho)} \quad (5-5)$$

在估计家庭参保的"倾向得分"之后，需要将参保家庭与未参保家庭进行匹配。常见的匹配方法有"k 近邻匹配""卡尺匹配""核匹配"等多种，为了保障实证结果的稳健与可靠，本章选择了两种最为常用的匹配方法，以相互印证。

第一种匹配方法是"k 近邻匹配"。"k 近邻匹配"，即为每一个参保家庭寻找与其倾向得分最接近的 k 个未参保家庭进行匹配，即：

$$C(i) = \min_j \| p_i - p_j \| \quad (5-6)$$

其中，$C(i)$ 代表与参保家庭 i 匹配的未参保家庭的集合。

一般来说，PSM 既可以进行一对一匹配，也可以进行一对多匹配。一对一匹配的优点是估计偏差较小，缺点是方差较大；一对多匹配使用了更多的控制组信息，因此估计方差较小，但是估计偏差较大。综合考虑估计的精度和稳健性，本章遵循 Abadie 等（2004）的建议，选择一对四匹配，该匹配比例在一般情况下可以最小化估计的均方误差。

第二种匹配方法是"卡尺匹配"（Caliper Matching）。"卡尺匹配"，也称半径匹配（Radius Matching），是将每一个参保家庭，与其倾向得分在一定距离内的未参保家庭作为其匹配样本，即：

$$C(i) = \left\{ p_j \mid \| p_i - p_j \| < r \right\} \quad (5-7)$$

本章设定匹配半径为 0.01。

由于倾向值匹配模型适用于横截面数据，而本章的样本为两年的面板数据，因此本章将针对两年混合横截面数据和 2012 年子样本、2014 年子样本分别进行估计。

第二节　数据与变量描述

一　数据来源与数据处理

本章使用的数据来自北京大学"985"项目资助、北京大学中国社会科学调查中心执行的中国家庭追踪调查（China Family Panel Survey，CFPS）。本章使用的数据包括 CFPS 2012 年和 2014 年调查数据，使用的变量包括养老保险参保和缴费数据、家庭消费数据和家庭特征数据，来自成人表和家庭经济数据库。

本章首先从成人表出发，对数据进行了筛选。由于本章主要考察城镇职工基本养老保险的参保缴费，所以首先删除所有居住地为农村①、正在上学、年龄超过 60 岁或已办理退休、已经领取基本养老保险养老金的成人样本点，将剩余的成人观测定义为"家庭年轻成员"。2012 年调查数据中共包含 10532 条"家庭年轻成员"观测，2014 年调查数据中包含 10942 条"家庭年轻成员"观测。

其次，在提取合成了必要的成人表信息之后，本章将成人表信息合并入家庭经济库，提取合成有关家庭特征的变量，2012 年样本中共包含 4897 条家庭观测，2014 年样本中包含 5210 条家庭观测。

最后，本章删除了 2012 年后发生分裂的家庭样本②，删除了含有政府或事业单位雇员的家庭③，获得的最终样本包含 8104 条家庭观测，其中 2012 年为 3952 条观测，2014 年为 4152 条观测。

二 变量定义与变量描述

下面介绍本章所使用变量的定义方式。

家庭人均非耐用品消费（对数）[$\ln(C_{it})$]：将家庭消费中的食品支出、衣着支出、居住支出、家庭设备及日用品支出、交通通讯支出、文教娱乐支出和其他支出加总④，扣除家庭设备与日用品支出中的"购买汽车""购买维修其他交通工具""购买可办公类电

---

① 根据国家统计局城乡划分标准进行区分。
② CFPS 调查是以受访家庭的基因成员为永久追踪对象的，所以当家庭的部分基因成员由于结婚、离婚、经济独立、物理外出等各种原因与原家庭脱离经济联系并另组家庭之后，原调查家庭就会分裂为多个调查家庭。2014 年的家庭样本中，有 649 条家庭观测是 2012 年后经历家庭分裂形成的，对应着 317 条 2012 年的家庭观测。
③ 由于 2015 年以前公务员与事业单位雇员都属于另一个独立的养老保险系统，并且属于自动参与，不存在变异性。
④ CFPS 调查中将消费性支出分为八大类：食品支出、衣着支出、居住支出、家庭设备及日用品支出、交通通讯支出、医疗保健支出、文教娱乐支出和其他支出。本书将医疗保健支出排除在非耐用品消费之外。

器""家具和其他耐用消费品支出"以及文教娱乐支出中的"教育支出",生成变量"非耐用品消费",再除以综合变量"家庭人口数",得到变量"家庭人均非耐用品消费",最后取对数得到变量"家庭人均非耐用品消费(对数)"。

家庭人均总支出(对数)[$\ln(E_{it})$]:将家庭的消费性支出、转移性支出、福利性支出及建房购房贷款支出加总,生成变量"家庭总支出",再除以综合变量"家庭人口数",得到变量"家庭人均总支出",最后取对数得到变量"家庭人均总支出(对数)"。

家庭参保状态($Pension_{it}$):虚拟变量,若家庭为参保家庭,则$Pension_{it}=1$,否则取值为0。本章首先从成人数据表出发,若个人汇报自己"参加了政府和事业单位的养老保险"[①],或"参加了企业基本养老保险",则定义该个人参加了基本养老保险。在以成人参保信息为基础生成家庭参保信息的过程中,考虑到CFPS调查中并没有明确定义家庭的"户主",无法以"户主"信息代替家庭信息,本章定义"家庭年轻成员"至少有一人加入城镇职工基本养老保险,则该家庭视为参保家庭。

家庭实际缴费率($Premium_{it}$):CFPS中养老保险缴费分为受雇参保缴费和自雇参保缴费,为了可比性,此处仅考虑受雇参保缴费家庭。家庭实际缴费率为家庭成员个人年缴纳社会保险费[②]除以缴费前的家庭工资性收入。[③]

家庭人均纯收入(对数)[$\ln(Income_{it})$]:CFPS综合变量"人均家庭纯收入"(与2010年可比)的对数。

---

① 如前文所述,在后期数据处理过程中,本书删除了所有参加政府和事业单位养老保险个体所在的家庭。

② 此处所指社会保险包括养老保险、医疗保险、失业保险、工伤保险和生育保险。由于CFPS调查中并未进一步区分各险种缴费额,而各地缴费基数和名义费率又各不相同,无法完全剥离出养老保险缴费额。不过总缴费中,养老保险占最大比例,且各地比例相对稳定。

③ 部分观测回答的家庭纯收入中已扣除社会保险缴费,本章在处理时已将这部分家庭的缴费加回到收入中,以确保一致。

家庭净财产（对数）[ln($Asset_{it}$)]：将家庭的土地价值、总房产（未减房贷）、生产性固定资产、金融资产加总，减去家庭的总房贷和非房贷金融负债，生成变量"家庭净财产"，取对数获得变量"家庭净财产（对数）"。

家庭金融资产净值（$Finance_{it}$）：家庭的各项金融资产加总后，减去家庭非房贷金融负债。

家庭是否有财产性收入：虚拟变量，若家庭财产性收入大于零，则变量取值为1，否则取值为0。

家庭是否有负债：虚拟变量，如果家庭的"总房贷"或"非房贷的金融负债"大于零，则变量取值为1，否则取值为0。

家庭户口：虚拟变量，若"家庭年轻成员"至少有一人拥有非农业户口，则该变量取值为1，否则取值为0。

家庭受教育水平：虚拟变量，若家庭中至少有一人受过高等教育，则该变量取值为1，否则取值为0。

家庭工作人口数："家庭年轻成员"中有工作的人口数。

家庭人口数：家庭的基因成员和核心成员[①]人口数。

家庭抚养比：家庭工作人口数除以家庭人口数。

家庭中年长者年龄："家庭年轻成员"中年长男性的年龄（若家庭中没有符合条件的男性，则以"家庭年轻成员"中年长女性的年龄代替）。

表5-2是变量描述性统计。

[①] 中国家庭追踪调查（CFPS）中"基因成员"的定义是：2010年基线调查时，家庭所有的直系亲属、连续居住时间满3个月的非直系亲属以及他们今后的新生血缘/领养子女为受访家庭的基因成员；"核心成员"的定义是：在追踪调查中，基因成员在家中的非基因直系亲属（父母、配偶、子女）为调查当年基因成员所在家庭的核心成员。所有的基因成员均为CFPS永久追踪的对象，核心成员不是CFPS的永久追踪对象，但是基因成员和核心成员都拥有独立的个人ID、拥有成人表调查问卷，并且都与受访家庭具有经济联系。

表5-2 变量描述性统计

变量	观测数	平均值	标准差	最小值	最大值
Panel A：全样本					
家庭人均非耐用品消费（元）	8084	11161.4	11997.0	0	394500
家庭人均总支出（元）	7515	19585.5	34258.7	125	1708333
家庭参保状态	8104	0.3122	0.4634	0	1
家庭实际缴费率	2115	0.1123	0.0842	0.00017	0.5
家庭人均纯收入（元）	7602	15888	27087.4	0.25	1518023
家庭净财产（元）	8104	3303820	227347	-1980000	6e9
家庭金融资产净值（元）	8014	54619	227347	-4e6	8e6
家庭是否有财产性收入	8104	0.1510	0.3581	0	1
家庭是否有负债	8104	0.3039	0.4600	0	1
家庭户口状态	7986	0.5168	0.4997	0	1
家庭受教育水平	8103	0.2203	0.4145	0	1
家庭工作人口数（人）	8097	1.5395	0.9945	0	6
家庭人口数（人）	8097	3.7972	1.6151	1	17
家庭抚养比	8097	0.4442	0.2890	0	4
家庭中年长者年龄（岁）	8104	42.829	10.160	16	60
Panel B：2012年子样本					
家庭人均非耐用品消费（元）	3940	8907.32	8961.88	0	182777
家庭人均总支出（元）	3366	16482.92	25973.22	456.67	452800
家庭参保状态	3952	0.2740	0.4461	0	1
家庭实际缴费率	1046	0.1068	0.0762	0.00017	0.4984
家庭人均纯收入（元）	3860	14822.71	31188.07	0.6667	1518023
家庭净财产（元）	3952	414404.2	826246.7	-1980000	2.01e7
家庭金融资产净值（元）	3952	38122.73	175366.1	-4e6	3.7e6
家庭是否有财产性收入	3952	0.1551	0.3621	0	1
家庭是否有负债	3952	0.2872	0.4525	0	1
家庭户口状态	3950	0.5167	0.4998	0	1
家庭受教育水平	3952	0.2019	0.4015	0	1
家庭工作人口数（人）	3951	1.3786	0.9923	0	6
家庭人口数（人）	3951	3.8165	1.5873	1	16
家庭抚养比	3951	0.3933	0.2877	0	1

续表

变量	观测数	平均值	标准差	最小值	最大值
家庭中年长者年龄（岁）	3952	43.169	10.041	16	60
Panel C：2014 年子样本					
家庭人均非耐用品消费（元）	4144	13304.53	13964.89	0	394500
家庭人均总支出（元）	4149	22102.62	39555.47	125	1708333
家庭参保状态	4152	0.3485	0.4766	0	1
家庭实际缴费率	1069	0.1178	0.0910	0.0046	0.5
家庭人均纯收入（元）	3742	16986.92	22023.69	0.25	814600
家庭净财产（元）	4152	6054053	1.4e8	-1395938	6e9
家庭金融资产净值（元）	4152	70320.72	266680	-3930000	8e6
家庭是否有财产性收入	4152	0.1472	0.3543	0	1
家庭是否有负债	4152	0.3198	0.4665	0	1
家庭户口状态	4036	0.5168	0.4998	0	1
家庭受教育水平	4151	0.2378	0.4258	0	1
家庭工作人口数（人）	4146	1.6927	0.9723	0	6
家庭人口数（人）	4146	3.7788	1.6412	1	17
家庭抚养比	4146	0.4905	0.2745	0	1
家庭中年长者年龄（岁）	4152	42.505	10.263	17	60

第三节　实证结果与分析

一　总体模型

关于总体模型，本章分别进行了面板数据固定效应估计和横截面数据 OLS 估计。表 5-3 估计结果显示，从全样本来看，基本养老保险参保能够显著提升家庭的非耐用品消费。参加基本养老保险，可以使家庭人均非耐用品消费提高约 11%，结果在 1% 的显著性水平下显著。这一结果与现有关于养老保险参保状况和家庭消费关系研究（白重恩等，2012；陈晓毅、张波，2014；陈静，2015；田玲、姚鹏，2015）的结论相一致。

表 5-3　　　　　总体模型回归结果：面板数据固定效应模型

自变量	因变量：家庭人均非耐用品消费（对数）
家庭参保状态	0.110*** (0.020)
家庭人均纯收入（对数）	0.101*** (0.007)
家庭净财产（对数）	0.084*** (0.006)
家庭是否有财产性收入	0.058*** (0.022)
家庭是否有负债	0.066*** (0.018)
家庭受教育水平	0.142*** (0.022)
家庭户口状态	0.184*** (0.019)
家庭抚养比	0.077** (0.032)
家庭人口数	-0.157*** (0.006)
家庭中年长者年龄	0.011* (0.006)
家庭中年长者年龄（平方）	-0.021*** (0.007)
省份固定效应	是
年份固定效应	是
常数项	7.177*** (0.151)
模型显著性检验	245.86 (P=0.0000)
固定效应 F 检验	18.38 (P=0.0000)
Within R^2	0.294
样本量	7122

注：(1) ***、**、* 分别表示在1%、5%、10%的显著性水平下显著。(2) 若非注明为 P 值，则括号中代表标准误。(3) 模型显著性检验的检验统计量为 F 统计量。
资料来源：CFPS 数据库。

表 5-3 中控制变量的回归结果，也具有其经济学含义。第一，收入和资产是家庭消费支出的来源，因而收入和财产水平较高的家庭拥有相对更高的消费，拥有财产性收入的家庭，消费水平也更高；

第二，在债务规模和风险可控的情况下，债务融资是家庭进行资源跨期配置的重要工具，拥有负债也可能会促进家庭当期消费；第三，高教育水平和拥有城镇户口的家庭，一般具有更高的消费水平；第四，家庭的工作人口相对越多，总人口相对越少，意味着家庭的支出负担越轻，因而在相同的收入水平时，抚养比高的家庭和总人口少的家庭，具有更高的人均消费水平；第五，消费水平与家庭的年龄呈现出倒"U"形曲线关系，这符合生命周期理论关于消费与年龄关系的预测，即在家庭相对年轻时，家庭支出需求随着年龄的增长而增加，而在家庭相对年老之后，支出需求则逐渐减少。

本章在 OLS 回归中加入了省份虚拟变量，以控制省份差异的影响。如表 5-4 所示，与面板数据回归结果相一致，2012 年和 2014 年子样本回归结果都显示，养老保险参保对家庭人均消费具有显著为正的平均处理效应。

表 5-4　　　　　　　总体模型回归结果：横截面 OLS 估计

自变量	（1） 2012 年子样本	（2） 2014 年子样本
	因变量：家庭人均非耐用品消费（对数）	
家庭参保状态	0.068** (0.031)	0.142*** (0.026)
家庭人均纯收入（对数）	0.104*** (0.011)	0.103*** (0.010)
家庭净财产（对数）	0.079*** (0.008)	0.094*** (0.009)
家庭是否有财产性收入	0.116*** (0.033)	-0.012 (0.030)
家庭是否有负债	0.039 (0.027)	0.097*** (0.024)
家庭受教育水平	0.129*** (0.033)	0.146*** (0.028)
家庭户口状态	0.214*** (0.028)	0.157*** (0.026)
家庭抚养比	0.029 (0.046)	0.153*** (0.044)

续表

	（1） 2012 年子样本	（2） 2014 年子样本
家庭人口数	-0.166*** (0.008)	-0.145*** (0.008)
家庭中年长者年龄	0.014 (0.009)	0.005 (0.008)
家庭中年长者年龄（平方）	-0.023** (0.011)	-0.017* (0.010)
省份虚拟变量	是	是
常数项	7.606*** (0.248)	7.872*** (0.231)
模型显著性检验	55.19 (P=0.0000)	60.60 (P=0.0000)
R^2	0.345	0.399
样本量	3709	3413

注：（1）***、**、*分别表示在1%、5%、10%的显著性水平下显著。（2）若非注明为P值，则括号中代表标准误。（3）模型显著性检验的检验统计量为F统计量。

资料来源：CFPS数据库。

总体模型估计的参保对家庭消费的处理效应，是不同资产和收入水平家庭处理效应的平均结果。第四章理论模型已经证明了高资产高收入家庭由于享受了基本养老保险的高回报率，参保可以带来终生财富水平的显著增长，从而提高家庭当期消费；对于低资产低收入家庭来说，当家庭收入与平均工资之比相对较高时，参保家庭的人均消费仍略高于不参保时的水平，然而随着参保家庭实际收入的相对下降，参保者的实际费率负担增加，家庭当期消费逐渐减少，直至低于不参保时的水平。因此，在没有对样本进行分组的情况下，参保对高资产高收入家庭消费的正向处理效应，抵消了参保对低资产低收入家庭消费的负向处理效应，最终得到正向的平均处理效应。

仅仅考察在全部样本下参保对消费的处理效应，并不能揭示在预算约束的限制下，较高的最低参保门槛缴费对不同阶层家庭消费的影响。因为家庭实际缴费率的差异和借贷约束的存在，养老保险参保对不同资产和收入水平家庭消费的影响会存在异质性。所以，接下来本章对家庭按照借贷约束属性进行分组，以揭示在现有缴费制度下，实际费率差异和借贷约束的存在，导致的基本养老保险参保对不同资产和收入水平家庭影响的异质性。

二 分组模型

如前文所述，为了考察由于实际缴费率差异和借贷约束的存在而导致的养老保险制度对于不同借贷约束属性家庭影响的异质性，本章引入分组模型，分别估计参加养老保险对不同资产水平家庭消费水平的影响。主要回归结果报告在表5-5至表5-7中。

本章的分组模型采用分割样本的回归方法，分组模型仍然采用面板数据固定效应回归，包含省份固定效应和年份固定效应。表5-5的第（1）—（4）列，分别报告了金融资产净值处于当年样本最低25%、25%—50%、50%—75%以及最高25%的家庭子样本回归结果。

表5-5回归结果显示：对于金融资产净值处于当年样本最低25%的家庭子样本，养老保险参保不能促进家庭非耐用品消费，估计系数在10%的显著性水平下不显著；对于金融资产净值处于当年样本25%—50%以及50%—75%的家庭子样本，养老保险参保均可以提升家庭当期消费，使估计系数在1%的显著性水平上显著；而对于金融资产净值处于当年样本最高25%的家庭子样本，养老保险参保也不能提升家庭消费，估计系数在10%的显著性水平下不显著。

表5-5 分组模型回归结果（一）

	（1） 最低25%	（2） 25%—50%	（3） 50%—75%	（4） 最高25%
自变量	因变量：家庭人均非耐用品消费（对数）			
家庭参保状态	0.068 (0.062)	0.175*** (0.040)	0.115*** (0.036)	0.011 (0.031)
家庭人均纯收入（对数）	0.084*** (0.018)	0.083*** (0.014)	0.098*** (0.014)	0.102*** (0.013)

续表

	（1） 最低25%	（2） 25%—50%	（3） 50%—75%	（4） 最高25%
家庭净财产（对数）	0.034*** (0.012)	0.047*** (0.010)	0.047*** (0.014)	0.160*** (0.015)
家庭是否有财产性收入	0.164** (0.065)	0.042 (0.045)	0.064 (0.044)	-0.028 (0.033)
家庭是否有负债	0.296*** (0.067)	0.079** (0.038)	0.102** (0.041)	0.211*** (0.039)
家庭受教育水平	0.097 (0.068)	0.137*** (0.046)	0.056 (0.041)	0.122*** (0.031)
家庭户口状态	0.225*** (0.053)	0.216*** (0.036)	0.188*** (0.036)	0.113*** (0.034)
家庭抚养比	0.243** (0.095)	0.071 (0.059)	0.008 (0.057)	0.046 (0.055)
家庭人口数	-0.138*** (0.015)	-0.157*** (0.010)	-0.153*** (0.011)	-0.156*** (0.011)
家庭中年长者年龄	0.023 (0.017)	-0.008 (0.011)	0.013 (0.012)	0.014 (0.011)
家庭中年长者年龄（平方）	-0.038* (0.020)	-0.000 (0.013)	-0.023 (0.014)	-0.020 (0.013)
省份固定效应	是	是	是	是
年份固定效应	是	是	是	是
常数项	7.234*** (0.405)	7.993*** (0.271)	7.610*** (0.298)	6.338*** (0.306)
模型显著性检验	32.05 (P=0.0000)	64.04 (P=0.0000)	58.13 (P=0.0000)	73.68 (P=0.0000)
固定效应F检验	2.51 (P=0.0001)	5.57 (P=0.0000)	5.66 (P=0.0000)	8.08 (P=0.0000)
Within R^2	0.262	0.264	0.273	0.319
样本量	1121	2180	1894	1927

注：（1）***、**、*分别表示在1%、5%、10%的显著性水平下显著。（2）若非注明为P值，则括号中代表标准误。（3）模型显著性检验的检验统计量为F统计量。

资料来源：CFPS数据库。

为了更加详细地考察基本养老保险参保对不同资产水平家庭消费影响的异质性,本章将样本家庭划分为当年金融资产净值最低10%、最低20%、最低30%、最低40%、最低50%以及最高50%、最高40%、最高30%、最高20%、最高10%共十个子样本,并分别进行固定效应回归,估计结果汇报在表5-6及表5-7中。

表5-6　　　　分组模型回归结果(二):低资产低收入家庭

变量	(1) 最低10%	(2) 最低20%	(3) 最低30%	(4) 最低40%	(5) 最低50%
	因变量:家庭人均非耐用品消费(对数)				
家庭参保状态	0.041 (0.080)	0.024 (0.065)	0.080 (0.059)	0.090 * (0.051)	0.139 *** (0.033)
家庭人均纯收入 (对数)	0.091 *** (0.025)	0.069 *** (0.019)	0.085 *** (0.017)	0.075 *** (0.016)	0.082 *** (0.011)
家庭人均净财产 (对数)	0.125 *** (0.022)	0.112 *** (0.019)	0.032 *** (0.011)	0.036 *** (0.010)	0.045 *** (0.008)
家庭是否有 财产性收入	-0.004 (0.086)	0.064 (0.067)	0.170 *** (0.062)	0.157 *** (0.054)	0.082 ** (0.037)
家庭是否有负债		0.212 (0.145)	0.294 *** (0.054)	0.202 *** (0.043)	0.143 *** (0.026)
家庭受教育水平	0.031 (0.087)	0.105 (0.071)	0.074 (0.065)	0.086 (0.057)	0.123 *** (0.038)
家庭户口状态	0.191 *** (0.072)	0.184 *** (0.057)	0.242 *** (0.049)	0.243 *** (0.044)	0.210 *** (0.030)
家庭抚养比	0.311 ** (0.129)	0.321 *** (0.101)	0.238 *** (0.087)	0.193 *** (0.075)	0.123 ** (0.050)
家庭人口数	-0.125 *** (0.021)	-0.125 *** (0.016)	-0.137 *** (0.014)	-0.150 *** (0.012)	-0.151 *** (0.008)
家庭中年长者 年龄	0.051 ** (0.023)	0.033 * (0.018)	0.023 (0.016)	0.014 (0.014)	0.001 (0.009)
家庭中年长者 年龄(平方)	-0.071 ** (0.027)	-0.051 ** (0.021)	-0.036 ** (0.018)	-0.024 (0.016)	-0.011 (0.011)

续表

	（1） 最低10%	（2） 最低20%	（3） 最低30%	（4） 最低40%	（5） 最低50%
省份固定效应	是	是	是	是	是
年份固定效应	是	是	是	是	是
常数项	5.864*** (0.559)	6.288*** (0.470)	7.197*** (0.369)	7.538*** (0.327)	7.796*** (0.223)
模型显著性检验	18.38 (P=0.0000)	26.44 (P=0.0000)	38.64 (P=0.0000)	45.44 (P=0.0000)	93.87 (P=0.0000)
固定效应F检验	2.01 (P=0.0033)	2.52 (P=0.0001)	2.71 (P=0.0000)	3.29 (P=0.0000)	6.36 (P=0.0000)
Within R^2	0.289	0.259	0.271	0.252	0.257
样本量	533	944	1284	1655	3301

注：（1）***、**、*分别表示在1%、5%、10%的显著性水平下显著。（2）若非注明为P值，则括号中代表标准误。（3）模型显著性检验的检验统计量为F统计量。

资料来源：CFPS数据库。

表5-6估计结果显示：对于金融资产净值处于当年样本最低10%、最低20%和最低30%，基本养老保险参保均不能提升家庭当期消费；对于金融资产净值处于当年样本最低40%的家庭，参保对消费的影响在10%显著性水平下显著为正；对于金融资产净值处于当年样本最低50%的家庭，参保可以显著提升家庭消费，估计系数在1%的显著性水平上显著。类似的，表5-7回归结果表明：养老保险参保对金融资产净值最高50%和最高40%的家庭，具有显著正向影响；但是，对于金融资产净值处于当年样本最高30%、最高20%和最高10%的子样本家庭，参保对家庭当期非耐用品消费均没有显著影响。

表5-7 分组模型回归结果（三）：高资产高收入家庭

	（1） 最高50%	（2） 最高40%	（3） 最高30%	（4） 最高20%	（5） 最高10%
自变量	因变量：家庭人均非耐用品消费（对数）				
家庭参保状态	0.065*** (0.024)	0.046* (0.026)	0.041 (0.030)	0.004 (0.032)	-0.009 (0.043)

续表

	（1） 最高50%	（2） 最高40%	（3） 最高30%	（4） 最高20%	（5） 最高10%
家庭人均纯收入 （对数）	0.105*** (0.010)	0.109*** (0.011)	0.121*** (0.012)	0.098*** (0.014)	0.121*** (0.021)
家庭净财产 （对数）	0.113*** (0.010)	0.134*** (0.011)	0.150*** (0.014)	0.169*** (0.016)	0.160*** (0.023)
家庭是否有 财产性收入	0.022 (0.027)	0.017 (0.030)	0.010 (0.033)	-0.049 (0.034)	-0.024 (0.047)
家庭是否有负债	0.128*** (0.028)	0.136*** (0.032)	0.146*** (0.037)	0.238*** (0.042)	0.306*** (0.059)
家庭受教育水平	0.116*** (0.025)	0.107*** (0.028)	0.114*** (0.031)	0.120*** (0.032)	0.088** (0.043)
家庭户口状态	0.153*** (0.025)	0.152*** (0.028)	0.125*** (0.032)	0.122*** (0.036)	0.142*** (0.053)
家庭抚养比	0.007 (0.040)	-0.005 (0.046)	-0.019 (0.052)	0.046 (0.057)	0.094 (0.079)
家庭人口数	-0.162*** (0.008)	-0.163*** (0.009)	-0.153*** (0.010)	-0.158*** (0.011)	-0.143*** (0.015)
家庭中年长者年龄	0.015* (0.008)	0.019** (0.009)	0.012 (0.011)	0.009 (0.012)	0.003 (0.016)
家庭中年长者 年龄（平方）	-0.023** (0.009)	-0.027** (0.011)	-0.018 (0.012)	-0.012 (0.014)	-0.004 (0.019)
省份固定效应	是	是	是	是	是
年份固定效应	是	是	是	是	是
常数项	6.813*** (0.207)	6.476*** (0.243)	6.310*** (0.285)	6.366*** (0.326)	6.361*** (0.461)
模型显著性检验	138.43 (P=0.0000)	111.82 (P=0.0000)	86.61 (P=0.0000)	68.44 (P=0.0000)	33.55 (P=0.0000)
固定效应F检验	13.47 (P=0.0000)	10.50 (P=0.0000)	8.04 (P=0.0000)	6.57 (P=0.0000)	3.71 (P=0.0000)
Within R^2	0.305	0.306	0.306	0.328	0.311
样本量	3821	3086	2397	1719	931

注：（1）***、**、*分别表示在1%、5%、10%的显著性水平下显著。（2）若非注明为P值，则括号中代表标准误。（3）模型显著性检验的检验统计量为F统计量。

资料来源：CFPS数据库。

从表 5-5 至表 5-7 中可以看出，无论是将全样本分割为四个子样本，还是十个子样本，分组回归结果均表明，养老保险参保均不能促进最低和最高金融资产水平家庭的当期消费，而能够提升金融资产处于中间水平家庭的当期消费。

前文通过典型事实分析和理论模型已经论证，对于低资产低收入参保家庭而言，由于最低缴费基数的限制，缴费基数的统计口径为在岗职工平均工资远高于全部城镇就业职工平均工资，平均工资连年大幅上涨等，低收入参保家庭的实际费率负担会高于名义缴费率，并逐年增加。此外，基本养老保险不能促进最低资产水平家庭的当期消费，这是因为这类家庭资产水平和收入水平均较低，在最低缴费基数的限制下，参保带来的实际缴费负担较重，导致家庭面临的借贷约束变紧。虽然参保能够带来统筹账户的转移支付以及个人账户的积累，以提高家庭的终生财富水平。然而，在借贷约束的限制以及较低的时间偏好（Lawrance，1991；Becker & Mulligan，1997）的作用下，低资产低收入家庭的当期消费并未因为参保而得到提升。

同时值得注意的是，第四章理论模型预测随着家庭收入水平的不断降低，家庭面临紧的借贷约束，养老保险参保将降低家庭当期消费，而实证结果则表明养老保险制度参保对于低资产低收入家庭消费没有影响。这是由于构建理论模型需要尽可能简化，从而不可避免地忽略了部分影响机制。

首先，第四章的理论模型中没有引入不确定性因素，不能同时考虑养老保险制度帮助参保家庭分散长寿风险、长期通货膨胀风险等，从而可能促进参保家庭消费的影响机制。

其次，在理论模型中所有家庭都被强制加入养老保险制度，而现实情况并非如此。在本章使用的数据中，2012 年样本包含城镇家庭 3952 个，其中参保家庭 1083 个，家庭参保率约为 27.4%；2014 年样本包含城镇家庭 4152 个，其中参保家庭 1447 个，家庭参保率约为 34.85%。特别地，由表 5-8 可知，随着资产水平以及收入水平的降低，家庭参保率不断下降。低资产低收入家庭因为承担了过重的实际缴费率，而不愿加入基本养老保险制度。

表5-8　　不同金融资产水平及不同收入水平家庭的参保率比较　　单位：%

	2012 年	2014 年
Panel A：不同金融资产水平家庭的养老保险参保率		
最低 25%	19.61	26.08
25%—50%	20.80	26.09
50%—75%	28.46	35.62
最高 25%	40.59	51.38
Panel B：不同人均收入水平家庭的养老保险参保率		
最低 25%	13.06	14.99
25%—50%	21.09	40.62
50%—75%	32.72	44.92
最高 25%	41.34	45.39

注：Panel A 以家庭的金融资产净值为依据，对家庭进行分组；Panel B 以家庭人均纯收入（与2010年可比）为依据，对家庭进行分组。

所以，低资产低收入的养老保险参保家庭由于承受过高的实际缴费率，被迫进行了过度储蓄；而没有参保的家庭由于不能从公共养老保险制度消费平滑、风险分担和再分配等功能中获益，必须进行过量的预防性储蓄。正是在这个意义上说，养老保险参保对低资产低收入家庭的消费才没有影响。实际上，基本养老保险扭曲的缴费制度设计将导致无论是参保家庭，还是未参保家庭，可能均没有达到效用最大化的消费水平。

对较高资产较高收入家庭而言，基本养老保险实际缴费率较低，家庭的借贷约束相对松弛，家庭当期消费不会受到养老保险缴费的过分挤压，并且参保家庭可以享受养老保险的高投资回报率，虽然家庭可能会承受转移支付净损失，参保仍然可以带来终生财富水平的显著增长，因此参保可以提升家庭的当期消费。

对于最高资产水平家庭，参保亦不能促进家庭当期消费，这是因为这部分家庭的资产和收入水平较高，养老保险缴费及给付占家庭资产和收入的比重偏低，因而养老保险参保对家庭资源配置模式的影响较小。比较图4-4和图4-5可以看出，虽然理论模型预测受益于养老保险的高收益率、借贷约束松弛的高收入家庭的当期消费均可以有所提升，但是随着家庭收入水平的不断提高，参保对家庭消费的相对影响是不断减小的。因此，参保不能促进最高资产最高收入水平家庭的当期消费，其实是与本章理论模型的预测相一致的。

值得注意的是，参保不能促进最高收入最高资产水平家庭的消费，其实是公共养老保险制度设计的题中应有之义，因为公共养老保险本身就是以保障中低收入阶层退休生活、平滑中低收入家庭跨期消费为主要目标的，高资产高收入家庭自身就具有较强的风险分散和跨期资源配置的能力。但是，参保不能促进低资产低收入家庭的当期消费，这说明基本养老保险的制度设计存在着扭曲。较高的缴费率和缴费基数限制，使低资产低收入家庭承受较高的实际缴费负担，家庭当期收入被较大程度地压缩。较高的缴费负担和慷慨的养老金给付，扭曲了低资产低收入家庭的跨期资源配置，会对低资产低收入家庭形成较强的参保逆向激励。

三　稳健性分析

实证分析的结果会受到样本范围、变量定义等因素的影响。因此，为保障实证结果的稳健性，本章从样本范围和变量定义等角度，对实证模型结果进行了一系列的稳健性检验。检验结果显示本章的实证结果是稳健的，确保了实证研究结论的可靠性。

第一，关于样本极端值。本章为了排除极端值样本对回归结果的影响，剔除了家庭金融资产净值在当年样本中为最低5%和最高5%的家庭观测，回归结果报告在表5-9中。表5-9第（1）列报告了剔除最低5%和最高5%家庭后的全样本回归结果，第（2）列报告了家庭金融资产净值在当年样本中为5%—25%的子样本（在最低25%子样本中剔除了最低5%的家庭观测）回归结果，第（3）列报告了在最高25%样本中剔除了最高5%家庭观测的子样本回归结果。表 5-9 估计系数显示，在全样本下，基本养老保险参保能够显著提升家庭当期消费，而对于最低金融资产和最高金融资产子样本，养老保险参保在 5% 的显著性水平下均不能促进家庭消费。剔除极端值样本后的结果与表 5-3 和表 5-5 的基准回归结果相一致。

表 5-9　　　　　　稳健性检验（一）：剔除极端值的影响

自变量	（1）全样本剔除最低 5% 和最高 5%	（2）低资产低收入家庭剔除最低 5%	（3）高资产高收入家庭剔除最高 5%
	因变量：家庭人均非耐用品消费（对数）		
家庭参保状态	0.120*** (0.021)	0.117* (0.070)	0.019 (0.035)
控制变量	是	是	是
省份固定效应	是	是	是
年份固定效应	是	是	是
模型显著性检验	215.89 (P=0.0000)	22.68 (P=0.0000)	54.52 (P=0.0000)
固定效应 F 检验	16.08 (P=0.0000)	2.65 (P=0.0000)	7.08 (P=0.0000)
Within R^2	0.288	0.246	0.308
样本量	6453	873	1506

注：(1) ***、*分别表示在 1%、10% 的显著性水平下显著。(2) 若非注明为 P 值，则括号中代表标准误。(3) 模型显著性检验的检验统计量为 F 统计量。
资料来源：CFPS 数据库。

第二，关于家庭养老保险的参保类型。本章只考虑了城镇职工基本养老保险这一种公共养老保险制度，而城镇居民家庭还可以选择参加"城镇居民社会养老保险"，或参加"城乡居民基本养老保险"。在本章样本中，没有加入职工基本养老保险的家庭可能加入了其他养老保险制度，家庭消费受到这些养老保险制度的影响，从而与加入基本养老保险制度的家庭无差异。本章针对家庭可能参加"城居保"或"城乡保"的问题进行了稳健性检验，在回归模型中加入虚拟变量"是否有家庭成员加入'城居保'或'城乡保'"作为控制变量，以剔除参加"城居保"或"城乡保"对于家庭消费的影响，回归结果报告在表5-10中。加入新的控制变量之后，回归结果与基准回归结果完全一致，并且是否加入"城居保"或"城乡保"本身对于家庭消费并无显著影响。本章认为，出现这种现象的原因有二：一是"城居保"和"城乡保"目前自愿申报分档缴费，参保者大多选择低档缴费，缴费水平低，未来保障水平亦不高，对于家庭消费影响有限；二是目前"城居保"和"城乡保"覆盖面仍较低，参保家庭很少，本章样本中2012年仅有450户家庭加入"城居保"或"城乡保"，参保率约为11.39%，因此受影响的家庭数量很少。由此可见，目前"城居保"和"城乡保"覆盖面窄、保障水平不足，尚难以发挥出公共养老保险"广覆盖、保基本"的作用。

表5-10 稳健性检验（二）：是否有家庭成员加入"城居保"或"城乡保"

	（1）总体模型	（2）最低25%	（3）25%—50%	（4）50%—75%	（5）最高25%
自变量	因变量：家庭人均非耐用品消费（对数）				
家庭参保状态	0.110*** (0.020)	0.066 (0.062)	0.175*** (0.040)	0.115*** (0.036)	0.012 (0.031)
控制变量	是	是	是	是	是
省份固定效应	是	是	是	是	是
年份固定效应	是	是	是	是	是
模型显著性检验	227.03 (P=0.0000)	29.67 (P=0.0000)	59.09 (P=0.0000)	53.63 (P=0.0000)	68.26 (P=0.0000)
固定效应F检验	18.42 (P=0.0000)	2.52 (P=0.0000)	5.56 (P=0.0000)	5.64 (P=0.0000)	8.17 (P=0.0000)
Within R^2	0.294	0.263	0.264	0.273	0.320
样本量	7122	1121	2180	1894	1927

注：（1）***表示在1%的显著性水平下显著。（2）若非注明为P值，则括号中代表标准误。（3）模型显著性检验的检验统计量为F统计量。
资料来源：CFPS数据库。

第三，关于"家庭参保状态"变量的定义。CFPS成人表调查中，有两处问题问到了家庭成员的基本养老保险参保状态：第一处问题位于成人问卷"Ⅰ部分　退休与养老",询问个体"是否参保了政府和事业单位的养老保险或者企业基本养老保险";第二处问题位于共用模块问卷"G部分　工作与个人收入"①,询问个体的受雇工作"是否提供以下保险(1.养老保险……)",或"是否以个体或私营业主身份缴纳了养老保险……"。两部分问题分别从个人和工作的角度,询问了基本养老保险参保情况,并且两个变量反映的个人参保状态存在一定的出入。在本章的基准模型中,以第一处问题(Ⅰ部分)形成的参保变量为准。为了保障实证结果的稳健性,本章在稳健性检验中,定义若个体在两个部分中任意一处回答为参保,则该家庭成员为基本养老保险参保个体,其所在家庭为基本养老保险参保家庭。使用重新定义的"家庭参保状态"变量,回归结果报告在表5-11中。表5-11第(1)—(5)列回归结果显示,更改主要解释变量的定义方式,并没有改变基本的回归结果,估计系数的方向和显著性与基准模型保持一致,只是系数大小略有变化。这说明本章的实证结果关于"家庭参保状态"变量的定义方式是稳健的。

表5-11　　　　　稳健性检验(三):家庭参保状态的定义

	(1) 总体模型	(2) 最低25%	(3) 25%—50%	(4) 50%—75%	(5) 最高25%
自变量	因变量:家庭人均非耐用品消费(对数)				
家庭参保状态	0.136*** (0.019)	0.077 (0.057)	0.186*** (0.037)	0.126*** (0.035)	0.033 (0.033)
控制变量	是	是	是	是	是
省份固定效应	是	是	是	是	是
年份固定效应	是	是	是	是	是
模型显著性检验	248.00 (P=0.0000)	32.12 (P=0.0000)	64.63 (P=0.0000)	58.49 (P=0.0000)	73.79 (P=0.0000)
固定效应F检验	17.62 (P=0.0000)	2.48 (P=0.0001)	5.53 (P=0.0000)	5.42 (P=0.0000)	7.73 (P=0.0000)

① 2014年该部分问题位于成人面访问卷或成人电访问卷的"G部分　工作模块"。

续表

	（1） 总体模型	（2） 最低25%	（3） 25%—50%	（4） 50%—75%	（5） 最高25%
Within R^2	0.296	0.262	0.266	0.274	0.319
样本量	7122	1121	2180	1894	1927

注：（1）＊＊＊表示在1%的显著性水平下显著。（2）若非注明为P值，则括号中代表标准误。（3）模型显著性检验的检验统计量为F统计量。

资料来源：CFPS数据库。

第四，关于家庭消费的度量方式。本章所使用的家庭消费度量为家庭人均非耐用品消费，在家庭消费中剔除了耐用品消费、医疗保健支出和教育培训支出。医疗保健支出和教育支出弹性较小，家庭不太可能因为养老保险缴费改变医疗和教育支出；而耐用品消费波动又过大，可能引入不必要的噪音。本章为了保障结果的稳健性，将这些支出纳入考虑范围，检验家庭参保状态对于家庭人均总支出的影响，回归结果报告在表5-12中。表5-12估计系数显示，从全样本来看，参保能够显著促进家庭总消费支出；但是，对于金融资产净值处于当年样本最低15%和最高25%的家庭，养老保险参保对家庭支出没有显著影响，估计系数在10%的显著性水平下均不显著。更换家庭消费的定义范围后，参保对消费的影响关系仍然与非耐用品消费呈现出相同的模式，说明本书的实证结果是稳健的。

表5-12　　　　　　稳健性检验（四）：家庭人均总支出

	（1） 全样本	（2） 最低15%	（3） 最低25%	（4） 25%—50%	（5） 50%—75%	（6） 最高25%
自变量	因变量：家庭人均总支出（对数）					
家庭参保状态	0.109＊＊＊ (0.022)	0.108 (0.077)	0.132＊＊ (0.067)	0.177＊＊＊ (0.042)	0.062＊ (0.037)	0.020 (0.037)
控制变量	是	是	是	是	是	是
省份固定效应	是	是	是	是	是	是
年份固定效应	是	是	是	是	是	是
模型显著性检验	234.53 (P=0.0000)	23.74 (P=0.0000)	36.17 (P=0.0000)	64.23 (P=0.0000)	57.60 (P=0.0000)	66.63 (P=0.0000)

续表

	（1） 全样本	（2） 最低 15%	（3） 最低 25%	（4） 25%—50%	（5） 50%—75%	（6） 最高 25%
固定效应 F 检验	12.08 （P＝0.0000）	1.53 （P＝0.0501）	1.84 （P＝0.0083）	3.88 （P＝0.0000）	3.56 （P＝0.0000）	5.30 （P＝0.0000）
Within R^2	0.298	0.266	0.308	0.274	0.284	0.312
样本量	6671	756	1010	2079	1778	1804

注：（1）＊＊＊、＊＊、＊分别表示在1%、5%、10%的显著性水平下显著。（2）若非注明为 P 值，则括号中代表标准误。（3）模型显著性检验的检验统计量为 F 统计量。

资料来源：CFPS 数据库。

第五，关于"家庭净财产"变量的建模方式。本章在基准模型中，将家庭净财产的对数作为控制变量纳入模型之中，这种做法的理由如下：第一，家庭财产一般是分布形态严重右偏的变量，直接以变量的水平值作为模型解释变量进行回归，可能会引起严重的异方差问题，而对数化可以有效地缓解变量的异方差；第二，模型的被解释变量（非耐用品消费）也是对数形式，双对数模型估计系数可以认为代表着家庭财产的边际消费倾向，具有较好的经济学含义。但是，以家庭净财产的对数形式进行建模，也面临着样本损失的问题。负数和零不能作为对数的真数，而样本中一般都会存在部分家庭净财产小于或等于零的情况[1]，这些家庭就会成为缺失值被观测。而且，由于净财产为负的家庭与净财产为正的家庭存在着较大的差异，因而一般不能将这种样本缺失值视为随机发生的。

为了排除由净资产负值观测带来的样本损失偏误的影响，本章针对家庭净资产采用两种替代的建模方式。第一种，使用家庭净财产的水平值替代对数值作为控制变量，回归结果报告在表 5－13 中；第二种，将净财产负值的对数值定义为零，回归结果报告在表 5－14 中。从表 5－13 和表 5－14 可以看出，无论采用哪种替代建模方式，基本养老保险参保对家庭消费影响的模式均与基准模型相一致。这

---

[1] 在本章的样本中，2012 年有 143 户家庭净财产小于或等于零，占当年样本比例为 3.6%，2014 年有 337 户家庭净财产小于或等于零，占当年样本比例为 8.1%。

说明本章的实证结果没有受到由净资产负值观测带来的样本损失偏误的影响,基本结论是稳健的。特别地,当采用家庭净资产水平值进行建模时,该项的估计系数基本不显著,与经济学理论不符,这也说明了双对数模型建模的必要性。

表 5-13　　稳健性检验（五）：将净资产对数替换为水平值

	（1） 总体模型	（2） 最低25%	（3） 25%—50%	（4） 50%—75%	（5） 最高25%
自变量	因变量：家庭人均非耐用品消费（对数）				
家庭参保状态	0.129*** (0.020)	0.066 (0.054)	0.187*** (0.038)	0.116*** (0.036)	0.022 (0.031)
控制变量	是	是	是	是	是
省份固定效应	是	是	是	是	是
年份固定效应	是	是	是	是	是
模型显著性检验	238.63 (P=0.0000)	41.37 (P=0.0000)	71.66 (P=0.0000)	58.62 (P=0.0000)	60.74 (P=0.0000)
固定效应F检验	21.51 (P=0.0000)	2.49 (P=0.0001)	6.34 (P=0.0000)	5.11 (P=0.0000)	9.81 (P=0.0000)
Within R^2	0.276	0.265	0.273	0.275	0.278
样本量	7566	1418	2326	1895	1927

注：(1) ***表示在1%的显著性水平下显著。(2) 若非注明为P值,则括号中代表标准误。(3) 模型显著性检验的检验统计量为F统计量。
资料来源：CFPS数据库。

表 5-14　　稳健性检验（六）：将净资产负值的对数替换为零

	（1） 总体模型	（2） 最低25%	（3） 25%—50%	（4） 50%—75%	（5） 最高25%
自变量	因变量：家庭人均非耐用品消费（对数）				
家庭参保状态	0.118*** (0.020)	0.060 (0.055)	0.182*** (0.040)	0.115*** (0.036)	0.011 (0.031)
控制变量	是	是	是	是	是
省份固定效应	是	是	是	是	是
年份固定效应	是	是	是	是	是
模型显著性检验	241.20 (P=0.0000)	41.94 (P=0.0000)	63.48 (P=0.0000)	58.15 (P=0.0000)	73.68 (P=0.0000)

续表

	（1） 总体模型	（2） 最低 25%	（3） 25%—50%	（4） 50%—75%	（5） 最高 25%
固定效应 F 检验	20.31 （P=0.0000）	2.52 （P=0.0000）	5.55 （P=0.0000）	5.70 （P=0.0000）	8.08 （P=0.0000）
Within R^2	0.282	0.271	0.261	0.273	0.319
样本量	7414	1394	2198	1895	1927

注：（1） *** 表示在1%的显著性水平下显著。（2）若非注明为 P 值，则括号中代表标准误。（3）模型显著性检验的检验统计量为 F 统计量。

资料来源：CFPS 数据库。

四 倾向值匹配模型

为了矫正自选择问题带来的估计偏误，本章在面板数据固定效应回归的基础上，进一步使用倾向值匹配（PSM）模型，估计参保对家庭消费的处理效应。

在进行倾向值匹配之前，需要先估计样本中所有家庭参保的倾向值。本章使用最常用的 Logit 模型进行倾向值的估计，Logit 模型的解释变量包括家庭人均纯收入的对数、家庭净财产的对数、家庭受教育水平、家庭户口状态、家庭抚养比、家庭工作人口数、家庭中年长者年龄、家庭中年长者年龄的平方。

Logit 模型解释变量的选择逻辑如下：首先，收入水平和财产水平较高的家庭，一方面更可能从事正规就业；另一方面参保带来的实际缴费负担也较轻，因此家庭的收入水平和财产水平可能会影响家庭的参保决策。其次，受过高等教育和拥有城市户口的个体更可能从事正规就业，从而更可能参加基本养老保险。再次，家庭抚养比较高以及家庭工作人口较多的家庭，家庭负担相对较轻，因而也较大可能参保。最后，如前文所述，由于中国基本养老保险 15 年最低缴费年限的限制，家庭的年龄也可能影响家庭的参保决策。

全样本（混合截面数据）以及两年子样本的 Logit 模型估计结果报告在表 5-15 中。从表 5-15 中可以看出，所有解释变量估计系数的方向都与逻辑预测相一致，说明本章家庭参保倾向值的估计是较为可靠的。

表 5-15　　　　　　　　家庭参保倾向值估计：Logit 模型

自变量	（1）两年全样本	（2）2012 年子样本	（3）2014 年子样本
	因变量：家庭参保状态		
家庭人均纯收入（对数）	0.370*** (0.033)	0.271*** (0.044)	0.460*** (0.050)
家庭净财产（对数）	0.110*** (0.020)	0.060** (0.025)	0.154*** (0.032)
家庭受教育水平	0.799*** (0.069)	0.716*** (0.100)	0.889*** (0.096)
家庭户口状态	1.522*** (0.067)	1.855*** (0.103)	1.255*** (0.091)
家庭抚养比	0.996*** (0.150)	1.230*** (0.227)	0.701*** (0.201)
家庭工作人口数	0.092** (0.042)	0.083 (0.066)	0.096* (0.057)
家庭中年长者年龄	0.154*** (0.025)	0.179*** (0.038)	0.147*** (0.033)
家庭中年长者年龄（平方）	-0.187*** (0.029)	-0.206*** (0.044)	-0.186*** (0.039)
常数项	-10.263*** (0.619)	-9.882*** (0.920)	-10.955*** (0.868)
模型显著性检验	1916.17 (P=0.0000)	991.91 (P=0.0000)	919.42 (P=0.0000)
Pseudo R^2	0.2132	0.2250	0.2038
样本量	7122	3709	3413

注：（1）***、**、* 分别表示在 1%、5%、10% 的显著性水平下显著。（2）若非注明为 P 值，则括号中代表标准误。（3）模型显著性检验的检验统计量为 LR Chi-sq 统计量。
资料来源：CFPS 数据库。

在倾向值估计的基础上，本章对参保家庭和非参保家庭进行了匹配。为了保证估计结果的稳健性，本章选用了两种最常见的匹配方法：k 近邻匹配和卡尺匹配。其中，k 近邻匹配采用 1∶4 的匹配比例。

为了保证 PSM 估计的精确度，在估计前需要对样本匹配的效果进行检验。首先，PSM 估计需要处理组与控制组的倾向值取值范围有相同的部分，即"重叠假定"或共同支撑（Common Support）条件。本章全样本7122条观测中，只有1条参保家庭观测处于倾向值共同取值范围之外，较好地满足了共同支撑条件。

其次，本章画出了匹配前后处理组（参保家庭）与控制组（未参保家庭）的倾向值核密度图，如图5-1和图5-2所示。可以看出：在匹配前，处理组和控制组倾向值分布的差异较大；而在匹配之后，无论是k近邻匹配还是卡尺匹配，处理组和控制组倾向值的分布均十分接近。

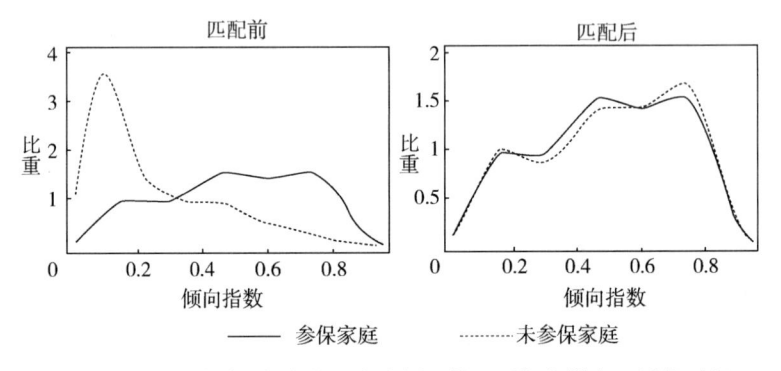

图5-1 匹配前后的倾向值核密度图比较：两年全样本k近邻匹配

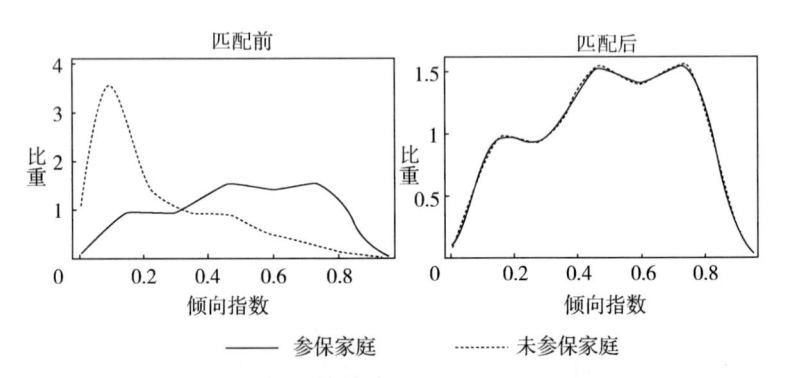

图5-2 匹配前后的倾向值核密度图比较：两年全样本卡尺匹配

最后，本章检验了匹配后各协变量[①]的平衡情况，检验结果如表

---

① 此处，协变量是指影响家庭参保决策的变量，即Logit模型中的解释变量。

5-16和表5-17所示。匹配前处理组和控制组协变量的分布存在较大差异，而匹配后所有协变量的标准化偏差绝对值都小于10%，并且除 k 近邻匹配下的"家庭抚养比"变量外，所有变量的 t 检验结果均在10%的显著性水平下，不能拒绝处理组与控制组无系统差异的原假设。

表5-16　　匹配前后协变量平衡检验：两年全样本 k - 近邻匹配

变量	样本	平均值 处理组	平均值 控制组	标准化偏差	标准化偏差下降比例	t检验 t统计量	t检验 P值
家庭人均纯收入（对数）	匹配前	9.639	8.864	67.2	98.4	25.30	0.000
	匹配后	9.637	9.625	1.0		0.43	0.669
家庭净财产（对数）	匹配前	12.745	12.080	41.5	89.3	16.53	0.000
	匹配后	12.743	12.672	4.4		1.53	0.127
家庭受教育水平	匹配前	0.427	0.132	69.7	96.5	29.51	0.000
	匹配后	0.427	0.417	2.4		0.71	0.476
家庭户口状态	匹配前	0.805	0.394	92.5	99.7	35.34	0.000
	匹配后	0.805	0.806	-0.2		-0.09	0.926
家庭抚养比	匹配前	0.515	0.408	38.7	82.9	15.08	0.000
	匹配后	0.515	0.533	-6.6		-2.25	0.024
家庭工作人口数	匹配前	1.722	1.485	24.4	83.0	9.39	0.000
	匹配后	1.722	1.762	-4.2		-1.46	0.146
家庭中年长者年龄	匹配前	42.781	43.263	-4.9	40.0	-1.89	0.000
	匹配后	42.784	43.073	-2.9		-1.04	0.296
家庭中年长者年龄（平方）	匹配前	19.185	19.794	-7.3	58.0	-2.83	0.000
	匹配后	19.187	19.443	-3.1		-1.09	0.274

表5-17　　匹配前后协变量平衡检验：两年全样本卡尺匹配

变量	样本	平均值 处理组	平均值 控制组	标准化偏差	标准化偏差下降比例	t检验 t统计量	t检验 P值
家庭人均纯收入（对数）	匹配前	9.639	8.864	67.2	99.1	25.30	0.000
	匹配后	9.637	9.631	0.6		0.24	0.814
家庭净财产（对数）	匹配前	12.745	12.08	41.5	92.0	16.53	0.000
	匹配后	12.743	12.69	3.3		1.14	0.255

续表

变量	样本	平均值 处理组	平均值 控制组	标准化偏差	标准化偏差下降比例	t检验 t统计量	t检验 P值
家庭受教育水平	匹配前	0.427	0.132	69.7	98.2	29.51	0.000
	匹配后	0.427	0.422	1.3		0.37	0.708
家庭户口状态	匹配前	0.805	0.394	92.5	99.9	35.34	0.000
	匹配后	0.805	0.805	−0.1		−0.04	0.971
家庭抚养比	匹配前	0.515	0.408	38.7	89.6	15.08	0.000
	匹配后	0.515	0.526	−4.0		−1.37	0.169
家庭工作人口数	匹配前	1.722	1.485	24.4	87.0	9.39	0.000
	匹配后	1.722	1.753	−3.2		−1.11	0.268
家庭中年长者年龄	匹配前	42.781	43.263	−4.9	60.9	−1.89	0.000
	匹配后	42.784	42.972	−1.9		−0.68	0.496
家庭中年长者年龄（平方）	匹配前	19.185	19.794	−7.3	72.0	−2.83	0.000
	匹配后	19.187	19.358	−2.0		−0.73	0.466

综合以上检验结果，可以认为本章的两种匹配方法确实都使样本得到了较好的匹配，匹配后的处理组和控制组在倾向值和协变量的分布上都比较平衡，具有了很好的可比性。

在完成匹配后，本章估计了全样本及不同金融资产水平子样本下，基本养老保险参保对家庭当期非耐用品消费的处理效应，结果报告在表5-18至表5-20中。

表5-18报告了总体模型的PSM估计结果。可以看出，匹配前后参保对消费的处理效应估计差异较大，说明匹配前的估计确实包含了较为严重的自选择偏误。无论是两年全样本，还是分年子样本，匹配后ATT估计都显示：从总体来看，基本养老保险参保能够显著促进家庭当期非耐用品消费，估计系数在1%的显著性水平下显著。这与表5-3和表5-4的估计结果相一致。并且比较表5-3和表5-18的估计系数大小可以发现，面板数据固定效应估计的平均处理效应与PSM估计（无论是k近邻匹配，还是卡尺匹配）的ATT系数大小相当。这说明本章面板数据固定效应回归已经较好地控制了参保家庭与未参保家庭的差异性。

表5-18　　　　　　　　倾向值匹配模型估计结果：总体模型

年份	匹配方法	匹配	参保家庭	未参保家庭	ATT[①]	标准误	t统计量
两年全样本	k近邻匹配	匹配前	9.314	8.784	0.529	0.021	25.18***
		匹配后	9.314	9.179	0.134	0.029	4.63***
	卡尺匹配	匹配前	9.314	8.784	0.529	0.021	25.18***
		匹配后	9.313	9.176	0.137	0.028	4.94***
2012年	k近邻匹配	匹配前	9.094	8.629	0.465	0.031	14.89***
		匹配后	9.091	8.973	0.118	0.042	2.83***
	卡尺匹配	匹配前	9.094	8.629	0.465	0.031	14.89***
		匹配后	9.091	8.972	0.119	0.040	2.95***
2014年	k近邻匹配	匹配前	9.494	8.978	0.516	0.027	19.14***
		匹配后	9.490	9.354	0.136	0.039	3.45***
	卡尺匹配	匹配前	9.494	8.978	0.516	0.027	19.14***
		匹配后	9.490	9.349	0.140	0.039	3.61***

注：***表示在1%的显著性水平下显著。
资料来源：CFPS数据库。

表5-19与表5-20报告了分组模型的PSM估计结果，其中表5-19报告了k近邻匹配的估计结果，表5-20报告了卡尺匹配的估计结果。从两表估计系数可以看出：（1）无论是两年全样本，还是分年子样本，对于金融资产净值处于当年样本最低25%的家庭来说，参保均不能促进家庭当期非耐用品消费，估计系数在10%的显著性水平下不显著；（2）对于金融资产净值处于当年样本25%—75%的家庭来说，参保可以显著提升家庭当期消费；（3）对于金融资产净值处于当年样本最高25%的家庭来说，参保不能促进家庭消费，只有两年全样本k近邻匹配估计时，参保能够在5%的显著性水平下提升金融资产最高25%家庭的消费，但是对于金融资产最高20%的家庭估计系数在5%的显著性水平下不显著，说明参保不能促进最高金融资产家庭消费的趋势是稳健存在的。

---

① ATT是指"参与者平均处理效应"（Average Treatment Effect on the Treated），其含义是对于参保家庭而言，基本养老保险参保对家庭消费的影响。

表 5-19　　倾向值匹配模型估计结果：分组模型 k 近邻匹配

年份	子样本	匹配	参保家庭	未参保家庭	ATT	标准误	t 统计量
两年全样本	最低 25%	匹配前	8.970	8.558	0.412	0.063	6.55***
		匹配后	8.894	8.881	0.013	0.080	0.16
	25%—75%	匹配前	9.175	8.713	0.461	0.028	16.28***
		匹配后	9.175	9.017	0.158	0.036	4.36***
	最高 25%	匹配前	9.584	9.184	0.400	0.033	12.08***
		匹配后	9.581	9.483	0.098	0.048	2.04**
	最高 20%	匹配前	9.599	9.216	0.383	0.035	11.06***
		匹配后	9.597	9.504	0.093	0.048	1.92*
2012 年	最低 25%	匹配前	8.756	8.429	0.326	0.078	4.19***
		匹配后	8.721	8.723	-0.002	0.103	-0.02
	25%—75%	匹配前	8.960	8.534	0.425	0.043	9.85***
		匹配后	8.960	8.808	0.152	0.054	2.84***
	最高 25%	匹配前	9.396	9.090	0.305	0.049	6.22***
		匹配后	9.392	9.413	-0.021	0.068	-0.31
2014 年	最低 25%	匹配前	9.362	8.896	0.467	0.093	4.99***
		匹配后	9.282	9.155	0.128	0.121	1.06
	25%—75%	匹配前	9.331	8.892	0.439	0.036	12.22***
		匹配后	9.331	9.244	0.086	0.047	1.81*
	最高 25%	匹配前	9.728	9.304	0.423	0.044	9.71***
		匹配后	9.716	9.637	0.079	0.068	1.14

注：***、**、*分别表示在1%、5%、10%的显著性水平下显著。
资料来源：CFPS 数据库。

表 5-20　　倾向值匹配模型估计结果：分组模型卡尺匹配

年份	子样本	匹配	参保家庭	未参保家庭	ATT	标准误	t 统计量
两年全样本	最低 25%	匹配前	8.970	8.558	0.412	0.063	6.55***
		匹配后	8.894	8.851	0.043	0.079	0.54
	25%—75%	匹配前	9.175	8.713	0.461	0.028	16.28***
		匹配后	9.172	9.010	0.162	0.034	4.70***
	最高 25%	匹配前	9.584	9.184	0.400	0.033	12.08***
		匹配后	9.581	9.500	0.081	0.046	1.76

续表

年份	子样本	匹配	参保家庭	未参保家庭	ATT	标准误	t统计量
2012年	最低25%	匹配前	8.756	8.429	0.326	0.078	4.19***
		匹配后	8.670	8.691	0.008	0.101	0.08
	25%—75%	匹配前	8.960	8.536	0.425	0.043	9.85***
		匹配后	8.960	8.815	0.145	0.051	2.82***
	最高25%	匹配前	9.396	9.090	0.305	0.049	6.22***
		匹配后	9.389	9.397	-0.008	0.069	-0.11
2014年	最低25%	匹配前	9.362	8.896	0.467	0.093	4.99***
		匹配后	9.291	9.114	0.177	0.126	1.41
	25%—75%	匹配前	9.331	8.892	0.439	0.036	12.22***
		匹配后	9.322	9.224	0.097	0.048	2.03**
	最高25%	匹配前	9.728	9.304	0.423	0.044	9.71***
		匹配后	9.716	9.659	0.057	0.077	0.75

注：***、**分别表示在1%、5%的显著性水平下显著。
资料来源：CFPS数据库。

综合总体模型、分组模型的面板数据固定效应估计、PSM估计以及各种稳健性分析估计的结果可以发现，不同建模方法的估计结果均稳健地表明，参保不能促进低资产低收入家庭的当期消费，背离公共养老保险制度设计的初衷。这说明中国基本养老保险的制度设计存在着扭曲，较高的缴费率和缴费基数限制，使低资产低收入家庭承受较高的实际缴费负担，家庭当期收入被较大程度地压缩，对低资产低收入家庭形成了较强的参保逆向激励。

五 缴费率模型

本章已经通过总体模型和分组模型的实证结果证明：虽然平均来看养老保险参保能够促进城镇家庭消费，但是由于低资产低收入家庭承受了过重的实际缴费负担，使养老保险制度只提高了较高资产和较高收入家庭的消费水平，而不能提高低资产低收入家庭的消费。本章为了进一步佐证分组模型的结论，设计了缴费率模型，以检验家庭实际缴费率对人均消费的影响，回归结果报告在表 5-21 中。

表 5-21 中第（1）—（2）列的回归系数说明，家庭实际缴费率对人均消费的偏效应呈现出开口向下的二次曲线关系，即在控制家庭收入、财富水平等变量的基础上，存在使家庭消费水平最优的适宜缴费率水平。当家庭缴费率低于适宜费率水平时，提高实际缴费率可以降低家庭预防性储蓄，对家庭消费具有正向的偏效应；当家庭实际缴费率高于适宜费率水平时，家庭缴费负担过重，在借贷约束的限制下，家庭将被迫压缩当期消费，此时提高缴费率将进一步抑制家庭当期消费。

因为存在最高缴费基数，以及企业为减少经营成本降低高收入职工的缴费基数，在实际中参保家庭的实际费率负担随着收入的增加而降低。所以，高资产高收入家庭通常落在最适宜费率水平的左侧，即实际费率负担较低，保障水平不足，预防性储蓄增加使当期消费偏离最优水平；而由于较高缴费下限的限制，以及在岗职工平均工资水平较高、增速过快等因素的影响，低资产低收入家庭通常落在最适宜费率水平的右侧，其实际缴费负担过重，在借贷约束的作用下，家庭当期消费受到抑制，偏离最优水平。

表 5-21 缴费率模型估计结果

	（1）全样本	（2）全样本	（3）剔除极端值	（4）剔除极端值
自变量	因变量：家庭人均非耐用品消费（对数）			
家庭实际缴费率	2.926** (1.174)	2.972** (1.186)	3.185** (1.311)	3.310** (1.326)
家庭实际缴费率（平方）	-7.298** (2.910)	-7.252** (2.947)	-7.828** (3.191)	-7.937** (3.243)
家庭人均纯收入（对数）	0.284*** (0.068)	0.294*** (0.071)	0.314*** (0.081)	0.331*** (0.086)
家庭净财产（对数）	-0.011 (0.025)	-0.012 (0.025)	-0.007 (0.028)	-0.009 (0.028)

续表

	（1）全样本	（2）全样本	（3）剔除极端值	（4）剔除极端值
家庭是否有财产性收入	—	-0.022 (0.107)	—	-0.076 (0.119)
家庭是否有负债	—	0.073 (0.076)	—	0.100 (0.083)
家庭受教育水平	—	-0.371** (0.185)	—	-0.340* (0.196)
家庭户口状态	—	0.242 (0.179)	—	0.366* (0.197)
家庭抚养比	—	-0.051 (0.164)	—	-0.190 (0.189)
家庭中年长者年龄	—	0.017 (0.049)	—	0.011 (0.053)
家庭中年长者年龄（平方）	—	-0.014 (0.056)	—	-0.002 (0.062)
家庭固定效应	是	是	是	是
年份固定效应	是	是	是	是
常数项	6.310*** (0.765)	5.780*** (1.318)	5.899*** (0.890)	5.264*** (1.489)
模型显著性检验	23.74 (P=0.0000)	10.57 (P=0.0000)	20.20 (P=0.0000)	9.49 (P=0.0000)
固定效应F检验	1.62 (P=0.0000)	1.54 (P=0.0000)	1.53 (P=0.0000)	1.48 (P=0.0000)
Within R^2	0.241	0.258	0.242	0.269
样本量	1949	1948	1754	1753

注：(1) ***、**、*分别表示在1%、5%、10%的显著性水平下显著。(2) 若非注明为P值，则括号中代表标准误。(3) 模型显著性检验的检验统计量为F统计量。
资料来源：CFPS数据库。

缴费率模型的回归结果说明，在中国现行费率机制下，高资产高收入家庭和低资产低收入家庭的费率均偏离适宜水平，导致两类家庭分别出现了保障不足和保障过度的情况，使两类家庭的消费均偏离了最优水平,致使家庭福利受损,对家庭参保缴费意愿形成逆向激励。这说明未来的基本养老保险制度改革应当遵循名义费率和实际费率相匹配的原则,使实际费率和家庭适宜保障水平相适应,才能有效地提升各收入水平家庭的参保激励,以保证制度抚养比维持在相对健康的水平,实现基本养老保险制度的长期可持续发展。

与总体模型及分组模型类似,本章对缴费率模型也进行了一系列的稳健性检验,主要集中于样本范围和变量定义两个方面。

首先,表5-21至表5-23的第(3)和第(4)列回归都剔除了极端值样本观测的影响。与表5-9的做法一致,本章在这六列回归中,均剔除了金融资产净值在当年样本中处于最低5%和最高5%的家庭观测。这六列回归的结果都说明,剔除了极端值观测点的影响后,估计系数的方向和显著性仍然与缴费率模型的基准回归结果相一致,缴费率模型的实证结果对极端值样本的影响是稳健的。

其次,缴费率模型基准回归定义的家庭实际缴费率,其分母为家庭的工资性收入,考虑到非工资性收入也会影响家庭的实际费率负担,本章以"家庭纯收入(与2010可比)"作为分母,重新计算家庭实际缴费率,且进行缴费回归,估计结果报告在表5-22中。结果显示,缴费率模型的实证结果对实际缴费率的定义方式是稳健的。

表5-22　　缴费率模型稳健性检验(一):家庭实际缴费率的定义

自变量	(1) 全样本	(2) 全样本	(3) 剔除极端值	(4) 剔除极端值
	因变量:家庭人均非耐用品消费(对数)			
家庭实际缴费率	3.174** (1.269)	3.259** (1.289)	3.435** (1.406)	3.503** (1.421)
家庭实际缴费率 (平方)	-8.250** (3.260)	-8.306** (3.293)	-8.509** (3.541)	-8.410** (3.561)

续表

	（1）全样本	（2）全样本	（3）剔除极端值	（4）剔除极端值
控制变量	是	是	是	是
家庭固定效应	是	是	是	是
年份固定效应	是	是	是	是
模型显著性检验	23.78（P=0.0000）	10.60（P=0.0000）	20.19（P=0.0000）	9.47（P=0.0000）
固定效应 F 检验	1.58（P=0.0000）	1.52（P=0.0000）	1.50（P=0.0000）	1.46（P=0.0000）
Within R^2	0.242	0.258	0.242	0.269
样本量	1949	1948	1754	1753

注：（1）**表示在5%的显著性水平下显著。（2）若非注明为 P 值，则括号中代表标准误。（3）模型显著性检验的检验统计量为 F 统计量。

资料来源：CFPS 数据库。

再次，与总体模型和分组模型一致，本章检验了家庭消费的定义方式对缴费率模型结果的影响。表 5 - 23 使用家庭人均总支出作为家庭消费度量进行回归，回归结果显示，家庭消费的定义方式不影响缴费率模型的基本回归结果。

表 5 - 23 缴费率模型稳健性检验（二）：家庭人均总支出

	（1）全样本	（2）全样本	（3）剔除极端值	（4）剔除极端值
自变量	因变量：家庭人均总支出（对数）			
家庭实际缴费率	3.696***（1.400）	3.531**（1.393）	3.042**（1.502）	3.196**（1.500）
家庭实际缴费率（平方）	-9.314***（3.417）	-8.953***（3.411）	-8.038**（3.598）	-8.268**（3.615）
控制变量	是	是	是	是
家庭固定效应	是	是	是	是
年份固定效应	是	是	是	是
模型显著性检验	9.85（P=0.0000）	5.71（P=0.0000）	10.49（P=0.0000）	6.21（P=0.0000）

续表

	(1) 全样本	(2) 全样本	(3) 剔除极端值	(4) 剔除极端值
固定效应F检验	1.56 (P=0.0000)	1.50 (P=0.0000)	1.56 (P=0.0000)	1.54 (P=0.0000)
Within R^2	0.132	0.178	0.159	0.216
样本量	1809	1808	1630	1629

注：(1) ***、**分别表示在1%、5%的显著性水平下显著。(2) 若非注明为P值，则括号中代表标准误。(3) 模型显著性检验的检验统计量为F统计量。

资料来源：CFPS数据库。

最后，本章也考虑了由家庭净财产负值带来的样本损失偏误，表5-24的回归中更换了家庭净财产的定义方式。第 (1) — (2) 列回归采用家庭净财产的水平值代替对数值作为控制变量，第 (3) — (4) 列回归将家庭净财产负值的对数定义为零。重新定义家庭净财产之后，缴费率模型估计系数的方向和显著性均没有发生变化，系数大小略有减小，说明缴费率模型的实证结果对这部分样本损失也是稳健的。

表5-24　缴费率模型稳健性检验（三）：家庭净资产的负值问题

	(1) 净资产水平值	(2) 净资产水平值	(3) 负值替换为零	(4) 负值替换为零
自变量	因变量：家庭人均非耐用品消费（对数）			
家庭实际缴费率	2.332** (1.087)	2.345** (1.094)	2.933** (1.142)	3.011*** (1.152)
家庭实际缴费率 （平方）	-5.364** (2.599)	-5.344** (2.618)	-7.123** (2.807)	-7.305** (2.830)
控制变量	是	是	是	是
家庭固定效应	是	是	是	是
年份固定效应	是	是	是	是
模型显著性检验	26.34 (P=0.0000)	11.71 (P=0.0000)	26.54 (P=0.0000)	11.72 (P=0.0000)
固定效应F检验	1.67 (P=0.0000)	1.59 (P=0.0000)	1.67 (P=0.0000)	1.59 (P=0.0000)

续表

	（1） 净资产水平值	（2） 净资产水平值	（3） 负值替换为零	（4） 负值替换为零
Within R^2	0.246	0.262	0.2553	0.271
样本量	2045	2043	2002	2001

注：（1）***、**分别表示在1%、5%的显著性水平下显著。（2）若非注明为P值，则括号中代表标准误。（3）模型显著性检验的检验统计量为F统计量。

资料来源：CFPS数据库。

第四节 小结

本章以家庭消费作为主要目标变量，考察基本养老保险参保对家庭消费的处理效应，以推断养老保险制度设计对家庭形成的参保缴费激励状况。

基本养老保险缴费制度设计中，存在以平均工资为基础的缴费基数上下限，这使高资产高收入家庭的实际缴费率低于名义缴费率，虽然家庭可支配收入受到影响较小，但会使家庭保障水平不足；而低资产低收入家庭受到最低缴费基数的限制，不得不承担比名义费率更高的实际缴费负担，从而大幅度降低家庭的可支配收入。同时，借贷约束的限制，使低资产低收入家庭无法以养老金财富为抵押借贷补充消费，或将抑制低资产低收入家庭的消费水平。

为了证实该观察，本章设计了总体模型、分组模型和缴费率模型，基于面板数据固定效应回归和倾向值匹配估计的实证结果如下：

（1）从总体来看，基本养老保险参保能够促进家庭当期消费；

（2）分组模型估计结果表明，基本养老保险参保不能提升低资产低收入家庭的当期消费水平，这是因为较高的缴费率和缴费基数限制，使低资产低收入家庭承受较高的实际缴费负担，在借贷约束的限制下，家庭当期收入被较大程度地压缩，基本养老保险中费率差异化的缴费制度设计，扭曲了低资产低收入家庭的跨期资源配置效率，对这部分家庭形成了较强的参保缴费逆向激励；

（3）缴费率模型的估计结果表明，高资产高收入家庭因实际缴费率较低引起保障不足，导致家庭消费偏离最优水平，实际缴费率的增加将提高其保障水平，减少家庭预防性储蓄，使得家庭当期消费水平随之提高；而低资产低收入家庭承受的实际缴费负担过重，超过了家庭的适宜储蓄水平，在借贷约束的限制下，实际缴费率的上涨将进一步降低低收入家庭的消费水平。

另外，本章还对实证模型结果进行了多维度的稳健性检验，所有稳健性分析的结果均表明本章的实证结果是稳健的。

基于本章研究可以发现，政府当前采取的逐渐降低社保费率、为参保人员减负等改革措施[①]，有助于降低低收入家庭的借贷约束，从而提高低收入群体的参保积极性，降低制度赡养率，提高制度的长期偿付能力。应该继续坚持这一改革方向，并在制度设计上理顺基本养老保险制度和家庭消费之间的关系，合理分配不同收入水平家庭的缴费负担，才能够更好地发挥基本养老保险的保障功能。

---

① 2016 年 4 月 14 日，人社部和财政部联合发布《人力资源社会保障部　财政部关于阶段性降低社会保险费率的通知》（人社部发〔2016〕36 号），规定"从 2016 年 5 月 1 日起，企业职工基本养老保险单位缴费比例超过 20% 的省（区、市），将单位缴费比例降至 20%；单位缴费比例为 20% 且 2015 年底企业职工基本养老保险基金累计结余可支付月数高于 9 个月的省（区、市），可以阶段性将单位缴费比例降低至 19%，降低费率的期限暂按两年执行。"该文件出台之后，2016 年上海市将缴费比例降低至 20%，北京、天津、山西、江苏、安徽、江西、河南、湖北、湖南、广西、海南、重庆、四川、贵州、甘肃、宁夏等多省（直辖市、自治区）统一将基本养老保险企业缴费比例下调至 19%。2019 年 3 月 5 日，国务院总理李克强在十三届全国人大第二次会议开幕式上做政府工作报告，宣布"下调城镇职工基本养老保险单位缴费比例，各地可降至 16%"。4 月 4 日，国务院办公厅发布《关于印发降低社会保险费率综合方案的通知》，确定从当年 5 月 1 日开始正式实行 16% 的单位缴费率。

第 六 章

基本养老保险对退休家庭消费的影响分析

本书第四章的理论模型分析表明，基于平均工资的缴费基数下限制度，加重了低收入家庭的养老保险实际缴费负担，将家庭终生财富中的较大部分转移到退休时期支配，使低收入家庭工作时期的消费受到抑制，退休时期的消费被提升。家庭的跨期消费决策受到扭曲，偏离了最优的终生消费路径。本书第五章已经基于中国家庭追踪调查（CFPS）数据，证实了基本养老保险缴费制度对不同类型参保家庭工作时期消费的影响。接下来，本章将继续使用微观家庭调查数据，检验不同收入水平参保家庭在退休前后的消费变化情况，进一步证实第四章的相关理论推论。结合第五章和本章的研究，本章将从实证分析的角度，刻画出参保家庭全生命周期的消费路径，为理解养老保险制度对不同类型家庭终生福利和参保行为的影响提供完整的证据链条。

在经济学中研究退休家庭的消费问题，绕不开著名的"退休—消费之谜"（Retirement Consumption Puzzle）。根据生命周期理论，理性的家庭为实现终生效用最大化，会利用储蓄和信贷平滑各期消费。然而很多西方学者基于不同国家的数据（包括美国、西班牙、意大利、法国、德国等）发现退休导致消费下降的现象（Ameriks 等，2007；Battistin 等，2009；Aguila 等，2011；Aguiar 和 Hurst，2013；

Luengo-Prado 和 Sevilla，2013）。这与生命周期理论的预测相违背，被经济学家称为"退休—消费之谜"。各国学者也从不同的角度对"退休—消费之谜"给出了解释，包括家庭的储蓄不足、与工作相关的支出下降（Battistin 等，2009）、未预期的非自愿退休、家庭人口结构的变化（Fisher 等，2008；Battistin 等，2009）等。

国内现有相关文献也主要追随西方"退休—消费之谜"的研究传统，考察退休前后家庭消费的下降情况。李宏彬等（2014）基于 2002—2009 年 9 个省的城镇住户调查（UHS）数据研究发现，退休会使家庭非耐用品消费减少 21%；邹红、喻开志（2015）同样基于 UHS 数据研究发现，退休显著降低了城镇家庭非耐用消费支出的 9%。不过李宏彬等（2014）和邹红、喻开志（2015）都发现家庭非耐用品消费的下降，主要是由于与工作相关支出、在家食品支出的降低，这主要与家庭的工作生活方式、时间分配模式相关。扣除掉这些支出后，家庭消费基本是平滑的，不存在真正的"退休—消费之谜"。黄娅娜、王天宇（2016），王新军、郑超（2020），郑超、王新军（2020）分别基于中国城镇居民收支调查数据、中国健康与养老追踪调查数据也得到了类似的结论。而王亚柯、赵振翔（2020）基于 CFPS 数据发现，不仅食品支出、工作相关支出，家庭的其他非耐用品消费和总消费支出在退休后都有显著的下降，只有休闲娱乐支出有所增加。鉴于食品消费在中国退休消费研究中的重要地位，部分国内学者专门考察了家庭在退休前后食品支出的变化情况。邓婷鹤等（2016）及袁铭、白军飞（2020）研究指出，家庭退休后食物支出的下降，主要是由于家庭用更多的食物生产时间，替代了货币支出。退休后家庭闲暇时间的增加，使家庭有更多的时间挑选价格更低的食物，另外家庭会减少在外就餐，用更多的时间在家制作食物，以替代价格更贵的市场成品食物。退休后家庭食物支出虽然下降了，但是营养摄入水平并未降低。

上述文献从不同的角度解释了中国家庭退休后消费下降的原因，

虽然现有研究都认为退休后家庭的消费福利水平并未下降，但是他们实际一致地认为家庭在退休后，总体的非耐用品消费确实发生了下降。然而本章认为，现有文献没有结合中国养老保险制度考察退休家庭消费问题，从而忽略了中国养老保险特殊的缴费给付制度对家庭退休前后消费的影响。

一方面，如本书前文第三章至第五章所述，中国基于平均工资的缴费基数下限制度，加重了低收入参保家庭的实际缴费负担，压缩了参保家庭工作时期的消费。另一方面，养老保险高缴费使低收入家庭在退休后获得稳定的较高养老金给付，反而可以享受相对较高的消费水平。结果如本书第四章理论模型所预测的那样，在借贷约束的限制下，低收入家庭在退休后的消费超过了工作时期的消费。并且工作时期家庭的收入水平越低，退休后消费增长的幅度就越大。

关于中国低收入参保家庭养老金给付较高的事实，本章在此要加以特别说明。部分媒体和文献（如李珍、王海东，2012）一直强调，中国基本养老金替代率太低，甚至低于了"国际警戒线"。所谓的养老金替代率"国际警戒线"，是国际劳工组织（ILO）1976年第128号公约提出的，即一个已婚男性在缴费30年后，养老金替代率应不低于45%。这里的养老金替代率是个人养老金替代率，而很多媒体和学者计算的中国养老金替代率，却是基于平均养老金和在岗职工平均工资的平均替代率，即（养老基金总支出/离退休人数）/在岗职工平均工资。这个概念没有意义。第一，养老金替代率会随着参保家庭收入水平的提高而下降，不同收入水平家庭的替代率差异较大。高收入家庭拥有较高的财富水平，并不依靠养老金给付支持退休后的生活。公共养老保险的"保基本"职能，其实只需要保障中低收入家庭养老金给付的充足性即可。而中低收入家庭养老金替代率，肯定会高于总体家庭的平均替代率。第二，如本书第三章所述，中国的在岗职工平均工资由于统计口径过窄，没有涵盖大量的私营企业职工、个体工商户和灵活就业人员，导致平均工资水平过高，偏离了真正的社会平均收入水平。以在岗职工平均工资作为分母，计算平均养老金替代率，自然会明显低估养老金替代率水平。王晓军（2013）以城镇居民人均可支配收入为分母，计算得出城镇居民养老金平均替代率为83%。考虑到中国收入分布的严重右偏性，我们可以合理地推测，相当一部分低收入家庭的养老金给付已经超过了其退休前的收入水平。本章会基于CHARLS调查数据，比较老年人的养老金给付水平与退休前工资水平，进一步证明中国低收入参保家庭养老金给付偏高的事实。如此高的养老金给付，自然会使得退休后的家庭消费不降反增。

也有国内文献发现了退休会提高家庭消费。例如石贝贝（2017）基于2011年和2013年CHARLS数据研究发现，退休对家庭消费水平有积极影响。但是论文并没有对这种现象进行深入分析，也没有给出相关的解释。范宪伟（2020）基于2015年CHARLS数据发现，老年人口退休后消费水平更高。该文进一步研究了年龄和消费类型的异质性，认为"优势的个体特征、良好的家庭互动以及完善的社会保障条件"是导致老年人退休后消费增加的原因。相关论文都没有基于中国特殊的养老保险制度设计，就退休家庭消费问题提供深入的认识和良好的解释。一方面，现有文献在研究这一问题时，都是基于工作状态定义"退休"，而不是基于养老金领取状态定义"退休"，在中国存在提前退休、内退等各种复杂问题的情况下，这种"退休"的定义方式会掩盖一些重要的特征事实；另一方面，现有文献没有基于中国养老保险的制度特点，将不同借贷约束状态、不同收入水平的参保家庭区分开来，从而没有揭示出中国养老保险缴费给付制度对家庭退休前后消费的重要影响。

基于此，本章将根据中国健康与养老追踪调查数据，考察不同收入水平的老年家庭在领取养老金前后的家庭消费的变化情况，为刻画中国养老保险缴费给付制度对参保家庭全生命周期消费路径的影响，为理解制度设计对家庭的参保缴费激励，提供了进一步的证据。

第一节 数据描述与变量定义

一 数据来源与数据处理

本章使用的数据是由北京大学国家发展研究院主持、北京大学中国社会科学调查中心执行的中国健康与养老追踪调查（China Health and Retirement Longitudinal Study，CHARLS）。CHARLS 旨在收集一套代表中国 45 岁及以上的中老年人家庭和个人的高质量微观数据，用于促进中国老龄化的相关问题研究。CHARLS 调查内容主要包括老年人个人基本信息，家庭结构和经济支持，健康状况，医疗服务利用和医疗保险，工作、退休和养老金、收入、消费、资产，以及社区基本情况等。目前 CHARLS 已经公布了 2011 年全国基线调查，以及 2013、2015、2018 年三轮追踪调查数据。本章使用的数据即包括这四轮调查数据。

本章首先提取合成老年人个人和家庭层面的相关变量。老年人个人层面的变量包括老年人的年龄、户籍、就业、养老保险、医疗保险、退休、收入、金融资产、金融负债等；家庭层面的变量包括收入、支出、住房资产、人口结构、代际转移支付等。其次，本章将每年的个人和家庭层面数据合并，生成家庭层面数据表；最后，本章将四年的家庭层面数据表合并在一起，生成混合截面数据。为排除极端异常值的影响，本章对所有以货币度量的变量进行了上下 1% 的缩尾。

合成混合截面数据后，本章将样本限定在参加城镇职工基本养老保险[①]的非农业户口[②]家庭。为了保证样本观测都是退休前后并且

---

① 包括 2015 年养老保险并轨改革前的机关事业单位养老保险。如果一个受访家庭中有 2 位受访老年人，则至少有 1 位老年人参加职工基本养老保险，即视该家庭为参保家庭。

② 包括统一居民户口。

紧邻退休年龄的家庭，本章进一步将样本限定为在退休前后十年的家庭观测，即家庭中"退休资格"①变量取值最大的老人，"退休资格"变量取值必须在 [-10, 10]。最终，样本包含3948条家庭一年观测；2011、2013、2015、2018年样本观测数量分别为1027、1131、891、899条。

二 变量定义与变量描述

本章所使用主要变量的定义方式如下文所示。

家庭人均非耐用品消费（对数）[$\ln(Nondurable_{it})$]：将家庭消费支出中的食品支出（包括购买食品、消费自家生产农产品、外出就餐、香烟酒水），衣着消费支出，邮电、通信支出，水电费、燃料费、取暖费支出，保姆、小时工、佣人支出，当地交通费支出，日用品支出，文化娱乐支出，旅游支出和美容支出加总，生成变量"家庭非耐用品消费"；除以变量"家庭成员数量"，获得变量"家庭人均非耐用品消费"（$Nondurable_{it}$）；再取对数，获得变量"家庭人均非耐用品消费（对数）"。

家庭人均耐用品消费（对数）[$\ln(Durable_{it})$]：将家庭消费支出中的家具和耐用品消费支出，交通工具的购买、维修及配件费用，购买汽车支出，购买电器支出等加总，生成变量"家庭耐用品消费"；除以变量"家庭成员数量"，获得变量"家庭人均耐用品消费"（$Durable_{it}$）；考虑到部分家庭耐用品消费支出为0，取对数时先将变量加1，即 $\ln(Durable_{it}) = \ln(1+Durable_{it})$。

家庭人均总支出（对数）[$\ln(E_{it})$]：将家庭的非耐用品消费、耐用品消费、教育培训支出、医疗保健支出加总，生成变量"家庭总支出"；除以变量"家庭成员数量"，获得变量"家庭人均总支出"（E_{it}）；再取对数，获得变量家庭人均总支出（对数）。特别地，

---

① "退休资格"变量衡量了参保个体年龄和领取养老金法定退休年龄之间的距离。变量的具体定义下文有介绍。

本章既未将教育培训支出和医疗保健支出定义为非耐用品消费，也未将其定义为耐用品消费，是因为教育和医疗本质上是一种人力资本投资，而不是消费。

是否退休（$Retire_{it}$）：虚拟变量。若家庭的主要受访者及其配偶中至少有1位正在领取城镇职工基本养老金，则变量取值为1，否则变量取值为0。

退休资格（$Eligiblity_{it}$）。首先计算受访家庭主要受访者及其配偶的"退休资格"，将其定义为参保受访者年龄与领取养老金法定退休年龄之差。其中，如果受访者为男性，则法定退休年龄为60岁；如果受访者为女性，则法定退休年龄为50岁；如果受访者为女性干部（副处级及以上），则法定退休年龄为55岁。其次，计算家庭的"退休资格"，如果家庭中只有1位参保受访者，则家庭的"退休资格"等于该受访者的"退休资格"；如果家庭中有2位参保受访者，则家庭的"退休资格"等于2位受访者"退休资格"的最大值。

受访者税费前收入（对数）[$\ln(Elderly\_Income_{it})$]：将家庭主要受访者及其配偶个人的工资收入、公共转移支付收入加总并取对数。其中，受访老年人的公共转移支付收入不包括养老金收入。

家庭收入（对数）：将除家庭主要受访者及其配偶之外的其他家庭成员的工资收入和公共转移支付收入、所有家庭成员的养老金收入、家庭农业生产经营收入、家庭私营企业或个体工商户经营收入、家庭财产性收入加总并取对数。

家庭住房资产（对数）：将家庭所有住房资产市场价值（万元）加总，减去家庭未偿还的购房贷款，然后取对数。

受访者金融资产：将家庭主要受访者及其配偶持有的银行存款、股票、债券、基金的市场价值加总并取对数。

受访者金融负债：将家庭主要受访者及其配偶未偿还的民间借贷、银行贷款、信用卡欠款加总并取对数。

受访者年龄最大值：如果家庭中只有1位受访者，则变量取值等于该受访者的年龄；如果家庭中有2位受访者，则变量取值等于2

位受访者年龄的最大值。

受访者年龄平均值：如果家庭中只有1位受访者，则变量取值等于该受访者的年龄；如果家庭中有2位受访者，则变量取值等于2位受访者年龄的平均值。

受访者最高教育水平：如果家庭中只有1位受访者，则变量取值等于该受访者的受教育水平；如果家庭中有2位受访者，则变量取值等于2位受访者受教育水平的最大值。该变量取值1、2、3、4、5、6、7，分别代表教育水平为文盲/半文盲、小学毕业、初中毕业、高中/中专毕业、大专毕业、大学本科毕业、研究生毕业。

受访者是否参加灵活就业人员养老保险：虚拟变量。如果家庭主要受访者及其配偶中至少有1位是以私营业主、个体工商户、灵活就业人员身份参加城镇职工基本养老保险，则变量取值为1，否则变量取值为0。

受访者是否参加机关事业单位养老保险：虚拟变量。2015年养老金并轨改革以前，如果家庭主要受访者及其配偶中至少有1位参加了机关事业单位养老保险，则变量取值为1，否则变量取值为0；2015年养老金并轨改革以后，如果家庭主要受访者及其配偶中至少有1位在机关事业单位正规就业，并且参加城镇职工基本养老保险，则变量取值为1，否则变量取值为0。

受访者是否参加基本医疗保险：虚拟变量。如果家庭主要受访者及其配偶中至少有1位参加城镇职工基本医疗保险、公费医疗或补充医疗保险，则变量取值为1，否则变量取值为0。

与受访者同住子女数量：与家庭主要受访者及其配偶共同居住的子女、儿媳、女婿、孙子、孙女的人数。

与受访者同住家庭成员数量：与家庭主要受访者及其配偶共同居住的父母、公公婆婆、岳父岳母、兄弟姐妹及其配偶、子女、儿媳、女婿、孙子、孙女及其他亲戚的人数。

表6-1是主要变量的描述性统计。

表 6-1　　　　　　　　主要变量的描述性统计

变量	观测数	平均值	标准差	最小值	最大值
家庭人均非耐用品消费（对数）	3948	9.23	0.88	6.61	11.33
家庭人均耐用品消费（对数）	3948	3.37	3.71	0	11.00
家庭人均总支出（对数）	3049	9.38	0.90	6.83	11.80
是否退休	3948	0.63	0.48	0	1
退休资格	3948	1.76	5.18	-10	9.92
受访者税费前收入（对数）	3948	6.09	5.11	0	13.57
家庭收入（对数）	3928	5.18	4.92	0	18.83
家庭住房资产（对数）	3948	2.39	1.85	0	8.52
受访者金融资产（对数）	3948	5.72	5.16	0	13.38
受访者金融负债（对数）	3948	2.14	4.36	0	13.30
受访者年龄最大值	3948	57.33	6.28	42.33	85.08
受访者年龄平均值	3948	56.09	6.04	42.33	75.25
受访者最高教育水平	3940	3.68	1.14	1	7
受访者是否参加灵活就业人员养老保险	3948	0.22	0.42	0	1
受访者是否参加机关事业单位养老保险	3948	0.35	0.48	0	1
受访者是否参加基本医疗保险	3935	0.64	0.48	0	1
与受访者同住子女数量	3948	0.85	1.08	0	11
与受访者同住家庭成员数量	3948	0.98	1.15	0	11

第二节　实证模型设定

本章将基于上述微观调查样本数据，设计一系列计量回归模型，考察中国养老保险缴费给付制度对参保家庭退休前后消费变化的影响。具体而言，本章设计了总体回归模型、分组回归模型和工具变量回归模型。总体回归模型考察全样本参保家庭在退休前后的消费变化情况；分组回归模型考察不同收入水平参保家庭退休前后的消费变化情况；工具变量回归模型用于矫正内生性问题带来的估计偏误。

一 总体回归模型

总体回归模型的基本设定如下:

$$\ln(Nondurable_{it}) = \alpha + \tau Retire_{it} + Income_{it}\beta_1 + Asset_{it}\beta_2 + X_{it}\gamma + \delta_t + \varepsilon_{it} \tag{6-1}$$

其中，因变量 $\ln(Nondurable_{it})$ 是家庭人均非耐用品消费的对数。主要解释变量 $Retire_{it}$ 代表家庭主要受访者及其配偶中是否至少有一人正在领取基本养老金。待估参数 τ 是我们主要关心的参数，衡量了退休对参保家庭非耐用品消费的影响。如果 $\tau > 0$，则说明退休后参保家庭的消费水平相对于退休前有所提升；反之如果 $\tau < 0$，则说明退休后参保家庭的消费水平低于退休前。

控制变量中，$Income_{it}$ 代表衡量家庭收入水平的变量，包括主要受访者及其配偶税费前收入（对数）、家庭收入（对数），用来控制家庭收入水平对家庭消费的影响。$Asset_{it}$ 代表衡量家庭资产和负债水平的变量，包括家庭住房资产（对数）、主要受访者金融资产、主要受访者金融负债，用来控制家庭资产和负债水平的影响。X_{it} 是一系列的其他控制变量，包括主要受访者及其配偶年龄最大值、主要受访者及其配偶年龄平均值、主要受访者最高教育水平、主要受访者是否参加灵活就业人员养老保险、主要受访者是否参加机关事业单位养老保险、主要受访者是否参加基本医疗保险、与主要受访者同住子女数量、与主要受访者同住家庭成员数量，主要用来控制受访者年龄、受教育水平、参保类型和家庭人口结构对消费的影响。δ_t 是一系列的年份虚拟变量，用来控制时间因素对家庭消费的影响。ε_{it} 是模型的误差项。另外，考虑到同一家庭不同年份观测之间的自相关问题，以及不同家庭观测之间的异方差问题，本章估计系数的标准误均为家庭层面的聚类稳健标准误。

本章建立了混合截面数据模型，而没有建立面板数据模型，其原因有两个：第一，本章将样本家庭限制为"退休资格"的取值范围在 [-10, 10]，降低了家庭之间的异质性。为了进一步降低样本异质性，在基准模型之后，本章还将家庭的"退休资格"取值范围限制在了［-5，5］，作为稳健性分析。第二，由于对老年人"退休资格"变量取值范围的限制，数据中家庭被重复观测的比例太低，不适合建立面板数据回归模型。在全样本 2070 个家庭中，910 个家庭只被观测到 1 次，占 44%；598 个家庭被观测到 2 次；406 个家庭被观测到 3 次；只有 156 个家庭被观测到了 4 次。更重要的是，本章主要解释变量是家庭是否退休，而样本中只有 373 个家庭同时被观测到了退休前和退休后的情况，无法为模型提供足够的变异性。

二 分组回归模型

在总体回归模型的基础上，考虑到中国城镇职工基本养老保险存在缴费下限制度的特殊背景，本章建立了分组回归模型，考察退休对不同收入水平参保者消费影响的异质性。建立分组回归模型，有交互项回归与子样本回归两种方法，本章首先建立交互项回归，如式（6-2）所示。

$$\ln(Nondurable_{it}) = \alpha + \tau_1 Retire_{it} + \tau_2 Retire_{it} \cdot \ln(Elderly\_Income_{it}) \\ + \tau_3 \ln(Elderly\_Income_{it}) + Income_{it}\beta_1 + Asset_{it}\beta_2 + X_{it}\gamma + \delta_t + \varepsilon_{it}$$

$$(6-2)$$

其中，$Retire_{it} \cdot \ln(Elderly\_Income_{it})$ 是主要解释变量与主要受访者及其配偶税费前收入（对数）的交互项。该交互项度量了退休对不同收入水平的参保者的消费水平影响的异质性。控制变量中，衡量家庭收入水平的变量 $Income_{it}$ 包括家庭收入（对数）；其他符号的含义，与式（6-1）相同。本章之所以选择主要受访者及其配偶的税费前收入作为分组变量，是因为该收入没有掺杂社保缴费、个人所得税等因素的人力资本度量指标，是养老保险制度中决定参保者缴费基数的依据。

其次，本章建立了子样本回归。本章生成了主要受访者及其配偶税费前收入的中位数，并根据家庭主要受访者及其配偶税费前收入的取值是否超过变量中位数，将全样本分为高收入和低收入两个子样本。本章在这两个子样本上，分别进行式（6-1）的回归。

三 工具变量回归模型

本章的实证模型受到内生性问题的挑战。是否退休、何时退休是家庭的内生性决策。影响家庭退休决策的因素，也可能会影响家庭的消费决策。本章通过工具变量回归的方法，矫正内生性问题带来的估计偏误问题。

中国目前执行的是强制退休政策，男性退休年龄为 60 岁，女性工人退休年龄为 50 岁，女干部退休年龄为 55 岁。正常情况下，达到退休年龄才可以退休并领取养老金。当然，并非所有人都会在上述退休年龄退休，也会存在其他的例外情形。首先，对于从事部分高危险或者对健康有害工作的职工，男性和女性的退休年龄可以提前到 55 岁和 45 岁。其次，由于国有企业改革、企业绩效不佳或个人原因等多种因素，中国存在一定比例的提前退休或内退人群。再次，部分人群可能会晚于法定退休年龄退休，例如正高级职称、博士生导师、高级官员等，由于人力资本水平较高，可能会延迟退休。最后，若想领取基本养老金，除了达到法定退休年龄之外，还需要满足基本养老保险的最低缴费年限要求，部分人群可能由于未达到最低缴费年限要求，需要补缴养老保险，从而晚于法定退休年龄才开始领取养老金。总之，是否达到法定退休年龄是决定参保者能否退休（本章的定义是领取基本养老金）的重要因素，但又不是全部因素。

据此，本章选择的工具变量为"退休资格是否大于等于 0"。这是一个虚拟变量，如果家庭的"退休资格大于等于 0"，则变量取值为 1；否则变量取值为 0。如前文所述，参保者个体的"退休资格"变量，定义为参保受访者年龄与领取养老金法定退休年龄之差。因此，参保者"退休资格大于等于 0"，即意味着该参保者已经达到了法定退休年龄；家庭"退休资格大于等于 0"，即意味着该户主要受访者及其配偶中，至少有 1 位已经达到了法定退休年龄。根据强制退休制度,"退休资格大于等于0"的家庭,显然相对更有可能已经处于退休状态了。工具变量的相关性条件得到满足。

该工具变量也能较好地满足外生性条件。该工具变量本质上由家庭受访者的年龄定义。年龄属于生老病死的自然因素,不会受到家庭收入、财富、消费、储蓄等各种因素的影响,本身就具有较好的外生性,因而相关变量常常成为工具变量的良好选择(陈云松,2012)。另外,以家庭"退休资格是否大于等于0"作为家庭是否退休的工具变量,本质上也与模糊断点回归(Fuzzy Regression Discontinuity Design)的工具变量估计方法相契合。当然,受访者年龄本身除了会影响退休决策,也可能会直接影响家庭消费。因此,本章在控制变量中加入了"主要受访者及其配偶年龄最大值""主要受访者及其配偶年龄平均值",以控制家庭主要受访者及其配偶年龄因素的影响,进一步保证工具变量的外生性。

另外,在分组回归模型的交互项回归中,由于主要解释变量 $Retire_{it}$ 是内生变量,交互项 $Retire_{it} \cdot \ln(Elderly\_Income_{it})$ 也就是内生变量。遵循现有文献的研究传统,本章以"退休资格是否大于等于0"与 $\ln(Elderly\_Income_{it})$ 的交互项,作为交互项 $Retire_{it} \cdot \ln(Elderly\_Income_{it})$ 的工具变量。

第三节 实证结果分析

一 基本养老保险参保者退休前后收入的描述性分析

在研究退休对参保家庭消费的影响之前,本章首先考察了中国城镇职工基本养老保险的个体实际替代率,为理解退休家庭消费问题提供基础性的认识。本章以 CHARLS 2015 年调查数据为例,利用调查中询问的"你退休前的工资,包括奖金和各种补贴每月多少钱""您办理正式退休时,退休金/养老金(包括各种补贴)是多少元/月""您现在每月领多少退休金/养老金(包括各种补贴)"几个问题，构建了参保者的"退休前月收入""退休时每月养老金给付""现在每月养老金给付"三个变量。本章保留了参加并且已经领取机关事业单位、企业职工养老金，并且上述三个变量都具有有效值的观测，共907条。为了排除极端值的影响，本章对这三个变量进行了上下1%的缩尾。其次，本章依据参保者退休前的月收入，将样本分为5组，考察了各组别参保者刚退休时的养老金替代率以及现在（2015年）的养老金替代率，结果报告在图6-1和图6-2中。

图6-1报告了不同收入组受访者刚退休时每月养老金给付与退休前月收入之比的中位数和平均值。首先，养老金替代率确实随着受访者退休前月收入的提高而逐渐降低。这在全世界养老保险体系中都属于通例，主要与养老保险缴费存在上限以及养老金给付公式中存在收入再分配的设计因素有关。在中国还有另一个制度因素加强了这一模式，即较高的养老保险缴费基数下限，这进一步提高了低收入参保者的养老金替代率。其次，图6-2显示出中国城镇职工基本养老保险的个体替代率是偏高的。退休前月收入最低20%的受访者，在刚退休时每月养老金与退休前月收入之比的中位数是238%，平均数更是高达546%。对于退休前收入最低的参保受访者，退休后收入不但没有下降，还有大幅度提升。退休前收入排在中间60%的参保者，刚退休时每月养老金与退休前月收入之比的中位数也都超过了100%。只有退休前月收入最高的20%受访者，该比值的中位数和平均值才低于100%，但是也分别高达90%和80%。由此可知，不仅低收入群体的养老金替代率很高，与主要OECD国家相比，中国高收入群体的养老金替代率也是绝对地高。例如，在美国收入水平为平均水平1.5倍的参保者，养老金替代率为36%—40%，在英国为20%—30%，法国和德国为45%—60%，高福利的北欧挪威、芬兰、瑞典三国分别约为50%、60%和80%，OECD国家中只有希腊高收入群体的养老金替代率高于中国。[①]

[①] 各国养老金替代率数据来自Pallares-Miralles等（2012）。

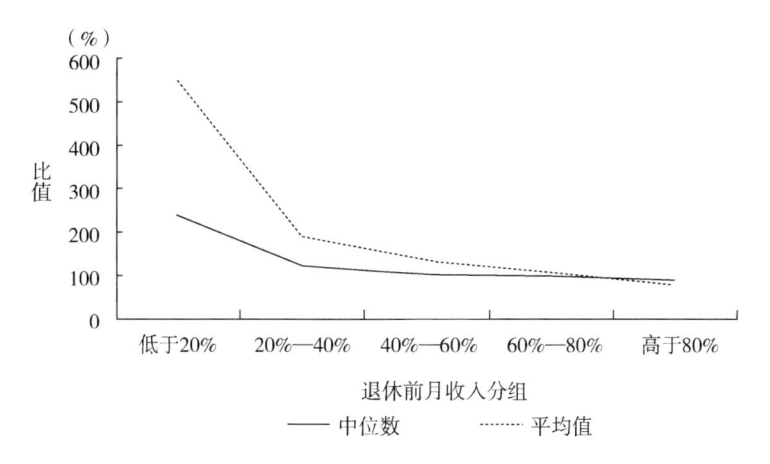

图 6-1 受访者退休时每月养老金给付与退休前月收入之比

自 2005 年起，中国退休职工的基本养老金经历了连续 10 年的高速增长，每年增速超过 10%。近几年增速有所下降，但是每年依然增长约 6.5%。经过了连续多年的高速增长，中国退休职工的养老金给付水平已经达到了相当高的水平。如图 6-2 所示，退休前收入最低 20% 的参保者，现在每月养老金给付与退休前月收入之比的中位数，已经高达了约 33 倍；退休前收入最高 20% 的参保者，该中位数也高达约 120%。

当然，图 6-2 中的数据还掺杂了退休年份的差异，多年来中国物价水平、整体工资水平不断上涨等诸多因素的影响。为了排除这些因素的影响，本章以每年 10% 的折现率，将 2015 年的养老金给付贴现到受访者退休的那一年，然后再计算养老金给付与退休前月收入之比，结果报告在图 6-3 中。经过调整后，退休前月收入最低 20% 的参保者，每月养老金给付与退休前月收入之比的中位数依然高达 461%；退休前月收入排在中间 60% 的参保者，养老金给付与退休前月收入之比的中位数也基本超过了 100%；退休前月收入最高 20% 的参保者，该中位数约为 68%，对于高收入群体来说，仍然是比较高的公共养老金替代率水平。

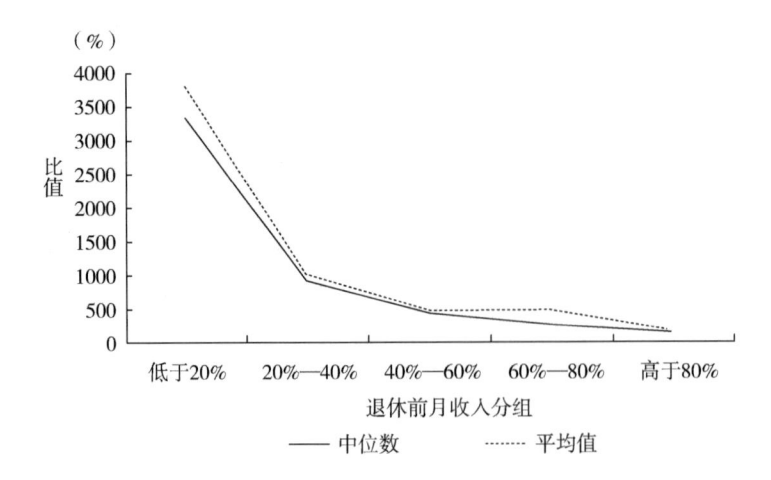

图 6-2　受访者现在每月养老金给付与退休前月收入之比

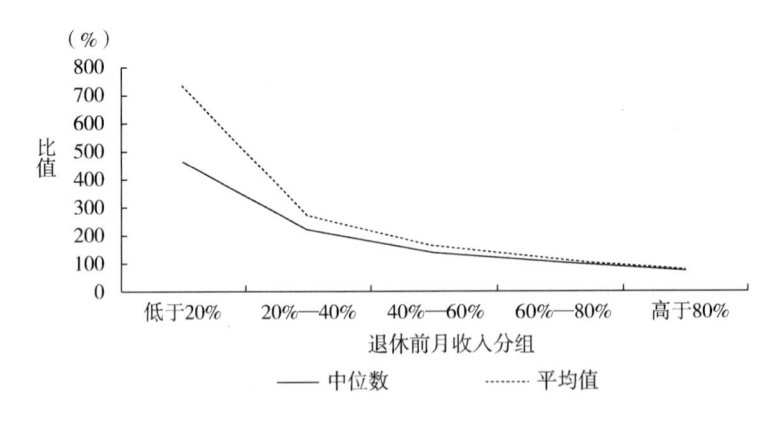

图 6-3　受访者调整后的每月养老金给付与退休前月收入之比

图 6-1 至图 6-3 基于全国性的微观家庭调查数据，进一步印证了前文所述的中国低收入参保家庭养老金给付较高的事实。在如此高的养老金给付制度下，中国老年参保家庭在退休后的消费很可能是不降反升的。与西方国家的"退休—消费之谜"呈现出完全不同的终生消费路径模式。接下来，本章基于一系列计量回归模型，严格地考察退休对参保家庭非耐用品消费的影响。

二 总体模型回归结果

表6-2报告了总体模型的回归结果。第（1）—（3）列是在全样本上进行回归，而第（4）—（6）列将回归样本限定在家庭"退休资格"变量取值在[-5,5]的观测。其中，第（1）和第（4）列没有加入控制变量，第（2）和第（5）列加入了家庭收入和资产方面的控制变量，第（3）和第（6）列进一步加入了受访者个人特征、家庭人口结构方面的控制变量。

表6-2第（1）—（2）列中，主要解释变量"是否退休"并不显著，虽然第（3）列中"是否退休"显著大于0，但是当把样本限制在样本异质性更小的子样本时，第（4）—（6）列中"是否退休"再次变得不再显著。综合来看，本章认为对于中国城镇职工养老保险参保家庭来说，退休并没有对家庭非耐用品消费水平有显著影响，甚至可能存在轻微的正向影响。

表6-2 总体模型回归结果

	(1)	(2)	(3)	(4)	(5)	(6)
	家庭人均非耐用品消费（对数）					
	退休资格[-10,10]			退休资格[-5,5]		
是否退休	-0.032 (0.032)	0.032 (0.032)	0.088** (0.034)	-0.052 (0.037)	0.006 (0.038)	0.056 (0.039)
受访者税费前收入（对数）	—	0.011*** (0.003)	-0.005 (0.003)	—	0.009** (0.004)	-0.008* (0.004)
家庭收入（对数）	—	-0.022*** (0.003)	0.005 (0.003)	—	-0.019*** (0.004)	0.008** (0.004)
家庭住房资产（对数）	—	0.067*** (0.008)	0.059*** (0.007)	—	0.065*** (0.011)	0.053*** (0.010)
受访者金融资产（对数）	—	0.023*** (0.003)	0.014*** (0.003)	—	0.023*** (0.004)	0.014*** (0.004)
受访者金融负债（对数）	—	0.012*** (0.003)	0.011*** (0.003)	—	0.015*** (0.004)	0.014*** (0.004)

续表

	(1)	(2)	(3)	(4)	(5)	(6)
	\multicolumn{6}{c}{家庭人均非耐用品消费（对数）}
	\multicolumn{3}{c}{退休资格 [-10, 10]}	\multicolumn{3}{c}{退休资格 [-5, 5]}
受访者年龄最大值	—	—	-0.039*** (0.009)	—	—	-0.034*** (0.012)
受访者年龄平均值	—	—	0.031*** (0.009)	—	—	0.023* (0.012)
受访者最高教育水平	—	—	0.129*** (0.015)	—	—	0.130*** (0.019)
受访者是否参加灵活就业人员养老保险	—	—	-0.120*** (0.033)	—	—	-0.143*** (0.043)
受访者是否参加机关事业单位养老保险	—	—	0.019 (0.029)	—	—	0.035 (0.037)
受访者是否参加基本医疗保险	—	—	0.155*** (0.035)	—	—	0.143*** (0.045)
与受访者同住子女数量	—	—	0.095*** (0.034)	—	—	0.116** (0.045)
与受访者同住家庭成员数量	—	—	-0.291*** (0.032)	—	—	-0.326*** (0.042)
常数项	8.895*** (0.033)	8.638*** (0.047)	8.816*** (0.186)	8.889*** (0.041)	8.630*** (0.062)	9.011*** (0.255)
年份虚拟变量	是	是	是	是	是	是
R^2	0.102	0.163	0.272	0.114	0.170	0.285
样本量	3948	3944	3923	2223	2223	2209

注：(1) ***、**、*分别表示在1%、5%、10%的显著性水平下显著。(2) 若非注明为 P 值，则括号中代表标准误。(3) 模型显著性检验的检验统计量为 F 统计量。
资料来源：CHARLS 数据库。

虽然国内现有文献发现了退休导致中国家庭非耐用品消费下降的结果，但是本章与这部分文献可能并不冲突，因为国内现有文献的样本代表了全部城镇家庭，而本章的样本则限定在参保家庭。考虑到美国、英国等发达国家公共养老保险体系的覆盖率很高，几乎达到全覆盖，但是中国的城镇职工基本养老保险只覆盖了不到一半的城镇家庭，因此，相比于国内现有文献，本章的样本代表性与国际文献更加一致。而本章结果与西方文献并不一致，甚至可能与之方向相反。这反映出中国城镇职工基本养老保险制度对参保家庭的消费路径的影响可能与西方国家养老保险体系截然不同。

总体模型所估计的退休对参保家庭消费的影响，是不同收入水平家庭处理效应的平均结果。如前文理论分析所述，中国基本养老保险存在较高的缴费基数下限，再加上与之相伴的高养老金给付制度，退休对不同收入水平参保家庭消费的影响可能存在异质性。接下来本章将把参保家庭按照收入水平分组，以更好地揭示中国基本养老保险制度的特点及其对参保家庭的影响。

三　分组模型回归结果

表6-3报告了分组模型的回归结果。第（1）—（3）列是在全样本上进行回归，而第（4）—（6）列将回归样本限定在家庭"退休资格"变量取值在［-5，5］的观测。其中，不同列分别加入了不同的控制变量。

表6-3第（1）—（3）列结果显示，在不同的模型设定下，一次项"是否退休"估计系数均在1%的显著性水平上显著为正，而交互项"是否退休×受访者税费前收入（对数）"的估计系数均在1%的显著性水平上显著为负，估计结果十分稳健。第（4）—（6）列的子样本回归估计结果，与前三列几乎完全一致，估计系数的绝对值大小也十分接近。该估计结果表明，对于低收入受访者来说，退休并开始领取基本养老金可以显著地提高家庭非耐用品消费水平。特别地，对于最低收入的参保受访者，退休可以使家庭人均非耐用品消费提高约20%。而这种消费提升作用随着受访者收入水平的提高而不断减弱，渐渐趋向于0。

表 6-3　　　　　　　　　　　分组模型回归结果：交互项回归

	(1)	(2)	(3)	(4)	(5)	(6)
	家庭人均非耐用品消费（对数）					
	退休资格 [-10, 10]			退休资格 [-5, 5]		
是否退休	0.279*** (0.055)	0.221*** (0.060)	0.191*** (0.061)	0.264*** (0.070)	0.228*** (0.075)	0.193*** (0.074)
是否退休 × 受访者税费前收入（对数）	-0.031*** (0.006)	-0.025*** (0.007)	-0.013** (0.006)	-0.034*** (0.008)	-0.029*** (0.008)	-0.018** (0.008)
受访者税费前收入（对数）	0.041*** (0.005)	0.029*** (0.006)	0.005 (0.006)	0.040*** (0.006)	0.028*** (0.007)	0.005 (0.007)
家庭收入（对数）	—	-0.021*** (0.003)	0.005* (0.003)	—	-0.018*** (0.004)	0.008** (0.004)
家庭住房资产（对数）	—	0.067*** (0.008)	0.059*** (0.007)	—	0.065*** (0.010)	0.053*** (0.010)
受访者金融资产（对数）	—	0.022*** (0.003)	0.014*** (0.003)	—	0.022*** (0.004)	0.014*** (0.004)
受访者金融负债（对数）	—	0.012*** (0.003)	0.011*** (0.003)	—	0.015*** (0.004)	0.015*** (0.004)
受访者年龄最大值	—	—	-0.039*** (0.009)	—	—	-0.034*** (0.012)
受访者年龄平均值	—	—	0.031*** (0.009)	—	—	0.022* (0.013)
受访者最高教育水平	—	—	0.127*** (0.015)	—	—	0.127*** (0.019)
受访者是否参加灵活就业人员养老保险	—	—	-0.112*** (0.034)	—	—	-0.133*** (0.043)
受访者是否参加机关事业单位养老保险	—	—	0.014 (0.029)	—	—	0.029 (0.037)
受访者是否参加基本医疗保险	—	—	0.147*** (0.035)	—	—	0.132*** (0.045)
与受访者同住子女数量	—	—	0.092*** (0.034)	—	—	0.112** (0.046)
与受访者同住家庭成员数量	—	—	-0.287*** (0.032)	—	—	-0.323*** (0.042)
常数项	8.542*** (0.056)	8.476*** (0.064)	8.767*** (0.188)	8.548*** (0.069)	8.453*** (0.078)	8.967*** (0.256)
年份虚拟变量	是	是	是	是	是	是

续表

	(1)	(2)	(3)	(4)	(5)	(6)
	家庭人均非耐用品消费（对数）					
	退休资格 [-10, 10]			退休资格 [-5, 5]		
R²	0.118	0.167	0.273	0.130	0.175	0.287
样本量	3948	3944	3923	2223	2223	2209

注：(1) ***、**、* 分别表示在1%、5%、10%的显著性水平下显著。(2) 若非注明为P值，则括号中代表标准误。(3) 模型显著性检验的检验统计量为F统计量。
资料来源：CHARLS 数据库。

如本章第二节所述，分组模型可以进行交互项回归，也可以做子样本回归。本章根据受访者税费前收入是否超过样本中位数，将全样本划分为低收入组和高收入组，分别对两组子样本进行式（6-1）回归，估计结果报告在表6-4中。其中，第（1）和第（3）列没有加入控制变量，第（2）和第（4）列加入了家庭收入和资产方面、受访者个人特征以及家庭人口结构方面的控制变量。

表6-4第（1）和第（2）列估计结果一致地表明，对于低收入参保者来说，退休并领取基本养老金可以显著地提高家庭非耐用品消费水平。对于整个低收入组，退休使家庭人均非耐用品消费提供了约10%。而第（3）和第（4）列估计结果则显示，退休并领取基本养老金并没有增加高收入受访者的非耐用品消费。在不加入控制变量的情况下，第（3）列中"是否退休"的估计系数甚至显著为负。

表6-4 分组模型回归结果：子样本回归

	(1)	(2)	(3)	(4)
	家庭人均非耐用品消费（对数）			
	低收入组		高收入组	
是否退休	0.169*** (0.045)	0.103** (0.052)	-0.175*** (0.043)	0.047 (0.047)
受访者税费前收入（对数）	—	-0.018*** (0.005)	—	0.041** (0.017)

续表

	(1)	(2)	(3)	(4)
	家庭人均非耐用品消费（对数）			
	低收入组		高收入组	
家庭收入（对数）	—	0.000 (0.004)	—	0.012*** (0.004)
家庭住房资产 （对数）	—	0.061*** (0.011)	—	0.051*** (0.011)
受访者金融资产 （对数）	—	0.011*** (0.004)	—	0.015*** (0.004)
受访者金融负债 （对数）	—	0.013*** (0.005)	—	0.010** (0.004)
受访者年龄最大值	—	-0.038*** (0.012)	—	-0.038*** (0.012)
受访者年龄平均值	—	0.031** (0.012)	—	0.028** (0.014)
受访者最高教育水平	—	0.126*** (0.021)	—	0.104*** (0.020)
受访者是否参加灵活 就业人员养老保险	—	-0.115*** (0.044)	—	-0.100** (0.046)
受访者是否参加机关 事业单位养老保险	—	-0.010 (0.041)	—	0.028 (0.038)
受访者是否参加 基本医疗保险	—	0.156*** (0.044)	—	0.109** (0.053)
与受访者同住 子女数量	—	0.135*** (0.048)	—	0.048 (0.043)
与受访者同住 家庭成员数量	—	-0.324*** (0.046)	—	-0.258*** (0.039)
常数项	8.965*** (0.038)	8.794*** (0.242)	9.501*** (0.034)	8.657*** (0.358)
年份虚拟变量	是	是	是	是
R^2	0.008	0.254	0.011	0.259
样本量	2113	2099	1835	1824

注：***、**分别表示在1%、5%的显著性水平下显著。

表6-3和表6-4基于不同的分组模型设定方式，得到了非常

一致的估计结果。退休可以显著提高低收入参保者的家庭消费水平，这种消费提升作用随着参保者收入水平的提高而不断减弱。对于高收入参保者来说，退休并不会影响家庭消费。表6-3和表6-4的回归结果证明了本书第四章的理论预测。中国城镇职工基本养老保险存在较高的缴费基数下限，低收入参保者在工作时期的实际缴费率远远高于政策缴费率和高收入群体的实际缴费率，养老保险制度将参保者终生财富中的较大部分通过强制储蓄的方式转移至退休时期支配。这一方面压缩了参保者在工作时期的可支配收入和消费水平，另一方面又使参保者在退休后可以支配较多的养老金给付，进而提高了退休后的消费。本章的图6-1至图6-3也印证了这一点，在养老保险缴费基数下限高和低收入参保家庭实际缴费率过高的背景下，低收入参保者的养老金给付远远高于其退休前的工资收入，自然会导致其在退休后的消费水平有所提高。而高收入参保者退休后的养老金给付相比于退休前工资收入有所下降，或者基本持平，所以退休并没有增强高收入参保者的消费水平。

为了更加直观地考察不同收入水平参保者在退休前后消费变化存在差异性的原因，本章分别描述了全样本中退休前、退休后观测税费前收入和税费后收入的分布图，如图6-4和图6-5所示。

图6-4是主要受访者及其配偶税费前收入累积分布图[①]，税费前收入包括税前工资收入和公共转移支付收入，但是不包括基本养老金给付。受访者的税费前收入，反映的是受访者的劳动力供给和人力资本给受访者带来的收入。在所有的分位数上，退休前受访者的税费前收入水平都高于退休后受访者，即相当于退休前群体的税费前收入相对于退休后群体是一阶占优的。这是非常自然的现象。在退休之后，人们普遍会停止工作，或者至少会减少劳动供给，从而导致税费前收入下降。

---

① 严格来说，图6-4和图6-5是将收入的经验累积分布图旋转交换了横轴与纵轴。

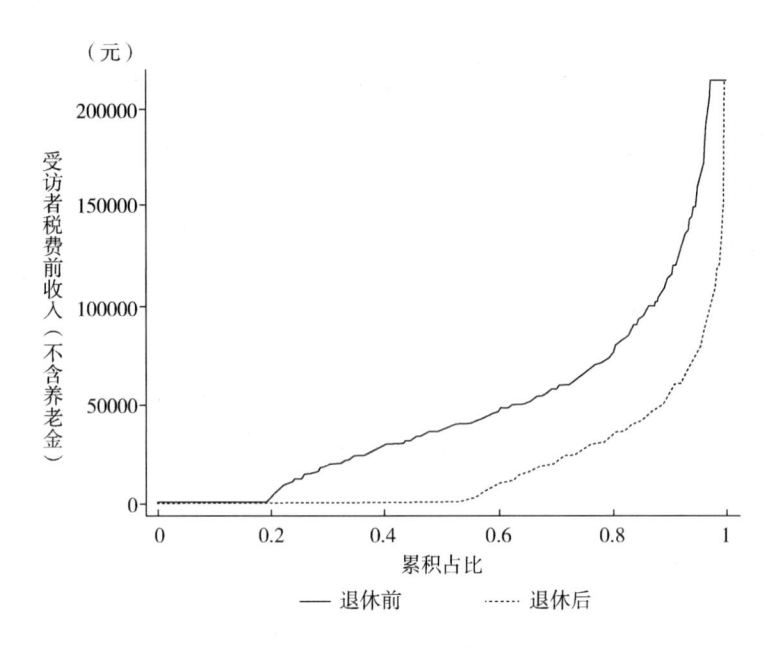

图 6-4　主要受访者及其配偶税费前收入累积分布

图 6-5 描绘了主要受访者及其配偶税费后收入累积分布图。税费后收入包括税后工资收入、公共转移支付收入和基本养老金给付收入，相当于受访者的可支配收入。当把收入指标替换成包含养老金给付的税费后收入后，图 6-5 展现出了与图 6-4 截然不同的模式，退休前群体的收入不再全局一阶占优于退休后群体，而是出现了低收入群体与高收入群体的分化。在低收入群体中，退休后受访者的税后收入是高于退休前受访者的；而在高收入群体中，退休后受访者的税后收入仍然低于退休前。这其中的原因是：对于低收入群体，一方面退休前需要缴纳较高的社保缴费，压缩了税后收入；另一方面在退休后又可以领取较高的免税养老金给付，从而导致退休后受访者的可支配收入水平普遍超过了退休前。而对于高收入群体而言，一方面退休前的社保实际缴费负担较轻；另一方面退休后的养老金替代率也远低于低收入群体，所以退休后受访者的可支配收入水平是普遍低于退休前的。

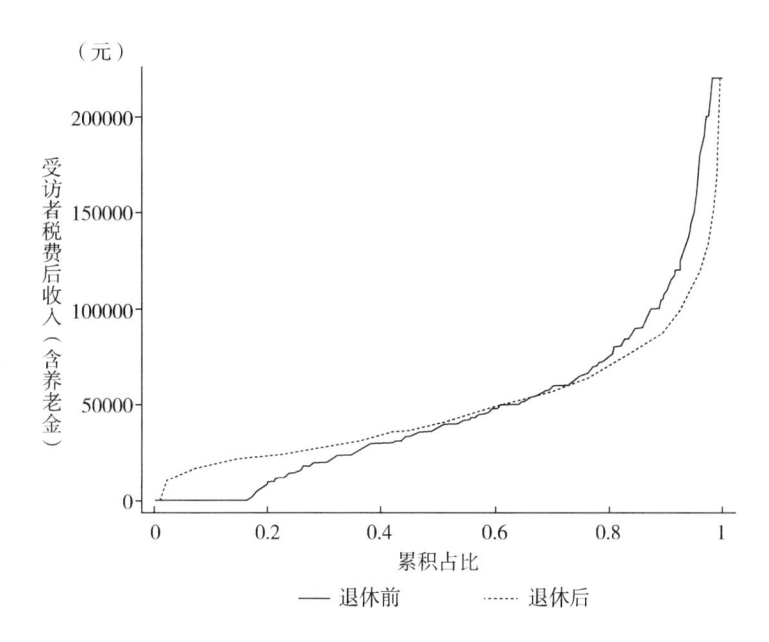

图 6-5 主要受访者及其配偶税费后收入累积分布

本书第四章的理论分析,第五章和本章的各种描述性分析、计量模型回归分析,以及多种不同类型的证据,从不同的角度证明了中国城镇职工基本养老保险较高的缴费基数下限制度,使低收入参保群体在工作时期的实际缴费负担过重,压缩了工作时期的消费水平,其在退休后享受的养老金给付又过高,抬高了退休后的消费水平,导致退休后低收入参保者的消费水平相对于退休前不降反升。

特别值得注意的是,养老保险制度使低收入参保者退休后消费水平提高,这看似是件好事,改进了低收入退休者的福利,其实不然,因为低收入参保者退休后消费水平的改善是以工作时期的消费水平受压缩为前提和代价的。家庭在中青年时期消费需要较为旺盛,存在一系列的刚性支出需求,例如购房、婚育、教育支出等,消费支出在生命周期内占有很大的比重。而家庭在老年退休时期的消费需求则较为有限,主要是基本生活支出和医疗保健支出。中国的城镇职工基本养老保险制度在低收入参保者消费需求旺盛的工作时期拿走了其过高比例的收入，又在其消费需求萎缩的退休时期赋予了其较高的养老金给付，实际上是对低收入参保者跨期资源配置的扭曲。如本书第四章的理论分析所示，这样的制度安排实际上损害了低收入参保者的终生福利水平。

四　工具变量模型回归结果

如前文所述，为了矫正退休决策的内生性问题，本章针对总体模型和分组模型进行了工具变量回归，估计结果报告在表6-5中。表6-5第（1）和第（2）列是总体模型的工具变量-两阶段最小二乘估计结果，其中第（1）列是第一阶段估计结果，第（2）列是第二阶段估计结果。在第一阶段估计结果中，工具变量"退休资格大于等于0"的估计系数在1%的显著性水平上显著为正，符号符合预期。排除所有控制变量（包括年份虚拟变量）的第一阶段回归F统计量高达2942，远远大于10，说明不存在弱工具变量问题。第二阶段估计结果中，内生解释变量"是否退休"的估计系数仍然在1%的显著性水平上显著为正，与总体回归模型OLS估计结果相一致。IV-2SLS估计结果显示，退休使得不同收入水平受访者家庭人均非耐用品消费提升约20%，大于OLS估计结果，说明OLS估计结果可能存在低估。

表6-5第（3）和第（5）列是分组模型的IV-2SLS估计结果，其中第（3）列和第（4）列是第一阶段估计结果，第（5）列是第二阶段估计结果。在以"是否退休"为因变量的第一阶段估计结果中，工具变量"退休资格大于等于0"的估计系数在1%的显著性水平上显著为正；在以"是否退休×受访者税费前收入（对数）"为因变量的第一阶段估计结果中，工具变量"退休资格大于等于0×受访者税费前收入（对数）"的估计系数在1%的显著性水平上显著为正，符号均符合预期。排除所有控制变量（包括年份虚拟变量）的第一阶段回归的F统计量分别高达1601和1788，远远大于10，说明不存在弱工具变量问题。第二阶段估计结果显示，内生解释变

量"是否退休"的估计系数在1%的显著性水平上显著为正,交互项"是否退休×受访者税费前收入(对数)"的估计系数显著为负。IV-2SLS估计结果与分组回归模型OLS的估计结果一致,均表明退休会提高低收入参保者的消费水平,但是这种消费提升效应随着受访者收入水平的提高而降低。

表6-5 工具变量模型回归结果

	(1)	(2)	(3)	(4)	(5)
	第一阶段	第二阶段	第一阶段		第二阶段
	是否退休	家庭人均非耐用品消费（对数）	是否退休	是否退休×受访者税费前收入（对数）	家庭人均非耐用品消费（对数）
是否退休	—	0.217*** (0.064)	—	—	0.434*** (0.131)
是否退休×受访者税费前收入（对数）	—	—	—	—	-0.025** (0.011)
受访者税费前收入（对数）	-00010*** (0.001)	-0.003 (0.003)	-0.024*** (0.003)	0.154*** (0.013)	0.016* (0.009)
家庭收入（对数）	-0.002* (0.001)	0.005* (0.003)	-0.003** (0.001)	-0.021* (0.011)	0.006* (0.003)
家庭住房资产（对数）	-0.002 (0.003)	0.059*** (0.007)	-0.002 (0.003)	3.14e-5 (0.025)	0.059*** (0.007)
受访者金融资产（对数）	0.002 (0.001)	0.014*** (0.003)	0.002* (0.001)	0.011 (0.010)	0.013*** (0.003)
受访者金融负债（对数）	-0.004*** (0.001)	0.012*** (0.003)	-0.004*** (0.001)	-0.013 (0.012)	0.012*** (0.003)
受访者年龄最大值	0.009** (0.004)	-0.040*** (0.009)	0.010** (0.004)	0.059** (0.029)	-0.041*** (0.009)
受访者年龄平均值	0.003 (0.005)	0.027*** (0.010)	0.003 (0.005)	0.011 (0.031)	0.026*** (0.010)

续表

	（1）	（2）	（3）	（4）	（5）
	第一阶段	第二阶段	第一阶段		第二阶段
	是否退休	家庭人均非耐用品消费（对数）	是否退休	是否退休×受访者税费前收入（对数）	家庭人均非耐用品消费（对数）
受访者最高教育水平	-0.004 (0.006)	0.129*** (0.015)	-0.003 (0.006)	-0.153*** (0.047)	0.124*** (0.015)
受访者是否参加灵活就业人员养老保险	-0.008 (0.014)	-0.118*** (0.033)	-0.021 (0.015)	0.090 (0.108)	-0.102*** (0.034)
受访者是否参加机关事业单位养老保险	-0.090*** (0.013)	0.037 (0.030)	-0.084*** (0.013)	-0.838*** (0.115)	0.031 (0.029)
受访者是否参加基本医疗保险	0.066*** (0.014)	0.143*** (0.035)	0.071*** (0.014)	0.116 (0.109)	0.127*** (0.036)
与受访者同住子女数量	0.008 (0.016)	0.094*** (0.035)	0.011 (0.016)	-0.097 (0.126)	0.087** (0.035)
与受访者同住家庭成员数量	-0.013 (0.015)	-0.288*** (0.032)	-0.014 (0.015)	0.107 (0.121)	-0.281*** (0.033)
退休资格大于等于0	0.566*** (0.019)	—	0.412*** (0.034)	-0.674*** (0.017)	—
退休资格大于等于0*受访者税费前收入（对数）			0.020*** (0.003)	0.723*** (0.017)	
常数项	-0.287*** (0.083)	9.003*** (0.205)	-0.226*** (0.084)	-2.759*** (0.617)	8.940*** (0.203)
年份虚拟变量	是	是	是	是	是
R^2	0.560	0.269	0.568	0.646	0.268
样本量	3923	3923	3923	3923	3923

注：（1）***、**分别表示在1%、5%的显著性水平下显著。（2）若非注明为P值，则括号中代表标准误。（3）模型显著性检验的检验统计量为F统计量。

资料来源：CFPS数据库。

五 替换消费变量

在考察了退休对参保家庭非耐用品消费影响的基础上,本章还考察了退休对家庭耐用品消费支出和总支出的影响,以揭示退休对不同类型消费影响的异质性。相关估计结果报告在表6-6至表6-8中。

表6-6报告了因变量为家庭人均耐用品消费(对数)的分组模型交互项回归估计结果。其中,第(1)和第(4)列报告了OLS估计结果,第(3)列报告了IV-2SLS估计结果。考虑到部分家庭耐用品消费为0,因变量数据存在归并问题,本章还进行了Tobit模型回归,估计结果报告在第(2)和第(5)列中。第(1)—(3)列回归在全样本上进行,第(4)—(5)列将样本限定在家庭"退休资格"变量取值在[-5,5]的观测。表6-6所有列回归结果均表明,退休并领取基本养老金对家庭人均耐用品消费没有显著影响。

表6-6　　　　　　　家庭人均耐用品消费:交互项回归

	(1)	(2)	(3)	(4)	(5)
	家庭人均耐用品消费(对数)				
	退休资格[-10, 10]			退休资格[-5, 5]	
	OLS	Tobit	IV-2SLS	OLS	Tobit
是否退休	0.136 (0.264)	0.346 (0.588)	0.078 (0.545)	0.097 (0.322)	0.242 (0.719)
是否退休×受访者税费前收入(对数)	-0.055** (0.028)	-0.109* (0.060)	-0.084* (0.049)	-0.067* (0.036)	-0.121 (0.077)
受访者税费前收入(对数)	0.077*** (0.025)	0.171*** (0.054)	0.094** (0.041)	0.087*** (0.031)	0.186*** (0.066)
家庭收入(对数)	0.048*** (0.014)	0.095*** (0.029)	0.047*** (0.014)	0.036* (0.019)	0.073* (0.038)
家庭住房资产(对数)	0.122*** (0.033)	0.214*** (0.068)	0.122*** (0.033)	0.103** (0.045)	0.188** (0.092)

续表

	(1)	(2)	(3)	(4)	(5)
	家庭人均耐用品消费（对数）					
	退休资格 [-10, 10]			退休资格 [-5, 5]	
	OLS	Tobit	IV-2SLS	OLS	Tobit
受访者金融资产（对数）	0.072*** (0.013)	0.137*** (0.026)	0.072*** (0.013)	0.080*** (0.017)	0.147*** (0.035)
受访者金融负债（对数）	0.021 (0.014)	0.037 (0.028)	0.020 (0.015)	0.025 (0.019)	0.044 (0.036)
受访者年龄最大值	0.013 (0.041)	0.056 (0.085)	0.015 (0.041)	-0.036 (0.055)	-0.040 (0.119)
受访者年龄平均值	-0.019 (0.042)	-0.053 (0.089)	-0.011 (0.043)	0.007 (0.059)	-0.005 (0.126)
受访者最高教育水平	0.229*** (0.064)	0.437*** (0.131)	0.226*** (0.064)	0.219** (0.089)	0.425** (0.182)
受访者是否参加灵活就业人员养老保险	0.120 (0.146)	0.335 (0.306)	0.134 (0.149)	0.171 (0.196)	0.444 (0.410)
受访者是否参加机关事业单位养老保险	0.374*** (0.137)	0.810*** (0.272)	0.323** (0.141)	0.076 (0.187)	0.214 (0.374)
受访者是否参加基本医疗保险	0.302* (0.156)	0.575* (0.333)	0.311* (0.160)	0.232 (0.214)	0.386 (0.449)
与受访者同住子女数量	0.346** (0.154)	0.682** (0.308)	0.341** (0.154)	0.125 (0.212)	0.242 (0.419)
与受访者同住家庭成员数量	-0.035 (0.146)	0.044 (0.291)	-0.034 (0.146)	0.006 (0.199)	0.118 (0.388)
常数项	0.739 (0.812)	-5.803*** (1.697)	0.233 (0.864)	2.560** (1.159)	-2.131 (2.387)
年份虚拟变量	是	是	是	是	是
R^2	0.061		0.059	0.056	
样本量	3923	3923	3923	2209	2209

注：(1) ***、**、*分别表示在1%、5%、10%的显著性水平下显著。(2) 若非注明为P值，则括号中代表标准误。(3) 模型显著性检验的检验统计量为F统计量。

资料来源：CFPS数据库。

表6-7报告了分组模型的子样本回归估计结果。估计结果同样表明，不论对于低收入家庭还是高收入家庭，退休对家庭耐用品消费均没有显著的影响。

表6-7　　　　　　　　家庭人均耐用品消费：子样本回归

	（1）	（2）
	家庭人均耐用品消费（对数）	
	低收入组	高收入组
是否退休	-0.172 (0.221)	-0.403* (0.225)
受访者税费前收入（对数）	0.054** (0.023)	-0.022 (0.077)
家庭收入（对数）	0.052*** (0.019)	0.041* (0.021)
家庭住房资产（对数）	0.136*** (0.044)	0.110** (0.051)
受访者金融资产（对数）	0.073*** (0.017)	0.071*** (0.019)
受访者金融负债（对数）	0.055*** (0.021)	-0.010 (0.019)
受访者年龄最大值	-0.019 (0.053)	0.051 (0.066)
受访者年龄平均值	0.034 (0.055)	-0.087 (0.069)
受访者最高教育水平	0.288*** (0.085)	0.180* (0.094)
受访者是否参加灵活就业人员养老保险	0.135 (0.184)	0.044 (0.243)
受访者是否参加机关事业单位养老保险	0.554*** (0.183)	0.238 (0.202)
受访者是否参加基本医疗保险	0.390** (0.192)	0.238 (0.260)

续表

	(1)	(2)
	家庭人均耐用品消费（对数）	
	低收入组	高收入组
与受访者同住子女数量	0.550*** (0.206)	0.060 (0.239)
与受访者同住家庭成员数量	-0.202 (0.198)	0.163 (0.217)
常数项	-0.687 (1.017)	3.955** (1.654)
年份虚拟变量	是	是
R^2	0.068	0.042
样本量	2099	1824

注：(1) ***、**、*分别表示在1%、5%、10%的显著性水平下显著。(2) 若非注明为P值，则括号中代表标准误。(3) 模型显著性检验的检验统计量为F统计量。
资料来源：CFPS数据库。

表6-8报告了因变量为家庭人均总支出（对数）的分组模型估计结果。其中，第（1）和第（5）列报告了OLS估计结果，第（2）列报告了IV-2SLS估计结果，第（3）和第（4）列报告了子样本回归估计结果。第（1）—（4）列回归在全样本上进行，第（5）列将样本限定在家庭"退休资格"变量取值在[-5, 5]的观测。

表6-8显示，不同列的估计结果并不一致。第（1）、第（3）和第（4）列估计结果显示，退休对家庭总支出没有影响；第（2）列估计结果则说明退休会显著提升家庭总支出，并且这种提升不随受访者收入水平的提升而减弱；第（5）列估计结果则说明退休会显著提升家庭总支出，并且这种提升随受访者收入水平的提升而减弱。这是因为家庭总支出中既包含非耐用品消费，又包含耐用品消费，退休对参保家庭两种消费的影响存在显著不同。两种不同的效应叠加在一起，呈现出了复杂而不稳定的影响关系。

表6-8　　　　　　　　　　家庭人均总支出

	(1)	(2)	(3)	(4)	(5)
	\multicolumn{5}{c	}{家庭人均总支出（对数）}
	\multicolumn{4}{c	}{退休资格 [-10, 10]}	退休资格 [-5, 5]
	OLS	IV-2SLS	低收入组	高收入组	OLS
是否退休	0.088 (0.071)	0.318** (0.160)	-4.33e-4 (0.057)	-3.93e-4 (0.060)	0.182** (0.084)
是否退休×受访者税费前收入（对数）	-0.008 (0.008)	-0.019 (0.014)	—	—	-0.024** (0.009)
受访者税费前收入（对数）	-8.64e-5 (0.007)	0.010 (0.011)	-0.019*** (0.006)	0.007 (0.025)	0.007 (0.008)
家庭收入（对数）	0.003 (0.004)	0.004 (0.004)	0.001 (0.005)	0.008 (0.005)	0.004 (0.005)
家庭住房资产（对数）	0.058*** (0.009)	0.058*** (0.009)	0.062*** (0.012)	0.048*** (0.013)	0.049*** (0.011)
受访者金融资产（对数）	0.018*** (0.003)	0.017*** (0.003)	0.013*** (0.004)	0.021*** (0.004)	0.021*** (0.004)
受访者金融资产（对数）	0.014*** (0.004)	0.015*** (0.004)	0.015*** (0.006)	0.012** (0.005)	0.018*** (0.005)
受访者年龄最大值	-0.039*** (0.010)	-0.041*** (0.011)	-0.033** (0.013)	-0.047*** (0.016)	-0.035** (0.014)
受访者年龄平均值	0.033*** (0.011)	0.029*** (0.011)	0.029** (0.013)	0.036** (0.017)	0.025* (0.014)
受访者最高教育水平	0.141*** (0.017)	0.138*** (0.017)	0.130*** (0.023)	0.134*** (0.026)	0.149*** (0.024)
受访者是否参加灵活就业人员养老保险	-0.103*** (0.039)	-0.092** (0.040)	-0.132*** (0.050)	-0.054 (0.060)	-0.095* (0.050)
受访者是否参加机关事业单位养老保险	0.039 (0.033)	0.057 (0.035)	0.063 (0.045)	0.007 (0.049)	0.042 (0.043)
受访者是否参加基本医疗保险	0.169*** (0.041)	0.151*** (0.043)	0.197*** (0.052)	0.104* (0.063)	0.143*** (0.054)
与受访者同住子女数量	0.090** (0.043)	0.085** (0.044)	0.153*** (0.051)	-0.017 (0.064)	0.065 (0.063)

续表

	（1）	（2）	（3）	（4）	（5）
	家庭人均总支出（对数）					
	退休资格 [-10, 10]				退休资格 [-5, 5]
	OLS	IV-2SLS	低收入组	高收入组	OLS
与受访者同住家庭成员数量	-0.268*** (0.040)	-0.262*** (0.041)	-0.316*** (0.050)	-0.202*** (0.059)	-0.270*** (0.060)
常数项	8.750*** (0.217)	8.920*** (0.235)	8.724*** (0.271)	9.168*** (0.475)	8.927*** (0.295)
年份虚拟变量	是	是	是	是	是
R^2	0.250	0.245	0.239	0.234	0.269
样本量	3028	3028	1744	1284	1709

注：(1) ***、**、* 分别表示在1%、5%、10%的显著性水平下显著。(2) 若非注明为P值，则括号中代表标准误。(3) 模型显著性检验的检验统计量为F统计量。

资料来源：CFPS数据库。

第四节　小结

现有文献主要基于整体城镇家庭样本，研究退休是否会导致家庭消费发生下降的"退休—消费之谜"。本章则基于中国城镇职工基本养老保险存在较高缴费基数下限制度，并且低收入参保者实际个体替代率较高的事实，将样本限定在城镇参保家庭，着重考察不同收入水平的老年家庭在领取养老金前后家庭消费变化的异质性情况。

本章基于中国健康与养老追踪调查2011—2018年样本数据，设计了总体模型、分组模型和工具变量回归模型，研究结果如下：

（1）中国城镇职工基本养老金替代率较高，低收入参保者的个体替代率超过了100%，高收入参保者替代率也相对较高。低收入参保者退休后的可支配收入超过了退休前。

（2）总体来看，退休并领取城镇职工基本养老金可以提高参保家庭的人均非耐用品消费水平。

（3）分组模型估计结果表明退休对低收入参保者家庭非耐用品消费的提升作用更强，消费提升效应随着受访者收入水平的提高而不断下降。

（4）退休不能提高高收入参保者的家庭非耐用品消费。

（5）退休对家庭耐用品支出的影响不显著，对总支出的影响没有得到一致性的研究结果。这说明养老保险缴费给付制度对家庭工作时期消费的压缩效应以及对家庭退休时期消费的提升效应，都主要集中在非耐用品消费上。

第五章和本章的研究为刻画中国养老保险缴费给付制度对参保家庭全生命周期消费路径的影响提供了全新的证据，为理解制度设计对家庭的参保缴费激励提供了新的视角和完整的证据链条。

第 七 章

基本养老保险缴费下限对参保行为的影响分析

中国基本养老保险制度自 20 世纪 90 年代建立以来，对保障民生发挥了巨大作用。但近年来，由于退保、断保和缴费不足等现象越发普遍，养老保险制度面临着巨大的偿付压力。为此，国内外学者从名义费率、便携性损失和缴费基数下限等名义制度参数的视角，对养老保险制度设计对职工参保缴费行为的影响展开了较为丰富的研究。

关于基本养老保险参保的逆向激励，Zhao 和 Xu（2001）指出中国的养老保险缴费率较高、第一支柱存在较强的再分配效应，导致企业和职工的参保激励皆不足。Feldstein 和 Liebman（2006）认为要充分实现中国养老保险系统的参保潜力，应该将转制成本从现有的参保职工缴费中剥离出去，大幅度降低名义缴费率。彭浩然、陈斌开（2012）研究认为高额的名义缴费率会引起严重的代际冲突，许多年轻人不愿意参加社会养老保险，从而加剧了扩大覆盖面的阻力。Giles 等（2013）的研究也指出，高名义缴费率和制度碎片化对企业和职工形成了显著的参保挤出效应，阻碍了养老保险覆盖面的扩展。赵静等（2015）研究发现提高社会保险法定缴费率会显著降低企业的参保概率。此外，刘传江、程建林（2008）研究了便携性损失比率对农民工参保的影响，发现养老保险的"便携性损失"构成了农民工参加养老保险的主要障碍。

由于高名义费率对参保抑制作用显著,一些学者就降低费率对改进职工参保的作用展开研究。吴永求、冉光和(2012)采用精算方法构建参保模型,政策模拟结果发现,降低缴费率有利于提高养老保险参保率,且在若干政策选项中效果最为明显。封进(2013)分析了名义缴费率对企业参保行为的影响,研究结果显示:降低缴费率将使企业的参保程度上升;适当降低名义费率,可以使实际缴费率提高,并且参保程度上升所增加的缴费收入,可以抵消名义费率下降所减少的缴费收入。

关于基本养老保险缴费的逆向激励,现有研究认为高名义费率是导致低缴费遵从度①的重要原因。孙祁祥(2001)指出由于中国没有专门处理转轨成本,而是通过提高费率的方式逐步将其消化,高费率必然影响人们的缴费积极性,导致"以'高费率'开始,以'低收入'终结"。赵静等(2015)基于不同地区名义缴费率的差异研究发现,社会保险法定缴费率的上升,会显著扩大法定缴费率与实际缴费率的差距。白重恩等(2014)利用城镇住户调查数据,研究发现在名义费率未发生变化的情况下,事业单位养老保险改革并未显著提高企业如实汇报职工缴费基数的程度。

现有研究主要从名义制度参数的视角,对养老保险制度设计与参保缴费行为之间的关系展开研究。然而,在2005年社保改革后,各地基本养老金的名义制度参数基本保持不变,已有的小幅度调整也是朝着有利于提高参保激励的方向进行的。因此,名义制度参数不能全面地解释职工参保意愿走低的原因,有必要深入养老保险制度的内核,揭示制度设计对职工参保意愿的影响。

第三章典型事实分析已经说明:中国养老保险缴费基数下限与

---

① 缴费遵从度,是指养老保险制度实际征缴保费与法定应缴保费之比。缴费遵从度越低,说明因参保职工"断缴""少缴"和"短缴"导致的实际缴费不足的情况越严重。

在岗职工平均工资挂钩，而且国家统计局仅将城镇非私营单位纳入在岗职工平均工资统计口径中，导致了大量参保人员的实际工资低于缴费基数下限，实际缴费负担高于名义费率，并且随着平均工资的快速上涨而不断加重。当期过重的实际缴费负担，必然会挤压参保者当期消费，阻碍生命周期内消费平滑的实现，从而对低收入群体参保形成挤出效应。

第四章理论模型研究表明，随着家庭收入与平均工资之比的下降，在借贷约束的限制下，家庭当期消费和终生效用水平不断降低，并最终低于不参保时的水平。该结果既说明了基本养老保险缴费制度对低收入参保家庭的影响，也可以说明平均工资水平过高、增速过快对各收入水平参保家庭的影响。因为给定家庭收入，平均工资的水平越高、增速越快，家庭收入与平均工资之比也越低。

所以，基于在岗职工平均工资固定比例的最低缴费门槛设定，低收入者承受的实际费率负担高于名义费率。虽然以平均工资为基础的养老金给付能增加低收入者的退休收入，然而在借贷约束的限制下，低收入者不能以养老金为抵押借贷支持当前消费，这阻碍了生命周期内的消费平滑。特别的，在收入差距较大[①]、平均工资相对实际收入水平过高且增速过快[②]的情况下，低收入者的实际费率负担将不断加重。为避免因消费抑制导致的福利损失，低收入者会选择

[①] 2008年国家统计局公布的基尼系数为0.491，2012年12月西南财经大学中国家庭金融调查与研究中心公布了基于中国家庭金融调查（CHFS）数据估计的2010年中国基尼系数高达0.61，《中国民生发展报告2013》根据中国家庭追踪调查（CFPS）数据估算出2010年基于家庭纯收入的基尼系数为0.51，2012年为0.49。

[②] 国家统计局仅将城镇非私营单位在岗职工工资纳入缴费基数统计口径范围，而非私营单位工资的水平和增速都显著高于私营单位。2014年全国城镇单位就业人员平均工资为53560元，而城镇私营部门就业人员平均工资仅为36390元。《中国统计年鉴》公布2009—2011年城镇单位在岗职工平均工资增长了29.7%；而CFPS项目组根据CFPS 2010年和2012年调查数据，计算出这两年城镇家庭人均工资性收入仅增长了2%（中国家庭追踪调查技术报告系列：CFPS-27）。统计口径中仅纳入收入较高的非私营单位，必然使缴费基数的水平和增速都远高于整体城镇就业人员的实际工资。

退出制度。① 在当前缴费制度下，参保者为应对逆向激励的自利行为，导致了断保、退保和缴费不足等现象的发生。

现有研究较少从实际费率的视角分析缴费制度对职工参保决策的影响。虽然部分研究认识到，基于平均工资的缴费机制会使低收入者实际缴费率提高，阻碍消费平滑。如彭浩然（2011）认为由于缴费基数下限的设定，导致收入低于缴费基数的参保者实际缴费率偏高，不利于实现消费平滑和覆盖面的扩大。然而，已有研究并没有考虑平均工资增长对缴费下限的影响；没有对参保决策进行理论建模，分析当前缴费制度对低收入者参保行为的扭曲；同时也缺少平均工资调整对参保人数和缴费遵从度影响的实证分析。

为了证实如上的观察与思考，本章收集整理了中国 2006—2015 年的相关省际面板数据，通过建立基于自然实验的工具变量回归，实证检验平均工资的水平和增速对于养老保险参保职工数和缴费遵从度的影响，以此定量分析当前缴费制度的逆向激励对职工总体参保和缴费造成的负面影响。

第一节　数据描述与变量定义

本章使用的数据为中国 31 个省（直辖市、自治区）2006—2015 年的面板数据。2005 年中国对城镇职工基本养老保险的缴费率和计发办法进行了改革，考虑到改革可能带来的结构性变化，本章仅采用 2005 年以后的数据。

包括城镇职工基本养老保险相关数据、在岗职工平均工资、分行业在岗职工平均工资、人口数据、宏观经济数据等。其中，基本

---

① 灵活就业的低收入者因费率过高可以自由选择断保；对企业而言，如果社保成本过高，企业把缴费负担转移至职工，导致职工因工资过低而离职断保，或者由正规就业受雇参保转为灵活就业、以个体身份参保，形成对低收入群体挤出效应。

养老保险参保职工数、退休人数来自历年《中国劳动统计年鉴》，养老保险基金征缴收入来自 2012—2015 年的《中国养老金发展报告》，养老保险名义缴费率来自各省（市、区）人力资源与社会保障厅（局）网站以及劳动法宝网；分年龄人口数据、分城乡人口数据来自历年《中国人口和就业统计年鉴》；各省份在岗职工平均工资、分行业在岗职工平均工资、地区生产总值、人均地区生产总值、消费者价格指数、常住人口、户籍人口数据来自于 Wind 资讯数据库。

下面介绍主要变量的定义方式。

养老保险参保职工数：各省（市、区）参加城镇职工基本养老保险的职工人数，包括中断缴费但未终止养老保险关系的职工人数。

养老保险缴费遵从度：各省（市、区）基本养老保险平均实际缴费率①与名义缴费率之比，定义为［（养老保险基金征缴收入/参保职工数）/在岗职工平均工资］/养老保险名义缴费率。

在岗职工平均工资：各省（市、区）城镇单位在岗职工年平均工资，单位为千元。

平均工资增长率：各省（市、区）城镇单位在岗职工年平均工资的算术增长率，定义为（当年在岗职工年平均工资－上年度在岗职工年平均工资）/上年度在岗职工年平均工资。

养老保险名义缴费率：基本养老保险统筹账户与个人账户法定缴费率之和。

人均地区生产总值增长率：各省（市、区）人均地区生产总值的年算术增长率，定义为（当年人均地区生产总值－上年度人均地区生产总值）/上年度人均地区生产总值。

流动人口：各省（市、区）常住人口数与本省户籍人口数之差，单位为百万人。对于人口净流出省份，该变量取值为负。

户籍人口：各省（市、区）的本省户籍人口数，单位为百万人。

制度内赡养率：各省（市、区）基本养老保险离退休人员数与

---

① 此处为计算平均实际缴费率，假设全体参保职工平均缴费基数为 1 倍平均工资。

参保职工人数之比。

总人口赡养率：各省（市、区）65 岁及以上人口数与 15—64 岁人口数之比。

城镇化率：各省（市、区）年末城镇人口比重。

行业收入差距：各省（市、区）19 个行业中，城镇单位就业人员平均工资最高与最低的两个行业的平均工资之比。

表 7-1 是变量描述性统计。

表 7-1　　　　　　　　变量描述性统计

变量	样本量	平均值	标准差	最小值	最大值	单位
参保职工数	310	655.9	653.0	4.50	4613	万人
缴费遵从度	310	63.96	13.75	30.88	113.49	%
在岗职工平均工资	310	40.61	17.36	15.59	113.10	千元
平均工资增长率	310	13.48	5.552	2.23	63.06	%
行业平均工资（公共管理、社会保障和社会组织）	310	42.66	17.73	14.45	114.60	千元
行业平均工资（教育）	310	43.46	18.50	16.12	115.10	千元
养老保险名义缴费率	310	27.63	1.870	18	30	%
地区生产总值	310	15480	13726	290.80	72813	亿元
人均地区生产总值增长率	310	13.76	7.04	-1.20	37.00	%
户籍人口	310	43.36	28.28	2.69	112.20	百万人
流动人口	310	-0.347	5.518	-17.37	19.58	百万人
制度内赡养率	310	38.79	11.63	10.22	72.83	%
总人口赡养率	310	12.47	2.507	6.71	20.04	%
城镇化率	310	51.42	14.53	22.61	89.60	%
行业收入差距	310	3.608	1.396	2.06	14.97	1

特别地，西藏自治区的在岗职工平均工资数据存在两处异常情况。根据《西藏统计年鉴》公布的数据，2006 年、2007 年、2014 年和 2015 年西藏的在岗职工年平均工资分别为 31518 元、46098 元、68059 元和 110980 元。这导致 2007 年西藏的平均工资增长率为 46.26%，2015 年为 63.06%，远远超过了其他年份及其他省份的数

据范围。为了排除疑似异常值的影响,保证结果的稳健性和可靠性,本章在实证分析之后进行了稳健性分析,删除了这四条观测,重新进行回归,具体结果见第六章。

第二节 实证模型设定

本章拟从参保职工数和缴费遵从度两个角度考察平均工资增长对基本养老保险参保和缴费状况的影响。因此,本章分别建立参保职工数模型和缴费遵从度模型。

一 参保职工数模型设定

参保职工数模型考察平均工资增长对各省(市、区)基本养老保险参保职工人数的影响。参保职工数模型的基本设定为:

$$\ln(Insured_{it}) = \alpha + \beta \ln(wage_{it}) + X_{it}\gamma + \lambda_i + \delta_t + \varepsilon_{it} \quad (7-1)$$

其中,$Insured_{it}$表示基本养老保险参保职工人数,$Wage_{it}$表示在岗职工平均工资。X_{it}表示一系列的控制变量,包括各省(市、区)的地区生产总值(对数)、养老保险名义缴费率、流动人口、户籍人口、行业收入差距,分别控制各省份经济规模、名义制度参数、人口规模及收入差距对参保职工数的影响。λ_i为省份固定效应,δ_t为年份固定效应,ε_{it}是省份和年份维度上的误差项。

参保职工数模型中,在岗职工平均工资以及地区生产总值,是以货币为计量单位的经济变量。一方面,在宏观经济变量的处理中,通常需要对货币计量的名义量进行物价调整,以剔除价格因素的影响;另一方面,不同群体的收入增长速度存在差异,使用任何价格指数对平均工资进行调整,都可能导致缴费负担度量的扭曲,而参保家庭的缴费负担,其实是由名义缴费额和名义收入水平决定的,因而平均工资名义量的变动可能更能反映出参保群体实际缴费率的变化趋势。综合考虑以上两个方面因素,为保证论文实证结果的稳健性,本章对以货币为计量单位的变量采取两种处理方式:第一种处理方式是不对变量进行物价调整,直接使用名义量进行回归;第二种处理方式是以 2005 年为基期,使用各省份的年度消费者物价指数(CPI),对名义量进行物价调整,使用调整后的实际量进行回归。

二 缴费遵从度模型设定

缴费遵从度模型考察平均工资增长对各省(市、区)基本养老保险缴费情况的影响。缴费遵从度模型的基本设定为:

$$Compliance_{it} = \alpha + \beta Wage\_Growth_{it} + Z_{it}\gamma + \lambda_i + \delta_t + \varepsilon_{it} \quad (7-2)$$

其中,$Compliance_{it}$ 表示各省份基本养老保险的缴费遵从度,$Wage\_Growth_{it}$ 表示平均工资增长率。Z_{it} 是一系列的控制变量,包括人均地区生产总值增长率、养老保险名义缴费率、养老保险制度内赡养率、总人口赡养率以及行业收入差距。与参保职工数模型相同,缴费遵从度模型中,λ_i 为省份固定效应,δ_t 为年份固定效应,ε_{it} 是省份和年份维度上的误差项。

比较参保职工数模型和缴费遵从度模型可以发现:参保职工数模型的被解释变量是总量指标,因而本章主要选定总量指标作为参保职工数模型的解释变量和控制变量,并且采用双对数模型的建模方式①;而缴费遵从度模型的被解释变量是比率指标,因而本章也主要选定比率指标作为缴费遵从度模型的解释变量和控制变量。

与参保职工数模型一致,本章对缴费遵从度模型中的平均工资增长率、人均地区生产总值增长率也分别使用名义量和实际量两种度量方式进行计算。

---

① 参保职工数模型中,各省份流动人口和户籍人口两个变量也是总量指标,但是本章并没有对两个变量做取对数处理,主要原因是流动人口取值有正有负,不便于取对数。

三　内生性来源及工具变量的选择

本章的实证模型面临由遗漏变量引起的内生性问题。模型的遗漏变量可以分为两种类型：一类是不可观测的、非时变的省份异质性，或不可观测的、不随省份变化的年份异质性，例如各地的文化内涵、市场环境、制度建设的差异以及不同年份劳动力市场状况等，都会对参保职工数和缴费遵从度产生影响，本章使用面板数据双向固定效应模型，以消除不可观测的省份异质性和年份异质性的影响；另一类是不可观测且随个体和时间变化的变量，对这类遗漏变量的处理，需要借助外生的工具变量，以消除内生性导致的估计偏误。

工具变量选择的想法，源自中国养老保险特殊的制度设计带来的自然实验。在2015年机关事业单位养老保险并轨以前，中国机关事业单位的职工不缴纳养老保险保费，退休之后的养老金给付由财政负担。因此，在养老金制度并轨之前，公务员事业单位的养老保险是一个封闭的系统，同城镇职工养老保险相隔离。机关事业单位的平均工资水平作为内部封闭系统的工资报酬，薪酬内容、水平、调整幅度及频率受到国家人事工资政策的严格控制，且在2015年之前，并没有建立起待遇调整的规范制度，待遇调整的规律性很弱，因此具有很好的外生性，不会直接影响职工的参保和缴费决策。与此同时，机关事业单位的平均工资作为城镇在岗职工平均工资统计的一部分，显然与在岗职工平均工资相关。因此，机关事业单位职工的平均工资，借助同在岗职工平均工资的相关性，影响职工参保的费率，进而对职工的参保决策造成扭曲，从而影响总体的参保人数和缴费水平。

基于如上思考，本章选择"机关事业单位的平均工资"作为工具变量，该变量既能很好地满足外生性条件，又符合相关性条件，因此能够较好地处理遗漏变量导致的估计偏误。结合《中国统计年鉴》中具体的统计指标，本章选择"分行业城镇就业人员平均工资"中"公共管理、社会保障和社会组织"行业的平均工资,作为机关事业单位平均工资的度量。考虑到不同模型中平均工资的建模方式存在差异,具体来说,在参保职工数模型中,本章以"公共管理、社会保障和社会组织"行业平均工资的对数作为在岗职工平均工资对数的工具变量,在缴费遵从度模型中,本章以"公共管理、社会保障和社会组织"行业平均工资的增长率作为在岗职工平均工资增长率的工具变量。

本章选择的工具变量也是以货币计量的变量,因而也分别使用名义量和实际量两种度量方式进行计算。

第三节 实证结果:平均工资对参保缴费行为的影响

一 平均工资对参保职工数的影响

表7-2和表7-3报告了参保职工数模型固定效应回归结果。其中,表7-2回归中的平均工资和地区生产总值均使用名义量度量,而表7-3中则使用实际量进行度量。

表7-2第(1)—(5)列分别加入了不同的控制变量,回归结果均显示在岗职工平均工资与参保职工数存在显著的负向关系,结果都在1%的显著性水平上显著,说明该回归结果非常稳健。为了避免出现"伪回归",本章基于Engel和Granger两步法对固定效应回归进行了面板数据协整检验,表7-2第(1)与第(5)列残差平稳性检验的结果均在1%的显著性水平上拒绝了残差序列的非平稳性,即变量之间存在协整关系。

与表7-2相对应,表7-3第(1)—(5)列也分别加入了不同的控制变量。在进行物价调整之后,平均工资回归系数的方向和显著性均没有发生变化,只是系数大小有所改变。无论是采用名义量度量,还是实际量度量,本章的基准回归结果都是稳健的,并且与表7-2一致,表7-3中残差平稳性检验也在1%的显著性水平下拒绝了残差序列的非平稳性。

表7-2　　　参保职工数模型固定效应回归：名义量变量

自变量	(1)	(2)	(3)	(4)	(5)
	因变量：基本养老保险参保职工人数（对数）					
在岗职工平均工资（对数）	-0.372*** (0.103)	-0.472*** (0.116)	-0.465*** (0.116)	-0.372*** (0.109)	-0.336*** (0.110)
地区生产总值（对数）	—	0.184* (0.097)	0.162 (0.099)	0.372*** (0.098)	0.343*** (0.099)
基本养老保险名义缴费率	—	—	0.012 (0.012)	0.024** (0.011)	0.023** (0.011)
流动人口	—	—	—	0.024*** (0.005)	0.024*** (0.005)
户籍人口	—	—	—	0.039*** (0.006)	0.039*** (0.006)
行业收入差距	—	—	—	—	0.009* (0.005)
省份固定效应	是	是	是	是	是
年份固定效应	是	是	是	是	是
常数项	6.821*** (0.311)	5.556*** (0.737)	5.380*** (0.757)	1.344 (0.922)	1.482 (0.921)
固定效应F检验	1649.90 (P=0.0000)	100.01 (P=0.0000)	97.57 (P=0.0000)	99.34 (P=0.0000)	99.88 (P=0.0000)
模型显著性检验	148.99 (P=0.0000)	137.07 (P=0.0000)	125.74 (P=0.0000)	129.05 (P=0.0000)	121.80 (P=0.0000)
残差平稳性检验	-2.7147 (P=0.0033)	-3.3189 (P=0.0005)	-3.0250 (P=0.0012)	-4.9438 (P=0.0000)	-4.6055 (P=0.0000)
Within R^2	0.847	0.849	0.850	0.872	0.874
样本量	310	310	310	310	310

注：(1) ***、**、*分别表示在1%、5%、10%的显著性水平下显著。(2) 若非注明为P值，则括号中代表标准误。(3) 模型显著性检验的检验统计量为F统计量。(4) 残差平稳性检验的原假设是残差面板数据包含单位根，检验统计量为Adjusted t*统计量。(5) 为识别模型应采用固定效应还是随机效应，本章进行了Hausman检验，检验结果显示方差协方差矩阵为非正定矩阵，说明随机效应模型的基本假设得不到满足，应当选择固定效应模型。

表7-3　　　　　　　参保职工数模型固定效应回归：实际量变量

自变量	(1)	(2)	(3)	(4)	(5)
	因变量：基本养老保险参保职工人数（对数）				
在岗职工平均工资（对数）	-0.231** (0.099)	-0.346*** (0.110)	-0.333*** (0.112)	-0.319*** (0.103)	-0.284*** (0.104)
地区生产总值（对数）	—	0.234** (0.102)	0.225** (0.103)	0.418*** (0.099)	0.388*** (0.099)
基本养老保险名义缴费率	—	—	0.008 (0.012)	0.025** (0.011)	0.024** (0.011)
流动人口	—	—	—	0.026*** (0.005)	0.026*** (0.005)
户籍人口	—	—	—	0.040*** (0.006)	0.040*** (0.006)
行业收入差距	—	—	—	—	0.010* (0.005)
省份固定效应	是	是	是	是	是
年份固定效应	是	是	是	是	是
常数项	6.393*** (0.297)	4.741*** (0.777)	4.571*** (0.823)	0.718 (0.919)	0.874 (0.918)
固定效应F检验	1617.58 (P=0.0000)	101.33 (P=0.0000)	98.70 (P=0.0000)	102.21 (P=0.0000)	102.88 (P=0.0000)
模型显著性检验	144.31 (P=0.0000)	133.76 (P=0.0000)	122.37 (P=0.0000)	129.53 (P=0.0000)	122.30 (P=0.0000)
残差平稳性检验	-4.2902 (P=0.0000)	-4.9220 (P=0.0000)	-4.8515 (P=0.0000)	-5.1820 (P=0.0000)	-4.4767 (P=0.0000)
Within R^2	0.843	0.846	0.846	0.872	0.874
样本量	310	310	310	310	310

注：(1) ***、**、*分别表示在1%、5%、10%的显著性水平下显著。(2) 若非注明为P值，则括号中代表标准误。(3) 模型显著性检验的检验统计量为F统计量。(4) 残差平稳性检验的原假设是残差面板数据包含单位根，检验统计量为 Adjusted t*统计量。(5) 为识别模型应采用固定效应还是随机效应，本章进行了 Hausman 检验，检验结果显示方差协方差矩阵为非正定矩阵，说明随机效应模型的基本假设得不到满足，应当选择固定效应模型。

在面板数据固定效应回归的基础上，考虑到潜在的内生性问题可能带来估计偏误，本章选用"公共管理、社会保障和社会组织"行业平均工资作为在岗职工平均工资的工具变量，进行面板数据工具变量2SLS回归。工具变量回归的估计结果报告在表7-4及表7-5中。其中，表7-4回归中的在岗职工平均工资，地区生产总值，公共管理、社会保障和社会组织行业平均工资均使用名义量度量；而表7-5中这三个变量均使用实际量进行度量。

表7-4　　　　参保职工数模型工具变量回归：名义量变量

自变量	第一阶段回归 因变量：在岗职工平均工资（对数）	第二阶段回归 因变量：基本养老保险参保职工人数（对数）
在岗职工平均工资（对数）	—	-0.4764 *** (0.166)
地区生产总值（对数）	0.1595 *** (0.0401)	0.3918 *** (0.1080)
基本养老保险名义缴费率	-0.0045 (0.0047)	0.0218 * (0.0115)
流动人口	-0.0045 ** (0.0019)	0.0235 *** (0.0048)
户籍人口	-0.0047 * (0.0026)	0.0386 *** (0.0062)
行业收入差距	-0.0055 *** (0.0021)	0.0083 (0.0052)
公共管理、社会保障和社会组织行业平均工资（对数）	0.4476 *** (0.0310)	—
省份固定效应	是	是
年份固定效应	是	是
常数项	0.5958 (0.3841)	1.5484 * (0.9258)
模型显著性检验	—	2953.09 (P=0.0000)

续表

	第一阶段回归	第二阶段回归
固定效应 F 检验	70.64*** (P = 0.0000)	85.03 (P = 0.0000)
一阶段 F 值	2224.15	—
Within R^2	—	0.8730
Observations	310	310

注：（1）***、**、*分别表示在1%、5%、10%的显著性水平下显著。（2）若非注明为P值，则括号中代表标准误。（3）模型显著性检验的检验统计量为F统计量。（4）模型显著性检验的检验统计量为 Chi-sq 统计量。（5）为识别模型应采用固定效应还是随机效应，本章进行了 Hausman 检验，检验结果显示方差协方差矩阵为非正定矩阵，说明随机效应模型的基本假设得不到满足，应当选择固定效应模型。

表 7-5　　　　　参保职工数模型工具变量回归：实际量变量

	第一阶段回归	第二阶段回归
自变量	因变量：在岗职工平均工资（对数）	因变量：基本养老保险参保职工人数（对数）
在岗职工平均工资（对数）	—	-1.1767*** (0.3134)
地区生产总值（对数）	0.3066*** (0.0519)	0.7639*** (0.1662)
基本养老保险名义缴费率	-0.0156** (0.0062)	0.0071 (0.0141)
流动人口	-0.0013 (0.0025)	0.0228*** (0.0052)
户籍人口	0.0001 (0.0033)	0.0414*** (0.0068)
行业收入差距	-0.0041 (0.0028)	0.0018 (0.0062)
公共管理、社会保障和社会组织行业平均工资（对数）	0.2651*** (0.0402)	—
省份固定效应	是	
年份固定效应	是	
常数项	0.0375 (0.5035)	0.7882 (1.039)

续表

	第一阶段回归	第二阶段回归
模型显著性检验	—	1.34e6 (P = 0.0000)
固定效应 F 检验	44.42 (P = 0.0000)	80.31 (P = 0.0000)
一阶段 F 值	730.02	—
Within R^2	—	0.8391
样本量	310	310

注：(1) ***、**分别表示在1%、5%的显著性水平下显著。(2) 若非注明为 P 值，则括号中代表标准误。(3) 模型显著性检验的检验统计量为 F 统计量。(4) 模型显著性检验的检验统计量为 Chi-sq 统计量。(5) 为识别模型应采用固定效应还是随机效应，本章进行了 Hausman 检验，检验结果显示方差协方差矩阵为非正定矩阵，说明随机效应模型的基本假设得不到满足，应当选择固定效应模型。

综合表 7-2 至表 7-5 的估计结果可以发现，在控制住各地经济规模、人口规模和名义缴费率的情况下，在岗职工平均工资的上涨会带来基本养老保险参保职工人数的显著下降。名义量回归与实际量回归中，平均工资的估计系数存在一定的差异，但是二者的方向和显著性水平仍然保持一致。

第三章已经说明，中国基本养老保险缴费制度设计中，存在与在岗职工平均工资挂钩的缴费基数下限，在近年来各省份平均工资水平较高、增速较快的背景下，较低收入参保群体的实际费率负担偏高，并且不断加重。第四章理论模型分析也表明，随着平均工资的相对上涨，低收入参保家庭实际收入与平均工资之比不断下降，在借贷约束的限制下，会挤出家庭当期消费，扭曲参保家庭的跨期资源配置，降低家庭终生效用水平，从而对较低收入家庭形成较强的参保缴费逆向激励。本章参保职工数模型则直接证实，平均工资的上涨，会降低基本养老保险参保职工人数，说明目前的缴费制度设计中存在着对低收入家庭的参保挤出效应，即平均工资水平越高，低收入家庭参保后承受的实际费率负担也越重，对低收入家庭参保的挤出效应也越强。

参保职工数模型中控制变量的估计结果也为我们提供了关于基

本养老保险参保激励问题的部分认识。表7-4和表7-5的工具变量回归结果显示：养老保险名义缴费率对参保职工数不存在显著影响。自2005年养老保险改革之后，除广东省外，各省份养老保险名义缴费率几乎没有变化。因此，影响城镇职工参保意愿的主要是实际缴费负担的加重，而不是名义缴费率的提高。

从表7-2至表7-5估计结果均可以看出，各省份户籍人口和流动人口的增加都会显著促进参保职工数的增长，而且户籍人口的估计系数大于流动人口，说明流动人口的参保意愿低于本地户籍人口。其中主要的原因是：一方面，流动人口的工资水平相对于本地户籍人口一般更低，实际缴费负担也更重；另一方面，中国养老保险制度"碎片化"严重，统筹账户缴费不能跨省接续，导致了流动人口参保的"便携性损失"，使流动工作人口参保激励严重不足。

二 平均工资对缴费遵从度的影响

表7-6至表7-9报告了缴费遵从度模型的回归结果，其中表7-6和表7-7是面板数据固定效应回归，表7-8和表7-9是面板数据工具变量回归。与参保职工数模型一致，平均工资增长率、人均地区生产总值增长率等均分别使用名义量和实际量进行计算。

表7-6 缴费遵从度模型固定效应回归：名义量变量

自变量	(1)	(2)	(3)	(4)	(5)
	因变量：基本养老保险缴费遵从度				
平均工资增长率	-0.485*** (0.094)	-0.495*** (0.094)	-0.540*** (0.094)	-0.501*** (0.091)	-0.467*** (0.091)
基本养老保险名义缴费率	—	-2.052** (0.988)	-2.124** (0.976)	-1.558 (0.958)	-0.471 (0.950)
人均地区生产总值增长率	—	—	0.385*** (0.138)	0.545*** (0.138)	0.444*** (0.134)
制度内赡养率	—	—	—	0.397*** (0.097)	0.515*** (0.098)

续表

	(1)	(2)	(3)	(4)	(5)
总人口赡养率	—	—	—	-0.146 (0.479)	0.203 (0.468)
城镇化率	—	—	—	—	-1.311*** (0.268)
行业收入差距	—	—	—	—	0.399 (0.448)
省份固定效应	是	是	是	是	是
年份固定效应	是	是	是	是	是
常数项	73.822*** (1.923)	131.084*** (27.635)	127.941*** (27.314)	96.057*** (28.322)	117.375*** (27.520)
固定效应F检验	21.94 (P=0.0000)	19.95 (P=0.0000)	19.81 (P=0.0000)	15.83 (P=0.0000)	10.86 (P=0.0000)
模型显著性检验	214.41 (P=0.0000)	197.71 (P=0.0000)	186.49 (P=0.0000)	171.55 (P=0.0000)	164.88 (P=0.0000)
残差平稳性检验	-4.3882 (P=0.0000)	-2.9646 (P=0.0015)	-3.5373 (P=0.0002)	-3.3779 (P=0.0004)	-2.6294 (P=0.0043)
Within R^2	0.889	0.890	0.893	0.901	0.909
Observations	310	310	310	310	310

注：(1) ***、** 分别表示在1%、5%的显著性水平下显著。(2) 若非注明为P值，则括号中代表标准误。(3) 模型显著性检验的检验统计量为F统计量。(4) 残差平稳性检验的原假设是残差面板数据包含单位根，检验统计量为 Adjusted t*统计量。(5) 为识别模型应采用固定效应还是随机效应，本章进行了 Hausman 检验，检验结果显示方差协方差矩阵为非正定矩阵，说明随机效应模型的基本假设得不到满足，应当选择固定效应模型。

表7-7　　　　缴费遵从度模型固定效应回归：实际量变量

	(1)	(2)	(3)	(4)	(5)
自变量	因变量：基本养老保险缴费遵从度				
平均工资增长率	-0.485*** (0.094)	-0.495*** (0.094)	-0.540*** (0.094)	-0.501*** (0.092)	-0.468*** (0.091)
基本养老保险 名义缴费率	—	-2.052** (0.988)	-2.109** (0.976)	-1.574 (0.962)	-0.454 (0.951)

续表

	（1）	（2）	（3）	（4）	（5）
人均地区生产总值增长率	—	—	0.395*** （0.144）	0.523*** （0.143）	0.441*** （0.138）
制度内赡养率	—	—	—	0.376*** （0.096）	0.503*** （0.098）
总人口赡养率	—	—	—	-0.173 （0.481）	0.187 （0.469）
城镇化率	—	—	—	—	-1.344*** （0.267）
行业收入差距	—	—	—	—	0.406 （0.448）
省份固定效应	是	是	是	是	是
年份固定效应	是	是	是	是	是
Constant	73.822*** （1.923）	131.084*** （27.635）	128.079*** （27.325）	98.871*** （28.379）	119.916*** （27.477）
固定效应 F 检验	21.94 （P=0.0000）	19.95 （P=0.0000）	20.10 （P=0.0000）	15.66 （P=0.0000）	10.79 （P=0.0000）
模型显著性检验	214.41 （P=0.0000）	197.71 （P=0.0000）	186.30 （P=0.0000）	170.09 （P=0.0000）	164.42 （P=0.0000）
残差平稳性检验	-3.5417 （P=0.0002）	-2.9646 （P=0.0015）	-3.7119 （P=0.0001）	-3.8818 （P=0.0001）	-2.8549 （P=0.0022）
R-squared	0.889	0.890	0.893	0.900	0.909
样本量	310	310	310	310	310

注：（1）***、**分别表示在1%、5%的显著性水平下显著。（2）若非注明为P值，则括号中代表标准误。（3）模型显著性检验的检验统计量为F统计量。（4）残差平稳性检验的原假设是残差面板数据包含单位根，检验统计量为 Adjusted t*统计量。（5）为识别模型应采用固定效应还是随机效应，本章进行了 Hausman 检验，检验结果显示方差协方差矩阵为非正定矩阵，说明随机效应模型的基本假设得不到满足，应当选择固定效应模型。

表7-8　　　　　缴费遵从度模型工具变量回归：名义量变量

自变量	第一阶段回归 因变量：平均工资增长率	第二阶段回归 因变量：基本养老保险缴费遵从度
平均工资增长率	—	-0.738*** （0.122）

续表

	第一阶段回归	第二阶段回归
基本养老保险名义缴费率	-0.4244 (0.4243)	-0.785 (0.970)
人均地区生产总值增长率	0.1381** (0.0596)	0.505*** (0.138)
制度内赡养率	-0.0351 (0.0440)	0.505*** (0.100)
总人口赡养率	0.0715 (0.2105)	0.106 (0.477)
城镇化率	0.1903 (0.1195)	-1.207*** (0.274)
行业收入差距	0.4249** (0.1988)	0.704 (0.464)
公共管理、社会保障和社会组织行业平均工资增长率	0.4973*** (0.0268)	—
省份固定效应	是	
年份固定效应	是	
常数项	8.3434 (12.3108)	124.811*** (28.070)
模型显著性检验	—	24809.28 (P=0.0000)
固定效应 F 检验	0.65 (P=0.9203)	10.45 (P=0.0000)
一阶段 F 值	44.90	—
Within R^2	—	0.9063
样本量	310	310

注：(1) ***、**分别表示在1%、5%的显著性水平下显著。(2) 若非注明为P值，则括号中代表标准误。(3) 模型显著性检验的检验统计量为F统计量。(4) 模型显著性检验的检验统计量为Chi-sq统计量。(5) 为识别模型应采用固定效应还是随机效应，本章进行了Hausman检验，检验结果显示方差协方差矩阵为非正定矩阵，说明随机效应模型的基本假设得不到满足，应当选择固定效应模型。

表7-6和表7-7的第（1）—（5）列分别加入了不同的控制变量，回归结果均显示平均工资增长率与缴费遵从度之间存在显著

的负向关系，结果都在1%的显著性水平上显著，说明该回归结果非常稳健。两表共十列回归的残差平稳性检验的结果均在1%的显著性水平上拒绝了残差序列的非平稳性，即变量之间存在协整关系。

在固定效应回归的基础上，本章进一步引入了面板数据工具变量2SLS回归，估计结果报告在表7-8和表7-9中。其中，第一阶段回归结果显示，工具变量的回归系数显著为正，符号和显著性符合预期，并且一阶段回归的F值均远大于10，说明不存在弱工具变量的问题。与固定效应模型的回归结果相一致，表7-8和表7-9中第二阶段估计结果表明，平均工资增长率的提高，会显著降低基本养老保险的缴费遵从度，回归系数在1%的显著性水平下显著。

表7-9　　　　　　　缴费遵从度模型工具变量回归：实际量变量

自变量	第一阶段 因变量：平均工资增长率	第二阶段 因变量：基本养老保险缴费遵从度
平均工资增长率	—	-0.739*** (0.123)
基本养老保险名义缴费率	-0.4204 (0.4237)	-0.766 (0.971)
人均地区生产总值增长率	0.1499** (0.0610)	0.507*** (0.142)
制度内赡养率	-0.0370 (0.0437)	0.492*** (0.100)
总人口赡养率	0.0642 (0.2103)	0.087 (0.478)
城镇化率	0.1824 (0.1188)	-1.244*** (0.273)
行业收入差距	0.4268** (0.1986)	0.712 (0.465)
公共管理、社会保障和社会组织行业平均工资增长率	0.4968*** (0.0267)	—
省份固定效应	是	
年份固定效应	是	
常数项	8.8386 (12.2587)	127.566*** (28.029)

续表

	第一阶段	第二阶段
模型显著性检验	—	24751.73 (P=0.0000)
固定效应 F 检验	0.65 (P=0.9186)	10.37 (P=0.0000)
一阶段 F 值	45.06	—
Within R^2	—	0.9061
样本量	310	310

注：(1) ***、** 分别表示在 1%、5% 的显著性水平下显著。(2) 若非注明为 P 值，则括号中代表标准误。(3) 模型显著性检验的检验统计量为 F 统计量。(4) 模型显著性检验的检验统计量为 Chi-sq 统计量。(5) 为识别模型应采用固定效应还是随机效应，本章进行了 Hausman 检验，检验结果显示方差协方差矩阵为非正定矩阵，说明随机效应模型的基本假设得不到满足，应当选择固定效应模型。

缴费遵从度模型的回归结果说明，在岗职工平均工资增速越快，基本养老保险缴费遵从度越低。本章认为，平均工资上涨主要通过以下三个途径引起缴费遵从度的下降：

(1) 平均工资上涨导致低收入参保个体承受过重的实际缴费负担，为避免当期消费水平过低，参保个体被迫中断缴费，导致"断缴"现象发生。

(2) 当平均工资水平较高时，参保个体会选择减少缴费年限，例如只缴纳最低缴费年限 15 年，导致"短缴"现象发生。

"断缴"和"短缴"都会使参保职工中存在大量的"参而不缴"人群，近年来随着平均工资的快速上涨，基本养老保险制度中"参而不缴"的比例越来越高。《中国养老金发展报告 2016》公布的数据显示：2006 年企业部门缴费人数占参保职工人数的比例为 89.98%，而 2015 年该数字已经降至 80.25%。在不到 10 年的时间内，企业参保职工"参而不缴"的比例从约 10% 迅速增加至约 20%，这必然会带来缴费遵从度的不断下降。

(3) 平均工资的快速上涨增加了高收入参保群体的转移支付负担，使高收入参保者选择降低缴费基数，导致"少缴"现象发生。白重恩等（2012）指出："很多企业及职工存在逃费行为，特别是低保社会保险缴费基数。"2016 年《中国企业社保白皮书》公布的数据显示，社保缴费基数完全合规的单位仅占 25.11%，有 36.06% 的企业统一按照最低基数进行缴费。平均工资相对于居民实际收入水平上涨的幅度越大，"断缴""短缴"和"少缴"的情况就会越严重，缴费遵从度也会越低。

另外，固定效应回归和工具变量回归结果均显示，基本养老保险名义缴费率的回归系数为负，但是在 10% 的显著性水平上并不显著。虽然名义缴费率的上升确实会加重参保者的缴费负担，引起参保企业和职工的逃费行为，但是在样本期间内各省的名义缴费率变化很小。参保者实际缴费负担的加重，主要是来自缴费基数，而非名义缴费率。因此，过去 10 年，名义缴费率并不是导致缴费遵从度下降的原因。

养老保险制度内赡养率对缴费遵从度具有显著的正向影响。各省份养老保险制度内赡养率的高低，反映出参保职工结构的差异。以 2014 年为例，全国国有企业制度内赡养率高达 68.54%，远高于港澳台及外资企业的 3.80% 以及私营企业的 14.87%；进一步计算发现，各省份国有企业参保人数占企业总参保人数的比重与各省养老保险制度内赡养率的相关系数高达 70.77%。制度内赡养率越高的省份，国企参保职工占比也越大。一方面，国企参保职工收入处于相对较高的水平；另一方面，作为正规就业者，国企职工的缴费受到监管部门更严格的监管。国企参保职工的实际缴费基数高于其他类型的参保者，国企参保职工占比较大的省份，缴费遵从度也相对较高。此外，在缴费遵从度模型中，总人口赡养率对缴费遵从度并无影响，这说明，基本养老保险缴费不足的问题并非人口问题。

三 模型稳健性分析

如前文所述，西藏自治区 2007 年及 2015 年平均工资增长率分别达到 46.26% 和 63.06%，远远超过了其他年份及其他省份的数据范围。为了避免疑似异常值对回归结果的影响，本章删除了西藏自治区这两年以及对应前一年的观测点，并重新进行回归，估计结果报告在表 7-10 和表 7-11 中。

表 7-10 报告了参保职工数模型和缴费遵从度模型的固定效应回归结果，表 7-11 则报告了相应的工具变量回归结果。与基准回归模型一致，无论是固定效应回归，还是工具变量回归，针对以货币为计量单位的变量，都分别采用名义量和实际量两种度量方式。综合表 7-10 和表 7-11 的估计结果可以发现，在剔除疑似异常值之后，在岗职工平均工资（或其增长率）的估计系数在方向和显著性上均与基准回归结果保持一致，说明本章的实证结论对极端值是稳健的。

表 7-10　　　　　稳健性分析：面板数据固定效应回归

自变量	（1）名义量	（2）实际量	（3）名义量	（4）实际量
	因变量：基本养老保险参保职工人数（对数）		因变量：基本养老保险缴费遵从度	
在岗职工平均工资（对数）	-0.353*** (0.121)	-0.281** (0.112)	—	—
平均工资增长率	—	—	-0.321** (0.138)	-0.314** (0.138)
地区生产总值（对数）	0.347*** (0.096)	0.389*** (0.097)	—	—
人均地区生产总值增长率	—	—	0.452*** (0.135)	—
基本养老保险名义缴费率	0.022** (0.011)	0.024** (0.011)	-0.710 (0.940)	-0.683 (0.941)
流动人口	0.025*** (0.005)	0.027*** (0.004)	—	—
户籍人口	0.044*** (0.006)	0.045*** (0.006)	—	—
制度内赡养率	—	—	0.616*** (0.102)	0.601*** (0.101)
总人口赡养率	—	—	-0.016 (0.466)	-0.023 (0.467)

续表

	（1）名义量	（2）实际量	（3）名义量	（4）实际量
城镇化率	—	—	-0.897*** (0.290)	-0.939*** (0.289)
行业收入差距	-0.002 (0.005)	-0.002 (0.005)	0.084 (0.463)	0.091 (0.464)
省份固定效应	是	是	是	是
年份固定效应	是	是	是	是
常数项	1.396 (0.899)	0.744 (0.890)	103.323*** (27.437)	105.949*** (27.413)
固定效应F检验	100.44 (P=0.0000)	103.52 (P=0.0000)	159.32 (P=0.0000)	11.11 (P=0.0000)
模型显著性检验	125.30 (P=0.0000)	125.82 (P=0.0000)	11.19 (P=0.0000)	158.74 (P=0.0000)
Within R^2	0.878	0.879	0.908	0.907
Observations	306	306	306	306

注：（1）***、**分别表示在1%、5%的显著性水平下显著。（2）若非注明为P值，则括号中代表标准误。（3）模型显著性检验的检验统计量为F统计量。（4）残差平稳性检验的原假设是残差面板数据包含单位根，检验统计量为Adjusted t*统计量。（5）为识别模型应采用固定效应还是随机效应，本章进行了Hausman检验，检验结果显示方差协方差矩阵为非正定矩阵，说明随机效应模型的基本假设得不到满足，应当选择固定效应模型。

表7-11　　　　　稳健性分析：面板数据工具变量回归

	（1）名义量	（2）实际量	（3）名义量	（4）实际量
自变量	因变量：基本养老保险参保职工人数（对数）		因变量：基本养老保险缴费遵从度	
在岗职工平均工资（对数）	-0.575*** (0.207)	-0.926*** (0.277)	—	—
平均工资增长率	—	—	-1.008*** (0.255)	-0.996*** (0.255)
地区生产总值（对数）	0.417*** (0.110)	0.643*** (0.142)	—	—

续表

	（1）名义量	（2）实际量	（3）名义量	（4）实际量
人均地区生产总值增长率	—	—	0.606*** (0.150)	0.594*** (0.152)
基本养老保险名义缴费率	0.021* (0.011)	0.012 (0.013)	-1.231 (0.997)	-1.193 (0.997)
流动人口	0.023*** (0.005)	0.024*** (0.005)	—	—
户籍人口	0.042*** (0.006)	0.045*** (0.006)	—	—
制度内赡养率	—	—	0.616*** (0.107)	0.596*** (0.106)
总人口赡养率	—	—	-0.144 (0.490)	-0.154 (0.491)
城镇化率	—	—	-0.841*** (0.304)	-0.898*** (0.303)
行业收入差距	-0.004 (0.006)	-0.007 (0.006)	0.302 (0.490)	0.310 (0.490)
省份固定效应	是	是	是	是
年份固定效应	是	是	是	是
常数项	1.568* (0.914)	0.836 (0.946)	123.811*** (29.404)	127.245*** (29.422)
固定效应 F 检验	99.19 (P=0.0000)	91.79 (P=0.0000)	9.87 (P=0.0000)	9.75 (P=0.0000)
模型显著性检验	1.85e6 (P=0.0000)	1.67e6 (P=0.0000)	23752.05 (P=0.0000)	23699.42 (P=0.0000)
一阶段 F 值	2409.67	938.70	35.80	35.72
Within R^2	0.8769	0.8635	0.8989	0.8987
样本量	306	306	306	306

注：（1）***、*分别表示在1%、10%的显著性水平下显著。（2）若非注明为P值，则括号中代表标准误。（3）模型显著性检验的检验统计量为 F 统计量。（4）模型显著性检验的检验统计量为 Chi-sq 统计量。（5）为识别模型应采用固定效应还是随机效应，本章进行了 Hausman 检验，检验结果显示方差协方差矩阵为非正定矩阵，说明随机效应模型的基本假设得不到满足，应当选择固定效应模型。

第四节 小结

现有文献主要从制度参数的角度研究养老金制度的挤出效应，而本章以在岗职工平均工资为切入点，考察平均工资的增长如何通过改变低收入参保者的实际费率对职工参保决策造成逆向激励，进而影响职工的参保意愿和缴费遵从度。

为了衡量缴费制度逆向激励对职工参保和缴费的影响，本章收集整理了2006—2014年的相关省际面板数据，通过建立基于自然实验的工具变量回归，定量分析平均工资对参保职工数和缴费遵从度的影响。实证结果显示：各省平均工资的上涨会造成参保职工数的减少和缴费遵从度的下降；并且名义费率和总人口结构对参保职工数和缴费遵从度并未造成显著影响。这说明在平均工资不断上涨的情况下，基于平均工资的最低缴费门槛会对低收入群体形成挤出效应，导致不保、退保、断缴和短缴等现象愈发普遍，造成制度抚养比和缴费遵从度的不断恶化。

基本养老保险制度的改革，应当从降低缴费制度设计对低收入者参保的逆向激励入手，其制度设计一定要遵循缴费与给付平衡的原则，在确保退休职工合理生活待遇的同时，避免对低收入参保者当期消费的抑制，真正实现养老保险对参保者生命周期消费平滑的促进作用，以确保在提高参保者福利的基础上，增强养老金体系运行的安全性与持久性。

第八章

研究结论与养老保险改革建议

第一节 研究结论

中国基本养老保险缴费基数与平均工资挂钩，较高的缴费基数下限和名义缴费率抬高了低收入参保群体的实际费率负担，扭曲了低收入参保家庭的跨期消费平滑，可能会对低收入群体的参保缴费形成挤出效应。本书通过理论和实证研究，深入考察了在养老保险缴费制度设计下，平均工资、缴费基数下限和实际费率负担对职工终生消费路径和参保缴费行为的影响。本书的主要研究结论如下所示。

（1）第三章对中国基本养老保险缴费制度、缴费基数下限水平、低收入群体的实际缴费负担以及参保缴费不足等状况进行了典型事实分析。研究结论为：中国基本养老保险缴费制度具有两大特征，第一是名义缴费率较高，第二是缴费基数下限过高；中国在岗职工平均工资的水平和增速均显著超过私营单位和城镇家庭的平均工资，在以平均工资为基础的缴费基数下限制度设计下，城镇低收入家庭的实际费率负担明显高于名义缴费率，并且随着平均工资的增长而不断加重；在名义缴费率较高，在岗职工平均工资水平较高、增速较快的背景下，低收入参保者的实际费率负担不断加重，过重的缴费负担抑制了低收入群体的参保缴费激励，基本养老保险制度覆盖面扩展困难，已参保职工中断缴费或缩短缴费年限的情况较为严重，导致基本养老保险参保缴费不足，偿付能力受到威胁。

（2）为了理解较高缴费基数下限和实际费率负担，影响低收入群体参保缴费激励的内在机制，第四章建立了刻画参保者行为的两期生命周期模型，通过基于行为经济学时间偏好不一致理论的模型参数设定，数值模拟分析结果表明：较高缴费基数下限的存在，抬高了低收入家庭的实际费率负担，虽然参保可以显著提升家庭的终生财富水平，但是在借贷约束的作用下，参保会扭曲家庭的跨期消费决策，抑制当期消费水平，进而使家庭福利受损，对低收入家庭参保缴费形成强烈的挤出效应；同时，降低缴费基数下限，可以明显改善低收入参保家庭消费扭曲和福利受损的情况，提高低收入家庭参保缴费激励。而对于高收入家庭来说，由于受益于养老保险的高投资回报率，参保可以带来终生财富水平的显著增长，进而提升家庭的当期消费；由于存在缴费基数上限，随着家庭收入水平的不断提高，养老保险缴费和给付占家庭收入的比重不断降低，养老保险参保对当期消费的提升作用也不断减弱。

（3）第五章以家庭消费作为主要目标变量，考察基本养老保险参保对家庭消费的处理效应，以推断养老保险制度设计对家庭形成的参保缴费激励状况。第五章设计了总体模型、分组模型和缴费率模型，基于面板数据固定效应回归和倾向值匹配估计获得的研究结论为：从总体来看，基本养老保险参保能够促进家庭当期消费；分组模型估计结果表明，基本养老保险参保不能提升低资产低收入家庭的当期消费水平，这是因为较高的缴费率和缴费基数限制，使低资产低收入家庭承受较高的实际缴费负担，在借贷约束的限制下，家庭当期收入被较大程度地压缩；高资产高收入家庭因实际缴费率较低引起保障不足，导致家庭消费偏离最优水平，实际缴费率的增加将提高其保障水平，减少家庭预防性储蓄，使家庭当期消费水平随之提高；而低资产低收入家庭承受的实际缴费负担过重，超过了家庭的适宜储蓄水平，在借贷约束的限制下，实际缴费率的上涨将进一步降低低收入家庭的消费水平。中国基本养老保险中费率差异化的缴费制度设计扭曲了低资产低收入家庭的跨期资源配置效率，且对这部分家庭形成了较强的参保缴费逆向激励。

（4）第六章基于中国健康与养老追踪调查2011—2018年样本数据，设计了总体模型、分组模型和工具变量回归模型，考察不同收入水平的老年家庭，在领取养老金前后家庭消费的变化情况。研究发现，中国城镇职工基本养老金替代率较高，低收入参保者退休后的可支配收入超过了退休前。总体来看，退休可以提高参保家庭的人均非耐用品消费水平。分组模型估计结果表明退休对低收入参保者家庭非耐用品消费的提升作用较强，消费提升效应随着受访者收入水平的提高而不断下降。退休对家庭耐用品支出的影响不显著，对总支出的影响没有得到一致性的研究结果，这说明养老保险缴费给付制度对家庭工作时期消费的压缩效应以及对家庭退休时期消费的提升效应，都主要集中在非耐用品消费上。虽然养老保险制度使低收入参保者退休后消费水平提高，但这是以工作时期的消费水平受压缩为前提和代价的。家庭在中青年时期消费需要较为旺盛，而家庭在老年退休时期的消费需求则较为有限，中国的城镇职工基本养老保险制度在低收入参保者消费需求旺盛的工作时期拿走了其过高比例的收入，又在其消费需求萎缩的退休时期赋予了其较高的养老金给付，实际上是对低收入参保者跨期资源配置的扭曲，损害了低收入参保者的终生福利水平。

（5）在探讨了缴费制度对参保家庭终生消费路径微观影响的基础上，本书进一步检验了基本养老保险缴费制度参保不足的宏观表现。第七章收集整理了2006—2014年的相关省际面板数据，通过建立基于自然实验的工具变量回归，定量分析平均工资对参保职工数和缴费遵从度的影响。实证结果显示：各省平均工资的上涨会造成参保职工数的减少和缴费遵从度的下降；名义费率和总人口结构对参保职工数和缴费遵从度并未造成显著影响。这说明在平均工资不断上涨的情况下，基于平均工资的最低缴费门槛会对低收入群体形成挤出效应，导致不保、退保、断缴和短缴等现象愈发普遍，造成制度抚养比和缴费遵从度的不断恶化。

第二节 基本养老保险改革的相关建议

中国城镇职工基本养老保险制度名义缴费率较高、缴费基数下限过高、缴费基数增长速度过快，使参保家庭实际缴费率随着家庭收入的降低而增加，低收入参保家庭承受了过重的实际缴费负担，在借贷约束的限制下，扭曲了家庭的当期消费，阻碍了家庭跨期消费平滑的实现，从而对低收入家庭形成了较强的参保缴费逆向激励，阻碍了参保和缴费的持续增长，使在目前人口和经济发展状况仍相对较好的情况下，基本养老保险体系出现制度抚养比和缴费遵从度双重下降的危险局面，严重威胁着制度的偿付能力和可持续性。

因此，中国基本养老保险体系的制度改革应当从降低缴费制度设计对低收入者参保的逆向激励入手，遵循缴费与给付平衡的原则，在确保退休职工合理生活待遇的同时，要避免对低收入参保者当期消费的抑制，真正实现养老保险对参保者生命周期消费平滑的促进作用，以确保在提高参保者福利的基础上，增强养老金体系运行的安全性与持久性。基于前文的理论与实证研究结果，本书针对未来的基本养老保险制度改革，提出几条建议如下：

第一，应该设置更为灵活的养老保险缴费基数，首先大幅度降低缴费基数下限，其次逐步建立以参保职工实际应税收入为基数的缴费机制。

降低缴费基数下限，要设定水平较低、不随平均工资增长自动调整的固定最低缴费基数，以确保绝大多数的低收入群体具有参保能力，避免高缴费门槛对低收入参保者的"制度性挤出"。例如，以各地最低工资标准（甚至低于最低工资标准的水平），作为缴费基数下限，可以保证绝大多数参保职工的实际收入水平高于缴费基数下限。

在设定足够低的缴费基数下限的基础上，可以逐步建立以参保职工实际应税收入为基数的缴费机制。参保职工以自己的实际应税收入为缴费基数，是养老保险制度实践的国际通行惯例，能够确保参保者的实际费率与名义费率相一致、保费调整与参保者实际收入水平的增长相一致，参保者的实际费率负担不随平均工资的调整而增加。

当然，缴费基数制度的调整，需要配合养老保险管理体系的改善。目前，中国基本养老保险缴费基数的确定，基本采取参保企业和职工自由申报的形式，导致高收入企业与职工低报缴费基数的情况较为普遍。在大幅度降低缴费基数下限的情况下，为避免低报缴费基数的情况进一步恶化，应当将养老保险保费征缴系统与所得税征缴系统相连接，利用国家税收征缴体系掌握的信息优势，对参保企业和职工的实际收入水平进行监控，以"做实"参保企业和职工的实际缴费基数。

第二，逐渐强化离退休职工养老金给付与其退休前收入的联系程度。

目前，中国基本养老保险离退休职工的养老金给付水平基本是由当地在岗职工平均工资水平决定的[①]，与自身工作时期的历史收入水平联系很弱，使低收入参保者离退休后养老金给付水平过高。这一方面引起了养老保险系统的偿付负担加重、诱发提前退休等问题；另一方面也导致低收入参保职工当期缴费负担过重，扭曲了参保职工的跨期消费平滑。

因此，在使参保职工缴费基数与其实际应税收入相匹配的同时，要逐渐修改养老金给付计算公式，强化养老金给付与退休前实际收入的联系程度，以降低养老保险体系偿付负担，加强缴费与给付的

---

① 国发〔2005〕38号文件规定："退休时的基础养老金标准以当地上年度在岗职工月平均工资和本人指数化月平均缴费工资的平均值为基数"。

精算联系，提高参保职工的跨期消费平滑效率，促进低收入职工的参保激励。

第三，逐步、适当地降低基本养老保险名义缴费率。

中国基本养老保险名义缴费率偏高，位于世界前列，导致参保企业和职工缴费负担较重。实际上，现行养老保险制度的高缴费率包含了制度建立带来的转制成本。在20世纪90年代以前，中国城镇企业职工的养老保险由职工所在企业负责。因为国有企业长期实行"低工资、高积累"的政策，企业职工在青年时期并没有、也不可能进行养老保险保费积累，职工退休后的养老金给付由企业经营收入支付。所以，只有当国有企业经营状况尚好的时候，企业退休职工的养老金发放才能够得到保障；一旦企业经营不善，该企业退休职工的养老金发放便难以为继。

20世纪90年代的国企改革，使很多企业亏损倒闭，大量国企职工被迫"下岗"。失去企业保护的下岗职工，只能从新建立的城镇职工基本养老保险中获得养老支持。这部分职工在没有进行养老保险保费积累的情况下，就开始领取养老金给付。为了消化这部分转制成本，政府制定了较高的养老保险缴费率，将国企改革的历史成本转嫁给了当期的企业和职工，这对于当期缴费的企业和职工实际上是不公平的。现有研究已经普遍达成共识，即政府应当通过划转国有企业资产等方式，将转制成本从养老保险缴费率中剥离出去，降低养老保险名义费率，形成参保企业和职工的合理缴费负担，以提高企业和职工的参保激励，促进制度覆盖面的扩展和缴费遵从度的提高。

第四，延长最低缴费年限。

目前中国基本养老保险的最低缴费年限仅为15年，远远低于欧美国家普遍实行的30—40年。在基本养老保险制度设立的初期，考虑到大量国企下岗职工剩余可缴费年限较短，设立较短的最低缴费年限具有一定的合理性。然而，随着基本养老保险制度的日趋成熟，以及中国人口预期寿命的不断提高，15年的最低缴费年限已经引发了越来越多的问题。一方面，较短的最低缴费年限使一部分已经达到最低缴费年限的参保职工"参而不缴"，降低了养老保险体系的"实际制度抚养比"；另一方面，目前 50—60 岁的退休年龄和约 75 岁的人口预期寿命①，使不少离退休职工领取养老金的年限已经超过了其缴费年限，缴费年限和领取养老金年限的"剪刀差"，进一步加重了养老保险的偿付负担。因此，延长最低缴费年限已是势在必行。

另外，缴费年限过短也是基本养老保险名义缴费率居高不下的重要原因之一。因而延长最低缴费年限是降低缴费基数下限和名义缴费率的必要配套改革措施。在缴费基数下限和名义缴费率双双下降的情况下，为了避免养老保险体系缴费收入的大幅度下降威胁制度的安全运行，以延长的缴费时间换取实际费率的下降空间是较为可行的选择。

第五，建立适当的给付待遇调整机制，以全部劳动力收入和居民消费物价指数共同作为养老金给付调整的基础。

目前中国基本养老保险养老金给付调整以在岗职工平均工资的增长率为基础②。在岗职工平均工资的高增长率使养老金给付连年快速增长，加重了养老保险体系的偿付负担。本书建议修改养老金给付调整机制，以全部劳动力收入和通货膨胀率共同作为养老金给付调整的基础。

本书第三章的典型事实分析已经表明，相对于全部劳动力收入，中国城镇非私营单位在岗职工平均工资水平偏高且增长速度偏快，仅以城镇非私营单位在岗职工平均工资为基础进行养老金待遇调整不能真实地反映大量私营单位、低收入者的收入变动速度。因而以全部劳动力收入，而不仅是城镇非私营单位在岗职工收入作为养老金待遇调整的基础，这种调整有助于降低养老保险给付增长速度，

---

① 第六次全国人口普查数据显示，2010 年中国总体人口预期寿命为 74.83 岁。
② 国发〔2005〕38 号文件规定：养老金水平"调整幅度为省、自治区、直辖市当地企业在岗职工平均工资年增长率的一定比例"。

减轻养老保险体系的偿付负担,有利于帮助参保者实现生命周期内的消费平滑。

另外,从过去十多年的数据来看,中国平均工资增长率远远高于消费者物价指数的增长率[①]。因此,仅以工资增长率作为养老金给付待遇调整的基础,使离退休职工养老金给付的增长速度远远超过了其生活成本的增长速度,带来了养老金体系偿付负担不必要的高速增长。如本书第六章所述,中国低收入参保家庭的养老金替代率已经偏高,超过了公共养老保险"保基本"职能所需要的保障水平。将居民消费物价指数加入养老金给付调整锚定之中,有助于使离退休职工养老金收入的增长速度与其生活成本的增长速度相适应,有助于降低养老保险基金支出负担的增长速度,增强养老金体系的长期可持续性。

---

① 数据显示,2005—2016 年,全国居民消费物价指数(CPI)的年平均增长率为 2.72%,而全国在岗职工平均工资的年平均增长率为 12.98%,资料来源为 Wind 资讯数据库。

参考文献

白重恩、吴斌珍、金烨：《中国养老保险缴费对消费和储蓄的影响》，《中国社会科学》2012年第8期。

白重恩、赵静、毛捷：《制度并轨预期与遵从度：事业单位养老保险改革的经验证据》，《世界经济》2014年第9期。

陈静：《基本养老保险对家庭消费的影响——基于CHFS数据的实证分析》，《消费经济》2015年第1期。

陈晓毅、张波：《老龄化、养老保障与我国农村家庭消费——基于微观调查数据的分析》，《云南财经大学学报》2014年第4期。

陈云松：《逻辑、想象和诠释：工具变量在社会科学因果推断中的应用》，《社会学研究》2012年第6期。

邓婷鹤、何秀荣、白军飞：《"退休—消费之谜"——基于家庭生产对消费下降的解释》，《南方经济》2016年第5期。

杜海韬、邓翔：《流动性约束和不确定性状态下的预防性储蓄研究——中国城乡居民的消费特征分析》，《经济学》（季刊）2005年第1期。

范宪伟：《退休与家庭消费行为——兼论"退休消费之谜"》，《宏观经济研究》2020年第10期。

封福育：《短视、流动性约束与城镇居民消费——基于门限回归模型的经验分析》，《中央财经大学学报》2014年第7期。

封进：《中国城镇职工社会保险制度的参与激励》，《经济研究》2013年第7期。

封进、张素蓉：《社会保险缴费率对企业参保行为的影响——基于上海社保政策的研究》,《上海经济研究》2012 年第 3 期。

杭斌、王永亮:《流动性约束与居民消费》,《数量经济技术经济研究》2001 年第 8 期。

何立新、封进、佐藤宏:《养老保险改革对家庭储蓄率的影响:中国的经验证据》,《经济研究》2008 年第 10 期。

黄娅娜、王天宇:《退休会影响消费吗?——来自中国转型期的证据》,《世界经济文汇》2016 年第 1 期。

焦鹏:《我国居民时间偏好率的测算》,《商业经济》2008 年第 7 期。

康书隆:《制约我国养老金制度支付能力的影响因素分析——从国际和国内比较分析的视角》,《宏观经济研究》2014 年第 9 期。

康书隆、余海跃、王志强:《基本养老保险与城镇家庭消费:基于借贷约束视角的分析》,《世界经济》2017a 年第 12 期。

康书隆、余海跃、王志强:《平均工资、缴费下限与养老保险参保》,《数量经济技术经济研究》2017b 年第 12 期。

李宏彬、施新政、吴斌珍:《中国居民退休前后的消费行为研究》,《经济学》(季刊) 2014 年第 1 期。

李连友、左香乡、宋泽:《城镇职工基本养老保险退保群体特征研究》,《统计研究》2014 年第 5 期。

李雪增、蒋媛媛:《个人账户"空帐"运行视角下的养老保险改革效应研究》,《统计与决策》2015 年第 23 期。

李珍、王海东:《基本养老保险目标替代率研究》,《保险研究》2012 年第 2 期。

李珍、赵青:《我国城镇养老保险制度挤进了居民消费吗?——基于城镇的时间序列和面板数据分析》,《公共管理学报》2015 年第 4 期。

廖朴:《中国基本养老保险制度是否会提高参保居民的福利》,《世界经济》2016 年第 11 期。

刘传江、程建林:《养老保险"便携性损失"与农民工养老保障制度研究》,《中国人口科学》2008 年第 4 期。

刘苓玲、慕欣芸:《企业社会保险缴费的劳动力就业挤出效应研究——

基于中国制造业上市公司数据的实证分析》,《保险研究》2015 年第 10 期。

刘学良、陈琳:《横截面与时间序列的相关异质——再论面板数据模型及其固定效应估计》,《数量经济技术经济研究》2011 年第 12 期。

柳清瑞、王虎邦、苗红军:《城镇企业基本养老保险缴费率优化路径分析》,《辽宁大学学报》(哲学社会科学版)2013 年第 6 期。

路锦非:《合理降低我国城镇职工基本养老保险缴费率的研究——基于制度赡养率的测算》,《公共管理学报》2016 年第 1 期。

马光荣、周广肃:《新型农村养老保险对家庭储蓄的影响:基于 CFPS 数据的研究》,《经济研究》2014 年第 11 期。

马双、孟宪芮、甘犁:《养老保险企业缴费对员工工资、就业的影响分析》,《经济学》(季刊)2014 年第 3 期。

满讲义、佟仁城:《流动性约束对我国城镇居民消费影响的实证分析》,《数学的实践与认识》2009 年第 17 期。

[英]尼古拉斯·巴尔、[美]彼得·戴蒙德:《养老金改革:理论精要》,郑秉文等译,中国劳动社会保障出版社 2013 年版。

欧阳俊、刘建民、秦宛顺:《居民消费流动性约束的实证分析》,《经济科学》2003 年第 5 期。

裴春霞、孙世重:《流动性约束条件下的中国居民预防性储蓄行为分析》,《金融研究》2004 年第 10 期。

彭浩然:《多目标协调背景下我国基本养老保险制度的设计》,《经济管理》2011 年第 5 期。

彭浩然、陈斌开:《鱼和熊掌能否兼得:养老金危机的代际冲突研究》,《世界经济》2012 年第 2 期。

申朴、刘康兵:《中国城镇居民消费行为过度敏感性的经验分析:兼论不确定性、流动性约束与利率》,《世界经济》2003 年第 1 期。

石贝贝:《我国城乡老年人口消费的实证研究——兼论"退休—消费之谜"》,《人口研究》2017 年第 3 期。

石奇、孔群喜：《动态效率、生产性公共支出与结构效应》，《经济研究》2012 年第 1 期。

石阳、王满仓：《现收现付制养老保险对储蓄的影响——基于中国面板数据的实证研究》，《数量经济技术经济研究》2010 年第 3 期。

史永东、齐鹰飞：《中国经济的动态效率》，《世界经济》2002 年第 8 期。

宋全成、王赞：《流动人口城镇基本养老保险参保现状及影响因素研究——基于 2014 年流动人口动态监测数据》，《东岳论丛》2017 年第 3 期。

苏春红、李晓颖：《养老保险对我国城镇居民消费的影响——以山东省为例》，《山东大学学报》（哲学社会科学版）2012 年第 6 期。

孙祁祥：《"空账"与转制成本——中国养老保险体制改革的效应分析》，《经济研究》2001 年第 5 期。

唐绍祥、汪浩瀚、徐建军：《流动性约束下我国居民消费行为的二元结构与地区差异》，《数量经济技术经济研究》2010 年第 3 期。

陶纪坤、张鹏飞：《社会保险缴费对劳动力需求的"挤出效应"》，《中国人口科学》2016 年第 6 期。

田岗：《我国农村居民高储蓄行为的实证分析——一个包含流动性约束的预防性储蓄模型及检验》，《南开经济研究》2004 年第 4 期。

田玲、姚鹏：《养老保险与家庭消费：基于中国综合社会调查的实证研究》，《北京理工大学学报》（社会科学版）2015 年第 5 期。

万广华、张茵、牛建高：《流动性约束、不确定性与中国居民消费》，《经济研究》2001 年第 11 期。

汪浩瀚、唐绍祥：《不确定性条件下中国城乡居民消费的流动性约束分析》，《经济体制改革》2009 年第 5 期。

汪丽萍：《我国企业年金税惠政策的成本和收益精算评估》，《数量经济技术经济研究》2015 年第 5 期。

王国辉、黄镜伊、王利军、王小丹：《城镇中低收入家庭养老保险缴费压力研究》，《人口与经济》2011 年第 6 期。

王晓军：《我国基本养老保险的十个"迷思"》，《保险研究》2013年第 11 期。

王新军、郑超：《退休政策对中国居民消费及主观福利的影响》，《山东大学学报》（哲学社会科学版）2020 年第 2 期。

王亚柯、赵振翔：《退休对家庭消费和资产储备的影响》，《社会科学战线》2020 年第 7 期。

吴永求、冉光和：《基本养老保险参保行为分析：精算模型与政策模拟》，《数量经济技术经济研究》2012 年第 1 期。

项本武：《中国经济的动态效率：1992—2003》，《数量经济技术经济研究》2008 年第 3 期。

肖卫国、郑开元、袁威：《住房价格、消费与中国货币政策最优选择：基于异质性房价预期的视角》，《经济评论》2012 年第 2 期。

谢宇、张晓波、李建新、于学军、任强：《中国民生发展报告 2013》，北京大学出版社 2013 年版。

杨继军、张二震：《人口年龄结构、养老保险制度转轨对居民储蓄率的影响》，《中国社会科学》2013 年第 8 期。

杨俊：《养老保险和工资与就业增长的研究》，《社会保障研究》2008 年第 2 期。

杨一心、何文炯：《养老保险"参而不缴"及其基金效应》，《中国人口科学》2015 年第 6 期。

姚晓垒、虞斌：《我国养老保险影响居民消费的实证研究——基于养老保险改革前后的对比分析》，《浙江金融》2012 年第 3 期。

叶海云：《试论流动性约束、短视行为与我国消费需求疲软的关系》，《经济研究》2000 年第 11 期。

应丹平：《社平工资、养老保险缴费与正规就业挤出》，硕士学位论文，东北财经大学，2017 年。

虞斌、姚晓垒：《我国养老保险对居民消费的影响——基于城镇居民面板数据的实证研究》，《金融纵横》2011 年第 8 期。

袁铭、白军飞：《"退休—消费之谜"：基于中国食物消费的理论与实证分析》,《劳动经济研究》2020 年第 2 期。

袁志刚、封进、葛劲峰、陈沁:《养老保险经济学:解读中国面临的挑战》,中信出版社 2016 年版。

臧旭恒、李燕桥:《消费信贷、流动性约束与中国城镇居民消费行为——基于 2004—2009 年省际面板数据的经验分析》,《经济学动态》2012 年第 2 期。

臧旭恒、裴春霞:《预防性储蓄、流动性约束与中国居民消费计量分析》,《经济学动态》2004 年第 12 期。

张虹、王波:《社会基本养老保险对老年人消费影响的实证研究》,《财经问题研究》2014 年第 4 期。

张继海:《社会保障养老金财富对城镇居民消费支出影响的实证研究》,《山东大学学报》(哲学社会科学版) 2008 年第 3 期。

张迎斌、刘志新、柏满迎、罗淇耀:《我国基本养老保险隐性债务变化趋势分析——基于改进精算测算模型的实证研究》,《中国管理科学》2013 年第 5 期。

张颖、任若恩、黄薇:《中国代际内与代际间贴现率的实验研究》,《金融研究》2008 年第 9 期。

赵静、毛捷、张磊:《社会保险缴费率、参保概率与缴费水平——对职工和企业逃避费行为的经验研究》,《经济学》(季刊) 2015 年第 1 期。

赵霞、刘彦平:《居民消费、流动性约束和居民个人消费信贷的实证研究》,《财贸经济》2006 年第 11 期。

郑秉文:《"名义账户"制:我国养老保障制度的一个理性选择》,《管理世界》2003 年第 8 期。

郑秉文:《下篇:欧债危机对养老金改革的启示——中国应如何深化改革养老保险制度》,《中国社会保障》2012a 年第 2 期。

郑秉文:《中国养老金发展报告 2011》,经济管理出版社 2011 年版。

郑秉文:《中国养老金发展报告 2012》,经济管理出版社 2012 年版。

郑秉文:《中国养老金发展报告 2013——社保经办服务体系改革》,

经济管理出版社 2013 年版。

郑秉文：《中国养老金发展报告 2014——向名义账户制转型》，经济管理出版社 2014 年版。

郑秉文：《中国养老金发展报告 2015——"第三支柱"商业养老保险顶层设计》，经济管理出版社 2016 年版。

郑秉文：《供给侧：降费对社会保险结构性改革的意义》，《中国人口科学》2016b 年第 3 期。

郑秉文：《中国养老金发展报告 2016——"第二支柱"年金制度全面深化改革》，经济管理出版社 2016 年版。

郑超、王新军：《退休冲击与城镇居民家庭消费——基于断点回归设计的实证研究》，《当代财经》2020 年第 8 期。

朱波、杭斌：《流动性约束、医疗支出与预防性储蓄——基于我国省际面板数据的实证研究》，《宏观经济研究》2015 年第 3 期。

朱玲：《中国社会保障体系的公平性与可持续性研究》，《中国人口科学》2010 年第 5 期。

朱文娟、吕志明：《社会保险费的就业效应：综述与启示》，《社会保障研究》2012 年第 4 期。

朱文娟、汪小勤：《最低工资标准、社保最低缴费基数与劳动者就业》，《贵州财经大学学报》2013 年第 3 期。

朱文娟、汪小勤、吕志明：《中国社会保险缴费对就业的挤出效应》，《中国人口·资源与环境》2013 年第 1 期。

邹红、喻开志：《退休与城镇家庭消费：基于断点回归设计的经验证据》，《经济研究》2015 年第 1 期。

Adriana Kugler and Maurice Kugler, "Labor Market Effects of Payroll Taxes in Developing Countries: Evidence from Colombia", *Economic Development and Cultural Change*, Vol. 57, No. 2, 2009.

Alan J. Auerbach and Laurence J. Kotlikoff, *Dynamic Fiscal Policy*, Cambridge: Cambridge University Press, 1987.

Albert Ando and Franco Modigliani, "The 'Life Cycle' Hypothesis of

Saving: Aggregate Implications and Tests", *American Economic Review*, Vol. 53, No. 1, 1963.

Alberto Abadie, David Drukker, Jane L. Herr and Guido W. Imbens, "Implementing Matching Estimators for Average Treatment Effect in Stata", *Stata Journal*, Vol. 4, No. 3, 2004.

Aldriana Camacho, Emily Conover and Alejandro Hoyos, "Effects of Colombia's Social Protection System on Workers' Choicebetween Formal and Informal Employment", *World Bank Economic Review*, Vol. 28, No. 3, 2013.

Angus Deaton, "Saving and Liquidity Constraints", *Econometrica*, Vol. 59, No. 5, 1991.

Camilo Mondragón-Vélez, Ximena Peña and Daniel Wills, "Labor Market Rigidities and Informality in Colombia", *Economía*, Vol. 11, No. 1, 2010.

Charles Grant, "Estimating Credit Constraints among US Households", *Oxford Economic Papers*, Vol. 59, No. 4, 2007.

David Blake, *Pension Economics*, Chichester: John Wiley & Sons Ltd., 2006.

David Blake, "The Impact of Wealth on Consumption and Retirement Behavior in the UK", *Applied Finance Economics*, Vol. 14, No. 8, 2004.

David Cass, "Optimum Growth in an Aggregative Model of Capital Accumulation", *Review of Economic Studies*, Vol. 32, No. 2, 1965.

David Laibson, *Self-Control and Saving*, Ph. D Dissertation, Massachusetts Institute of Technology, 1994.

David Laibson, "A Cue-Theory of Consumption", *Quarterly Journal of Economics*, Vol. 116, No. 1, 2001.

David Laibson, "Golden Eggs and Hyperbolic Discounting", Quarterly Journal of Economics, Vol. 112, No. 2, 1997.

David S. Johnson, Jonathan A. Parker and Nicholas S. Souleles, "Household

Expenditure and the Income Tax Rebates of 2001", *American Economic Review*, Vol. 96, No. 5, 2006.

Dean R. Leimer and Selig, D. Lesnoy, "Social Security and Private Saving: New Time-Series Evidence", *Journal of Political Economy*, Vol. 90, No. 3, 1982.

Eelco Zandberg, "Retirement Replacement Rate and Saving Behavior", Netspar Discussion Paper, DP 07/2014-032, 2014.

Emily C. Lawrance, "Poverty and the Rate of Time Preference: Evidence from Panel Data", *Journal of Political Economy*, Vol. 99, No. 1, 1991.

Emma Aguila, Orazio Attanasio and Costas Meghir, "Changes in Consumption at Retirement: Evidence from Panel Data", *Review of Economics and Statistics*, Vol. 93, No. 3, 2011.

Emma Aguila, "Personal Retirement Accounts and Saving", *American Economic Journal: Economic Policy*, Vol. 3, No. 4, 2011.

Erich Battistin, Agar Brugiavini, Enrico Rettore and Guglierlmo Weber, "The Retirement Consumption Puzzle: Evidence from a Regression Discontinuity Approach", *American Economic Review*, Vol. 99, No. 5, 2009.

Erlend Berg, "Are Poor People Credit-Constrained or Myopic? Evidence from a South African Panel", *Journal of Development Economics*, Vol. 101, No. 1, 2013.

Franco Modigliani and Richard Brumberg, "Utility Analysisand the Consumption Function: An Interpretation of Cross-Section Data", Published in *Post Keynesian Economics*, New Brunswick: Rutgers University Press, 1954.

Franco Modigliani, "The Life Cycle Hypothesis of Saving, the Demand for Wealth and the Supply of Capital", *Social Research*, Vol. 33, No. 2, 1966.

Frank P. Ramsey, "A Mathematical Theory of Saving", *Economic Journal*, Vol. 38, No. 152, 1928.

Fumio Hayashi, "The Effect of Liquidity Constraints on Consumption: A Cross-Sectional Analysis", *Quarterly Journal of Economics*, Vol. 100, No. 1, 1985.

Gary D. Hansen and Selahattin İmrohoroğlu, "Consumption over the Life Cycle: The Role of Annuities", *Review of Economic Dynamics*, Vol. 11, No. 3, 2008.

Gary S. Becker and Casey B. Mulligan, "The Endogenous Determination of TimePreference", *Quarterly Journal of Economics*, Vol. 112, No. 3, 1997.

Gary V. Engelhardt and Anil Kumar, "Pensions and Household Wealth Accumulation", *Journal of Human Resources*, Vol. 46, No. 1, 2011.

Hayne E. Leland, H. E., "Saving and Uncertainty: The Precautionary Demand for Saving", *Quarterly Journal of Economics*, Vol. 82, No. 3, 1968.

Hirofumi Uzawa, "Time Prefence, Consumption Function and Optimal Asset Holding", in *Value, capital and growth: papers in honor of Sir John Hicks*, Edinburgh: The University of Edinburgh Press, 1968.

Iñigo Iturbe-Ormaetxe, "Salience of Social Security Contributions and Employment", *International Tax and Public Finance*, Vol. 22, No. 5, 2015.

Jeong-Joon Lee and Yasuyuki Sawada, "Precautionary Saving under Liquidity Constraints: Evidence from Rural Pakistan", *Journal of Development Economics*, Vol. 91, No. 1, 2010.

Jeong-Joon Lee and Yasuyuki Sawada, "The Degree of Precautionary Saving: A Reexamination", *Economics Letters*, Vol. 96, No. 2, 2007.

Jin Feng, Lixin He and Hiroshi Sato, "Public Pension and Household Saving: Evidence from Urban China", *Journal of Comparative Economics*, Vol. 39, No. 4, 2011.

John Ameriks, Andrew Caplin and John Leahy, "Retirement Consumption: Insights from a Survey", *Review of Economics and Statistics*, Vol. 89, No. 2, 2007.

John Giles, Dewen Wang and Albert Park, "Expanding Social Insurance Coveragein Urban China", *Research in Labor Economics*, Vol. 37, 2013.

Jonathan D. Fisher, David S. Johnson, Joseph Marchand, Timothy, M. Smeeding, Barbara BoyleTorrey, "The Retirement Consumption Conundrum: Evidence from a Consumption Survey", *Economics Letters*, Vol. 99, No. 3, 2008.

José Cuesta and Mauricio Olivera, "Social Security Distortions onto the Labor Market: Estimates for Colombia", World Bank Policy Research Working Paper, No. 5390, 2010.

Karen E. Dynan, "How Prudent Are Consumers?", *Journal of Political Economy*, Vol. 101, No. 6, 1993.

Kris N. Kirby and R. J. Herrstein, "Preference Reversal Due to Myopia of Delayed Reward", *Psychological Science*, Vol. 6, No. 2, 1995.

Larry Filer and Jonathan D. Fisher, "Do Liquidity Constraints Generate Excess Sensitivity in Consumption? New Evidence from a Sample of Post-bankruptcy Households", *Journal of Macroeconomics*, Vol. 29, No. 4, 2007.

Laura Berger-Thompson, Elaine Chung and Rebecca McKibbin, "Estimating Marginal Propensities to Consume in Australia Using Micro Data", *Economic Record*, Vol. 86, No. S1, 2010.

Mark Aguiar, Erik Hurst, "Deconstructing Life Cycle Expenditure", *Journal of Political Economy*, Vol. 121, No. 3, 2013.

Martin Feldstein and Jeffrey B. Liebman, "Realizing the Potential of China's Social Security Pension System", *China Economic Review*, Vol. 17, 2006.

Martin Feldstein and Jeffrey, B. Liebman, "Social Security", *Handbook of Public Economics*, Vol. 4, 2002.

Martin Feldstein, "Social Security, Induced Retirement, and Aggregated Capital Accumulation", *Journal of Political Economy*, Vol. 82, No. 5, 1974.

María José Luengo-Prado, Almudena Sevilla, "Time to Cook: Expenditure at Retirement in Spain", *Economic Journal*, Vol. 123, No. 569, 2013.

Miles S. Kimball, "Precautionary Saving in the Small and in the Large", *Econometrica*, Vol. 58, No. 1, 1990.

Montserrat Pallares-Miralles, Carolina Romero and Edward Whitehouse, "International Patterns of Pension Provision II A Worldwide Overview of Facts and Figures", World Bank Social Protection & Labor Discussion Paper, No. 1211, 2012.

Nicholas Barr and Peter Diamond, "Reforming Pensions: Lessons from Economic Theory and Some Policy Directions", *Economía*, Vol. 11, No. 1, 2010.

Nicholas Barr and Peter Diamond, "The Economics of Pensions", *Oxford Review of Economic Policy*, Vol. 22, No. 1, 2006.

Nicholas Barr, "Reforming Pensions: Myths, Truths, and Policy Choices", *International Social Security Review*, Vol. 55, No. 2, 2002.

Nicholas Sarantis and Chris Stewart, "Liquidity Constraints, Precautionary Saving and Aggregate Consumption: An International Comparison", *Economic Modelling*, Vol. 20, No. 6, 2003.

Orazio P. Attansio and Susann Rohwedder, "Pension Wealth and Household Saving: Evidence from Pension Reforms in the United Kingdom", *American Economic Review*, Vol. 93, No. 5, 2003.

Paul A. Samuelson, "A Note on Measurement of Utility", *Review of Economic Studies*, No. 2, 1937.

Paul A. Samuelson, "An Exact Consumption-loan Model of Interest with or without the Social Contrivance of Money", *Journal of Political Econ-*

omy, Vol. 66, No. 6, 1958.

Paul R. Rosenbaum and Doxald B. Rubin, "The Central Role of the Propensity Score in Observational Studies for Causal Effects", *Biometrika*, Vol. 70, No. 1, 1983.

Peter A. Diamond, "A Framework for Social Security Analysis", *Journal of Public Economics*, Vol. 8, No. 3, 1977.

Peter A. Diamond, "National Debt in a Neoclassical Growth Model", *American Economic Review*, Vol. 55, No. 5, 1965.

Peter Van Santen, "Uncertain Pension Income and Household Saving", Sveriges Risksbank Working Paper, No. 330, 2016.

Renata Bottazzi, Tullio Jappelli and Mario Padula, "Retirement Expectations, Pension Reforms, and Their Impact on Private Wealth Accumulation", *Journal of Public Economics*, Vol. 90, No. 12, 2006.

Renata Bottazzi, Tullio Jappelli and Mario Padula, "The Portfolio Effect of Pension Reforms: Evidence from Italy", *Journal of Pension Economics & Finance*, Vol. 10, No. 1, 2011.

Richard H. Thaler, "Anomalies: Saving, Fungibility, and Mental Accounts", *Journal of Economic Perspectives*, Vol. 4, No. 1, 1990.

Richard H. Thaler, "Some Empirical Evidence on Dynamic Inconsistency", *Economic Letters*, Vol. 8, No. 3, 1981.

Rob Alessie, Viola Angelini and Peter van Santen, "Pension Wealth and Household Savings in Europe: Evidence from SHARELIFE", *European Economic Review*, Vol. 63, 2013.

Robert J. Barro, "Are Government Bonds Net Wealth?", *Journal of Political Economy*, Vol. 82, No. 6, 1974.

R. Glenn Hubbard and Kenneth L. Judd, "Social Security and Individual Welfare: Precautionary Saving, Borrowing Constraints, and the Payroll Tax", *American Economic Review*, Vol. 77, No. 4, 1987.

R. Glenn Hubbard, "Social Security, Liquidity Constraints, and Pre-retirement Consumption", *Southern Economic Journal*, Vol. 55, No. 2, 1985.

R. Glenn Hubbard, "Uncertain Lifetimes, Pensions, and Individual Saving", Published in *Issues in Pension Economics*, Chicago: University of Chicago Press, 1987.

Sandmo A, "The Effect of Uncertainty on Saving Decisions", *Review of Economic Studies*, Vol. 37, No. 3, 1970.

Selig D. Lesnoy and Dean R. Leimer, "Social Security and Private Saving: Theory and Historical Evidence", *Social Security Bulletin*, Vol. 48, No. 14, 1985.

Stephen P. Zeldes, "Consumption and Liquidity Constraints: An Empirical Investigation", *Journal of Political Economy*, Vol. 97, No. 2, 1989.

Tjalling C. Koopmans, "On the Concept of Optimal Economic Growth", Published in *The Economic Approach to Development Planning*, Amsterdam: Elsevier, 1965.

Tullio Jappelli, "Who is Credit Constrained in the U.S. Economy?", *Quarterly Journal of Economics*, Vol. 105, No. 1, 1990.

William G. Gale and John, K. Scholz, "IRAs and Household Saving", *American Economic Review*, Vol. 84, No. 5, 1994.

William G. Gale, "The Effects of Pensions on Household Wealth: A Reevaluation of Theory and Evidence", *Journal of Political Economy*, Vol. 106, No. 4, 1998.

Wouter Zant, "Social Security Wealth and Aggregate Consumption: An Extended Life-cycle Model Estimated for the Netherlands", *De Economist*, Vol. 136, No. 1, 1988.

Yaohui Zhao and Jianguo Xu, "China's Urban Pension System: Reforms and Problems", *Cato Journal*, Vol. 21, No. 3, 2001.

索 引

B

便携性损失　6，12，13，17，23，26，178，193

部分积累制　7，41

C

参保激励　6，13，17 - 21，23，24，26 - 28，57，138，178，179，193，209

参而不缴　3，4，56，59，60，64，65，198，210

参数校准　18，21，29，75，78，79

参与者平均处理效应

偿付能力　2 - 5，14，15，19，56 - 62，64，65，142，205，207

长寿风险　8，10，30，35，39，95，119

城乡居民基本养老保险　1，122

城镇居民社会养老保险　1

城镇职工基本养老保险　1，122

D

断点回归　155

多项式回归　102

F

反事实　104

非耐用品消费　16，42，98，102，104，106，107，109 - 112，114，116，117，122 - 127，132，133，136，138，140，144，145，148，149，151，152，158 - 164，168 - 171，174，176，177，206

非正规就业　24 - 26，100

风险分担　39，40，96，120

抚养比　2 - 6，14，17，19，56 - 62，65，103，108 - 112，115，116，118，128，129，131，132，137，138，203，207，210

G

个人账户　2，7，12，22，23，36，

38，44，67－69，72，76－78，80，82－84，90，119，182

个人账户空账　69，80－85，87－92

工具变量　16，17，30，33，38，41，151，154，155，168，169，176，181，186，187，190，191，193，195，197，199－201，203，206

固定效应　15，98，99，102，110，111，114－118，122－128，132，135，137，139－141，184－202，205

H

核匹配　104

混合截面数据　128，147，152

J

挤出效应　14，15，17，24－26，35－39，59，64－66，71，86，93，97，178，180，181，192，203－205，207

机关事业单位养老保险　2，147，150－152，160，162，164，170，172，173，175，186

基金积累制　6，7，34，35，38

减贫　8，11，13

缴费基数　2，4，10－12，15－17，19，22，23，25－27，42，46－49，56，57，61－64，67－69，74，76，78－81，83，86，87，90，91，97，102，107，119，121，135，136，141，153，179，180，182，198，199，204，205，207，208

缴费基数下限　10，13－15，17，18，22，27，42，43，46－50，52，54，55，56，59，60，64，65，67，69，79－83，85－90，93，97，143，145，156，161，165，167，176，178－181，192，204，205，207，208，210

缴费率　6，9，10，13－17，19－22，24，25，27，41－48，52，55，57，61－65，68，69，76，78，79，86，98，100－103，107，109，110，113，114，119－121，135－142，165，178，179，181－185，189－194，196，197，199，200，204，205，207，209，210

缴费门槛　10，14，17，26，43，180，203，206，207

缴费制度　6，10，14，16－18，22，26－28，43，59，64－67，79，82，86，97，114，120，141，143，180，181，192，203，204，206，207

缴费遵从度　2，4，5，14，17，19，61－65，179，181－187，193－201

交互项回归　153，155，162，163，
171
借贷约束　9，10，14－16，18，
27，29－35，40，42，67，68，
70－75，80－85，91，93，96－
98，100，101，113，114，119－
121，136，141，142，145，146，
180，192，205，207

K

k 近邻匹配　104，129－134
卡尺匹配　104，105，129－134
可支配收入　11，16，22，48，83，
86，97，141，146，165，166，
176，206
跨期资源配置　13，16，18，71，
86，95－97，121，141，168，192，
206

L

老年、遗属及残障保险（OASDI）
6，10
累积分布图　165，166
累积率
灵活就业　7，14，22，23，43，44，
46，48，55，56，85，145，150－
152，160，162，164，170，172，
173，175，181

M

面板数据　14－16，24，26，31，
33，38，39，41，105，110－
112，114，128，132，135，141，
152，153，181，186－190，193－
195，197，200，201，203，205，
206
名义费率　6，10，13，17，20，21，
26，27，45，97，107，138，141，
178－180，203，206，208，209
名义账户制　7

N

耐用品消费　16，42，98，102，
104，106，107，109－112，114，
116，117，122－127，132，133，
136，138，140，144，145，148，
149，151，152，158－164，168－
174，176，177，206
内生性　103，151，154，168，186，
190
逆向激励　5，6，11－13，16，23，
27，97，121，135，138，142，
178，179，181，192，203，206，
207

O

欧拉方程　71，72，74，83

Q

倾向值匹配　15，98，103－105，
128，133，134，141，205

确定给付型　5-7

确定缴费型　5-7

R

人口老龄化　2, 5, 7, 38, 56, 57

人口年龄结构　5, 37, 57, 58

S

赡养率　6, 21, 59, 142, 182, 183, 185, 193-197, 199, 200, 202

社会保险　1, 3, 4, 8, 10, 11, 20-22, 24-26, 43, 44, 64, 107, 142, 178, 179, 199

生命周期理论　28-30, 39, 95, 99, 112, 143, 144

生命周期模型　14, 15, 30, 67, 75, 93, 205

省级统筹　12, 23, 98

世代交叠模型　28, 29

实际缴费率　10, 14, 16, 17, 21, 22, 27, 47, 48, 55, 69, 79, 86, 98, 100, 102, 103, 107, 109, 110, 113, 114, 120, 135, 136, 138-142, 165, 179, 181, 182, 184, 205, 207

时间偏好不一致　15, 18, 93, 205

收入再分配　8, 156

数值模拟分析　39, 75, 79, 93, 205

T

替代率　8, 11, 12, 16, 21, 38, 39, 41, 45, 46, 69, 76, 78, 84, 145, 146, 155-157, 166, 176, 206, 211

贴现因子　18, 77, 78, 94

统筹账户　7, 12, 22, 23, 44, 46, 68, 69, 72, 76, 78, 99, 119, 182, 193

退休年龄　100, 148, 149, 154, 210

退休—消费之谜　143, 144, 158, 176

退休资格　148, 149, 151-155, 159-163, 168, 170-172, 174-176

W

完全基金积累制　7

X

现收现付制　2, 5-7, 29, 34-36, 38, 39, 56, 69, 97

消费路径　8, 9, 14, 31, 67, 79, 80, 83, 86, 87, 90, 91, 93, 143, 146, 158, 161, 177, 204, 206

消费扭曲　9, 83, 87, 89, 205

消费平滑　75, 85, 89, 93

消费失衡　8-10, 13, 17, 18, 23,

27, 28, 33, 67, 120, 180, 181, 203, 204, 207 – 209, 211

效用最大化 8, 28, 70, 120, 143

协整检验 187

行为经济学 15, 18, 77, 78, 93, 205

Y

养老保险 1 – 30, 34 – 48, 52, 55 – 62, 64 – 77, 79 – 86, 89 – 91, 93, 95 – 103, 105 – 107, 110, 112 – 114, 116, 117, 119 – 126, 128, 132, 133, 135, 138, 141 – 143, 145 – 147, 150 – 156, 159 – 162, 164, 165, 167, 170, 172, 173, 175 – 186, 188 – 211

养老保险给付 11, 12, 64, 71, 210

养老保险制度并轨 2, 23

一阶占优 165, 166

预防性储蓄 13, 16, 29, 30, 33 – 35, 39, 95, 96, 120, 136, 142, 205

预算约束 28, 30, 68, 71, 72, 113

Z

在岗职工平均工资 10, 11, 14, 15, 17, 22, 26, 27, 46 – 52, 56, 59, 62, 64, 65, 67, 68, 75 – 77, 79, 80, 97, 102, 119, 136, 145, 180 – 184, 186 – 192, 198, 200, 201, 203, 204, 208, 210, 211

正规就业 12, 24 – 26, 100, 128, 150, 181, 199

征缴收入 4, 5, 61 – 63, 182

制度覆盖面 15, 21, 27, 59, 65, 209

制度抚养比 2 – 6, 14, 17, 19, 56 – 62, 65, 138, 203, 207, 210

制度碎片化 6, 12, 13, 23, 178

中国家庭追踪调查 98, 105, 108, 143, 180

中国健康与养老追踪调查 16, 144, 146, 147, 176, 206

转移支付 12, 13, 36, 69, 75, 84, 90, 119, 120, 147, 149, 165, 166, 198

转制成本 2, 12, 21, 178, 209

自选择偏误 98, 103, 104, 132

子样本回归 112, 114, 121, 153, 161, 163, 173, 174

最低缴费基数 17, 22, 23, 25, 27, 47 – 49, 74, 79 – 81, 83, 86, 119, 141, 207

后　　记

　　本书是在我的博士学位论文基础上修改完成的。自本科时懵懵懂懂地思考养老保险问题算起，我已经在这个领域默默耕耘了将近十年。这可能是我人生中最重要的十年。这十年的跌跌撞撞不仅改变了我，甚至可以说塑造了我，塑造了我的认知，也奠定了我职业生涯的底色。如果这十年的工作还能给这个世界带来哪怕一点点的改变，那就真算是幸甚至哉，天见垂怜了。现在这本书的出版算是给这十年做了一个小小的总结。期临付梓之际，难免又回想起这些年的点点滴滴。回想起初遇恩师的兴奋，回想起学术讨论时的跳脱，回想起研究选题时的豪情万丈，当然也少不了投稿被拒时哀怨惆怅，一时心中五味陈杂。

　　十年寒窗，求学不易。只要你经历过大连冬天三百六十度无死角的肆虐狂风，就会理解我所谓的"寒窗"，甚至不必是它的引申义。这些年来，有过迷茫，也有过压力，所幸我的主旋律还是快乐的。因为求知本身，就应该是快乐深刻而久远的来源。当然，我能时常保持这份求知的快乐，离不开众多良师益友和亲人的帮助。所以，请允许我着重感谢这些年给予我无私关怀和帮助的人们。

　　我首先要感谢我的博士导师王志强教授。初识王老师时，觉得王老师一身正气，自带威严，内心总不免有一丝的胆怯。时间越久，却越能感受到王老师和风细雨的关怀和谦谦君子的风度，越是觉得老师十分亲切。王老师睿智过人，思路清晰，判断力极强，每次研究讨论的时候，王老师总能迅速地发现我们逻辑和表达之中的漏洞，通过苏格拉底式的追问，使我们认识到自己思考和认知上的不足之处。每一次被问到不知所措，都代表一次进步。王老师严谨的治学作风，潜移默化地影响着我，激励着我在学术的道路上，一步一步坚实地走下去。成为王老师的学生，是我莫大的幸运。

我要感谢我的导师康书隆教授。康老师是我的硕士导师，也是我的博士导师组成员。在跟随康老师学习的时间里，我的每一篇论文从选题、数据处理、模型建立，到文献梳理、论文写作，都离不开与康老师的反复讨论，每一个文字都凝结着康老师的付出和心血。康老师将我带进了养老保险的研究领域，又带我进入了应用微观计量经济学的大门，让我得以幸运地在这些宝库中，拾得了一两枚小小的贝壳。康老师不仅在学习和研究上紧密地带领着我，还一直在生活上如亲人般地关怀和帮助我。康老师对我的帮助和影响，真是多少文字也写不清楚，多少话语也说不完全，就让我将这一切铭记于心，带着这份厚重的师恩不断前行。

我要感谢汪丁丁老师。汪老师呕心沥血地创办了跨学科中心，为我们提供了一个绝好的学习平台，使我们有机会亲耳聆听众多大师的教诲，极大地拓展了我们的视野，滋润了我们的心灵。跨学科中心给我带来的学习习惯，我将受用终生。感谢中心的魏宝社老师、崔文杰老师、吴明明老师、高峰老师、米咏梅老师、李欢老师等，各位老师多年的辛勤工作，为我们构建了清静又温暖的学习环境。

感谢跨学科系列讲座的所有主讲老师，感谢你们为我打开了一个又一个丰富多彩的世界，加深了我思考的深度，扩展了我认知的外延。感谢亦师亦友亦亲人的张安伦老师，感谢您多年来对我的鼓励和鞭策，对我的关心和爱护。

我要感谢为本书的工作提供过直接帮助的各位老师和同学。感谢东北财经大学经济学院陈飞老师、金融学院熊海芳老师，感谢汕头大学商学院路继业老师、上海财经大学公共经济与管理学院郭长林老师，感谢北京大学国家发展研究院沈艳老师和雷晓燕老师、经济学院陈仪老师、社会研究中心任强老师。感谢我师弟师妹，刘石、应丹平、周雨诗、侯青青、于倩慧、孟园、郭泽鹏，你们为论文的数据收集与整理工作付出了辛勤的劳动，这给予了我极大的帮助。感谢金融学院的博士生崔超同学，为本书第六章的数据处理做了大量前期工作。感谢我的学生张讓冉、赵思琪、李媛媛、曹博、罗瑛、李金露、屈文皆，帮助我对书稿做了文字校对工作。

感谢国家社科基金优秀博士论文出版项目对本书出版的资助。感谢中国社会科学出版社编辑老师为本书出版所付出的心血。

我要感谢我的妻子，感谢你一直以来对我的信任与包容，感谢你让我充满了对美好生活的向往。最后，我要感谢我的父母，是你们多年的默默付出，才让我可以一直任性地做着自己喜欢的事情。不管家庭条件多么困难，不管是否明白我所做的事情，你们一直都义无反顾、毫不犹豫地支持我保护我。你们，是支撑我一路走来，最强大的动力。

余海跃

2021 年 4 月 10 日

于东北财经大学师道斋